그림으로 쉽게 배우는
유통 마케팅
기본상식

TE NI TORUYOU NI RYUTUUYOUGO GA WKARU HON
Copyright ⓒ Kanki Publishing Inc., 1997
Originally published in Japan in 1997 by Kanki Publishing Inc.
Korean translation rights arranged through Tohan Corporation, Tokyo
and Shin won Agency Co., Seoul.

이 책은 중앙경제평론사가 저작권자와의 독점계약에 따라 발행한 것으로
본사의 허락 없이 임의로 이 책의 일부 또는 전체를 복사하거나
전재하는 등의 저작권 침해행위를 금합니다.

그림으로 쉽게 배우는
유통 마케팅
기본상식

오세조(연세대 경영대학 교수) 박진용(건국대 경영대학 교수) 편저

중앙경제평론사

책머리에

생산과 소비를 이어주는 유통은 경제 시스템에서 없어서는 안 될 기능이다. 그러나 우리는 유통에 대해서 얼마나 알고 있을까?

생산 과정은 제조업체들을 중심으로 소개되는 브랜드나 광고를 통해서 친숙해 있다. 그리고 소비자로서 상품을 매일 접하다보니 소비 활동에 대해서는 나름 일가견이 있다. 그런데 생산과 소비에 대한 지식은 알아도, 중간에 가려서 잘 보이지 않는 유통에 대해서는 알고 있는 바가 적다.

우리의 경제생활에 밀접하면서도 잘 드러나지 않아 알기 어려웠던 유통에 대해서 알기 쉽게 설명하기 위하여 이 책이 집필되었다. 유통을 이해하는 방법에는 여러 가지가 있지만 특히 경영학 중에 하나인 마케팅의 한 영역으로서의 유통에 초점을 두고 설명하였다. 책의 구성을 구체적으로 살펴보면 다음과 같다.

PART 1은 현대 유통의 기본 내용을 파악하기 위해서 유통·물류·유통경로·유통지배·체인 오퍼레이션·유통혁명·가격파괴 등의 설명을 통해 상품이 소비자에게 넘겨질 때까지의 유통구조와 유통업의 종류에 대해서 소개하였다.

PART 2는 소매업의 구조와 현상을 파악하기 위해서 소매업·백화점·슈퍼마켓·편의점·레귤러 체인·볼런터리 체인·할인점·무점포판매·통신판매·쇼핑센터·개인센터·전통시장·리스·렌탈 등을 소개함으로써 소매업의 형태와 특징에 대해서 알아보았다.

　PART 3은 도매업과 물류의 구조와 현상을 파악하기 위하여 도매업자·상사회사·농수산물 도매시장·소매점 지원활동·물류의 수단·물류구조·배송의 효율화·유통 VAN 등의 검토를 통해 도매업자의 역할과 물류 시스템의 구조에 대해서 설명하였다.

　PART 4는 마케팅과 유통의 관계를 파악하기 위해 마케팅의 정의·재고관리·유통 브랜드·가격·촉진활동·광고전략·판매활동 등을 검토함으로써 머천다이징, 판매촉진, 광고효과 등 유통실무의 관점에서 마케팅에 대해서 알아보았다.

　PART 5는 유통의 국제화와 정보화의 흐름을 파악하기 위해서 유통의 국제화, POS 시스템에서의 유통·SCM/ECR·EDI·마케팅의 정보 시스템화·캐시리스·정보 네트워크 시대의 유통 등의 설명을 통해 글로벌화와 네트워크화 속에서 유통업계의 변화에 대해서 소개하였다.

　이처럼 간단하게 정리된 이 책은 꼭 필요한 유통의 내용과 현상을 다루고 있다. 유통은 경제가 원활하게 발전하기 위해서 필수적으로 갖춰져야 할 기능이다. 그러다 보니 관련되는 정보와 지식은 많고, 그 트렌드도 하루가 다르게 바뀌고 있다. 그러므로 꼭 필요한 유통 지식을 알면 기업의 활동과 경제 시스템의 흐름을 확인할 수 있다.

　특히 새롭게 유통과 마케팅에 대한 지식을 얻고자 하는 독자들은 유통 기본서로서 이 책이 도움이 될 것이다. 그리고 경영학에서 마케팅을 공부하고 유통으로 심화하기를 원하는 학생에게는 안내서의 역할을 할 것이다. 뿐만 아니라 이 책은 이미 유통 업무나 마케팅 업무를 수행하고 있는 실무자들에게도 자신의 경험을 체계화하는 계기를 제공할 것이다. 이 책이 독자 각자의 입장에서 방대한 유통 현상을 이해하는 기본 원리를 제공하기를 바란다.

오세조·박진용

[CONTENTS]

책머리에 · 4

PART 1
현대 유통의 기본을 파악한다
상품이 소비자에게 넘겨질 때까지의 유통구조와 유통업의 종류

CHAPTER 1 유통에는 어떤 역할이 있을까 ··· 14
유통 / 매매 · 운송 · 보관 · 정보전달

CHAPTER 2 유통관련 업종에는 어떤 것이 있을까 ··· 19
상거래 · 물류 / 소매업자 · 도매업자 / 운송업자 / 창고업

CHAPTER 3 유통경로에는 어떤 것이 있을까 ··· 23
유통경로 / 개방적 유통 · 선택적 유통 · 전속적 유통

CHAPTER 4 유통지배 · 유통계열화란 무엇인가 ··· 26
유통지배 · 유통계열화 / 소매업자의 유통지배 / 생산자의 유통지배
상사회사의 유통지배 / 제조판매동맹

CHAPTER 5 소매점의 조직화란 무엇인가 ··· 34
체인 오퍼레이션 / 체인화(연쇄화 사업)

CHAPTER 6 유통혁명, 가격파괴란 무엇인가 ··· 37
유통혁명 / 가격파괴

CHAPTER 7 한국 및 일본 유통의 특징은 무엇인가 ··· 40
다단계 유통 경로 / 장기 거래 / 반품제도 / 리베이트

PART 2

소매업의 구조와 현상을 파악한다

소매업의 형태와 문제점

CHAPTER 1 **소매업자의 기능을 알아보자** ··· 46
상품분할 / 매입 / 입지 · 영업시간 / 상가 만들기

CHAPTER 2 **소매업자는 어떻게 분류되는가** ··· 52
업종 · 업태 / 업종발상 / 업태발상 / 업태개발 / 컨셉 숍

CHAPTER 3 **백화점은 어떤 특징을 가지는가** ··· 57
백화점 / 원스톱 쇼핑 / 할부 백화점 / 도시 백화점 ·
교외형 백화점 · 터미널 백화점

CHAPTER 4 **백화점 판매부진의 원인은 무엇인가** ··· 62
백화점의 판매부진 / 위탁매입(위탁판매) / 판매분 매입
파견사원제도 / 50백화점

CHAPTER 5 **슈퍼마켓은 어떤 특징을 가지는가** ··· 69
슈퍼마켓 / 셀프서비스 방식 / 슈퍼마켓의 체인 전개

CHAPTER 6 **슈퍼마켓은 앞으로 어떻게 될까** ··· 73
로코스트 오퍼레이션 / 고급화 / 벌크 판매방식 / GMS(종합슈퍼마켓)

CHAPTER 7 **편의점이 급성장하는 이유는 무엇인가** ··· 79
편의점 / 프랜차이즈 체인방식 / 프랜차이저 / 로열티(경영지도료)
슈퍼바이저 / 프랜차이지

CHAPTER 8 **레귤러 체인과 볼런터리 체인이란 무엇인가** ··· 88
레귤러 체인 / 직영점 / 바잉파워 / 볼런터리 체인 /
도매주재 · 소매주재 볼런터리 체인

CHAPTER 9 할인점은 어떤 특징을 가지는가 ··· 95

할인점 / EDLP / 도미넌트 전략 / 바터 상품 · 바터 점포 / 병행수입

CHAPTER 10 할인점은 어떠한 형태로 발전할 것인가 ··· 100

웨어하우스 스토어 / 홀세일 클럽 / 하이퍼마켓 / 아울렛 스토어 ·
오프프라이스 스토어 / 카테고리 킬러 / 드럭 스토어
홈센터 / 버라이어티 스토어

CHAPTER 11 무점포 판매란 무엇인가 ··· 108

무점포 판매 / 통신판매 / 방문판매 / 다단계 판매 / 자동판매기

CHAPTER 12 왜 통신판매가 인기를 모으는가 ··· 114

카탈로그 판매 / 인포머셜 / 홈쇼핑 / 쿨링 오프

CHAPTER 13 개인 상점과 전통시장은 어떻게 변할까 ··· 119

맘앤팝 스토어 / 로드사이드 점포 / 전문점 · 전문점화 / 전통시장

CHAPTER 14 쇼핑센터란 무엇인가 ··· 125

쇼핑센터 / 테넌트 · 키테넌트 / 개발업자 / 파워센터

CHAPTER 15 리스 · 렌탈 비즈니스란 무엇인가 ··· 130

리스 · 렌탈 / 파이낸셜 리스 / 오퍼레이팅 리스

PART 3

도매업과 물류의 구조와 현상을 파악한다

도매업자의 역할과 물류 시스템의 구조

CHAPTER 1 도매업자의 기능을 알아보자 ··· 134

도매업자의 기능 / 집하 · 분산 기능 / 물류 기능 / 위험부담 기능
정보전달 기능 / 중간거래 빼기 현상 / 도매상 무용론

CHAPTER 2 도매업자는 어떻게 분류되는가 ··· 140

산업재 도매업자 · 소비재 도매업자 / 종합 도매업자 · 전문 도매업자
전기능 도매업자 · 한정기능 도매업자 / 전국 도매업자 · 지역 도매업자 ·
지방 도매업자

CHAPTER 3 도매업자에는 어떤 종류가 있는가 ··· 143

도매상 / 판매대리점 · 특약점 / 판매회사 / 브로커 / 랙 자버

CHAPTER 4 상사회사는 어떤 역할을 담당하는가 ··· 149

상사회사 / 종합 상사회사 · 전문 상사회사 / 상사회사가 줄어드는 시대

CHAPTER 5 농수산물 도매시장은 어떤 곳인가 ··· 153

농수산물 도매시장 / 중앙 도매시장 · 지방 도매시장
경매 / 중매인(중간 도매업자) / 시장도매인

CHAPTER 6 소매점 지원활동은 어떻게 이루어지는가 ··· 160

소매점 지원활동 / 진열 · 배치 / 거래처 원조

CHAPTER 7 물류에는 어떤 수단이 있을까 ··· 163

트럭 수송 / 철도 수송 / 해운 수송 / 벌크 카고

CHAPTER 8 새로운 물류구조에는 어떤 것이 있을까 ··· 167

로지스틱스 / 물류의 시스템화 / 물류센터 · 유통센터

CHAPTER 9 배송의 효율화는 어떻게 일어나는가 ··· 172

JIT 시스템(적시배송 시스템) / 캔번 방식 / 공동배송
모달 시프트 / 피기백 시스템 / 유니트 로드 시스템 / 다이어그램 배송

CHAPTER 10 유통 VAN이란 무엇인가 ··· 180

VAN(부가가치 통신망) / 계열 VAN / 업계 VAN

PART 4
마케팅과 유통의 관계를 파악한다
머천다이징, 판매촉진, 광고 전략 등 유통실무

CHAPTER 1 **마케팅이란 무엇인가** ··· 184

　　마케팅 / 4P / 전략적 마케팅 / 라이프 사이클 / 고객만족
　　수직적 마케팅 시스템

CHAPTER 2 **소비자 욕구와 마케팅은 어떤 관계인가** ··· 193

　　소비자 욕구의 다양화 / 시장세분화 / 타겟 마케팅(표적 마케팅)
　　다이렉트 마케팅(직접 마케팅) / 원투원 마케팅

CHAPTER 3 **머천다이징이란 무엇인가** ··· 201

　　머천다이징(상품화 계획) / 제품 계획 / 매입 정책 / 상품 구색
　　크로스 머천다이징 / 글로벌 머천다이징 / 팀 머천다이징

CHAPTER 4 **재고관리란 무엇인가** ··· 209

　　재고관리 / 투매손실 · 기회손실 / 상품회전율 / 표준재고 ·
　　최고재고 · 최저재고 / 정량 발주법 / 정기 발주법 / 상황 발주법

CHAPTER 5 **유통업자 브랜드란 무엇인가** ··· 217

　　브랜드(상표) / 유통업자 브랜드 / 스토어 브랜드 / 노브랜드
　　공장 없는 생산자 / 더블 촙

CHAPTER 6 **가격 결정의 기본 메커니즘은 무엇인가** ··· 223

　　가격 결정 / 수요곡선 · 공급곡선 / 가격담합 / 판매가격
　　코스트플러스법(원가가산법) / 판매가 마이너스법 / 가격경쟁

CHAPTER 7 가격 정책에는 어떤 것이 있는가 ··· 231

가격 정책 / 단수가격 정책 / 명성가격 정책 / 관습가격 정책

단계가격 정책 / 균일가격 정책 / 특가 정책

CHAPTER 8 오픈가격은 왜 바람직한가 ··· 237

생산자 희망소매가격 / 매매기준 가격제도 / 마크업 / 오픈가격

CHAPTER 9 촉진활동은 어떻게 이루어지는가 ··· 242

촉진 / 인적 판매 · 비인적 판매

CHAPTER 10 광고를 통해 무엇을 얻을 수 있는가 ··· 245

광고 효과 / 광고매체 / 풀 시스템 / 지명구입

CHAPTER 11 효과적인 광고란 어떤 것인가 ··· 251

미디어 믹스 / 전송매체 / 비교 광고 / 다이렉트 메일

POP 광고(구매시점 광고) / 비주얼 머천다이징 / 인스토어 머천다이징

CHAPTER 12 퍼블리시티란 무엇일까 ··· 259

퍼블리시티(제품홍보) / 퍼블릭 릴레이션즈 / 하우스 올갠 / 오픈하우스

필랜스로피(사회봉사활동) / 메세나(문화예술 지원활동)

CHAPTER 13 판매원 판매활동은 어떻게 하는 것인가 ··· 265

판매원 판매활동 / 지속구매자 · 평생고객 / 아이드마의 법칙

인사이드 세일즈맨 / 아웃사이드 세일즈맨

CHAPTER 14 판매촉진활동에는 어떤 것이 있는가 ··· 271

경품부착 판매 / 샘플링 / 실연판매 / 시식판매 / 애프터서비스

트레이딩 스탬프 / 회원카드

PART 5
유통의 국제화와 정보화의 흐름을 파악한다
글로벌화, 네트워크화 속에서의 유통업계의 변화

CHAPTER 1 유통의 국제화는 어떻게 진행되고 있는가 ··· 278
매입의 국제화 / 라이센스 생산 / 개발 수입 / 유통의 해외진출
해외 유통의 한국 진출

CHAPTER 2 POS 시스템에서 유통은 어떻게 변화하는가 ··· 282
POS 시스템 / KAN 코드 / ITF 코드

CHAPTER 3 SCM, ECR이란 무엇인가 ··· 287
SCM / EOS · CAO / CRP(지속적인 상품보충) / 크로스 도킹
카테고리 관리 / ECR / QR

CHAPTER 4 EDI에서 상품거래는 어떻게 변화하는가 ··· 297
EDI / 표준화 / FAX-OCR

CHAPTER 5 마케팅의 정보 시스템화란 무엇인가 ··· 302
데이터베이스 / 데이터베이스 마케팅 / 고객 데이터베이스

CHAPTER 6 캐시리스는 어디까지 진행되었는가 ··· 305
신용카드 / 선불카드 / 사인리스 카드 / 휴대폰 소액 지불

CHAPTER 7 정보 네트워크 시대의 유통은 어떻게 되는가 ··· 309
멀티미디어 / 인터넷 / 은행 POS / 온라인 쇼핑 / 오픈마켓 / 전자상거래

참고문헌 · 315
찾아보기 · 317

PART 1

현대 유통의
기본을 파악한다

CHAPTER **1**

유통에는 어떤 역할이 있을까
생산자와 소비자를 원활하게 연결시키는 것이 유통의 역할

유통

> 상품이 생산자에게서 소비자에게 넘겨질 때까지의 흐름의 전체를 말하는 것으로, 사회적 분업이 진전됨에 따라서 발달했다.

　유통(distribution)이란 한마디로 말하면 생산자가 만든 상품이 소비자의 손에 닿을 때까지의 흐름을 말한다. 지금이야 상품을 만드는 것은 생산자가, 상품을 파는 것은 백화점이나 할인점, 슈퍼마켓, 편의점 등의 소매점이, 또 상품을 운반하는 것은 운송업자가 하는 식으로 각각 전문적으로 분야가 나누어져 있지만 옛날에는 상황이 달랐다. 자급자족하던 시대에는 모두가 자신이 경작하는 밭에서 곡식을 확보하거나 교환하였다. 그러나 효율성은 결코 높지 않았다.
　만드는 것은 교외의 큰 공장에서 하고, 운반하는 것은 한번에 많은 양을 취급할 수 있는 화물열차나 트럭을 사용하며, 판매하는 것은 깨끗하게 장식한 거리 한복판의 상점이 담당함으로써 각각 자신의 업무에 전념할 수 있을 뿐만 아니라 비용도 낮출 수 있는 것이다. 공업이 발달하여 물건의 대량생산이 가능해짐에 따라 '만든다', '운반한

왜 유통이 발달했는가

자급자족의 시대

사회적 분업의 시대(현대)

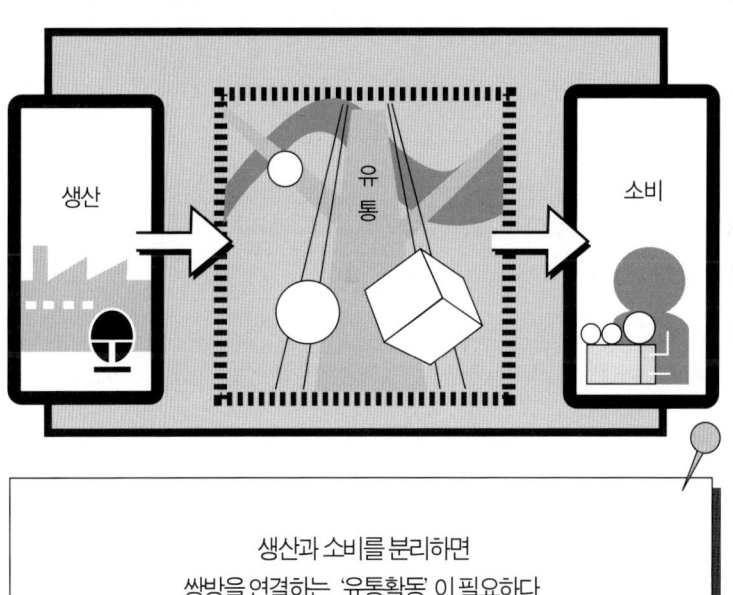

다', '판다' 라는 업무가 차츰 나눠지게 된 것이다. 유통은 그렇게 해서 발달된 것이다. 기술이 발전하고 소비자의 욕구가 다양해짐에 따라서 앞으로도 유통의 중요성은 더욱 높아진다고 볼 수 있다.

매매 · 운송 · 보관 · 정보전달

> 유통이 지닌 기본 기능을 유통업이 다 처리하고 있는 덕분에 생산자는 생산에만, 소비자는 소비에만 전념할 수 있는 것이다.

유통의 기본 기능이란 매매 · 운송 · 보관 · 정보전달 등의 네 가지를 말한다. 이것은 '만드는 것'과 '파는 것'이 네 가지 기능 면으로 나눠짐에 따라서 생겨난 것이라고 할 수 있다.

우선 매매(賣買)는 문자 그대로 '생산자에게서 물건을 사서 소비자에게 파는' 기능이다. 자급자족의 시대가 끝나고 만드는 사람과 파는 사람이 각각 분리됨으로써(인적 차이) 물건과 돈을 주고받는 기능을 만들어낸 것이다.

그러나 단지 매매한 것만으로는 물건이 소비자에게까지 넘겨질 수 없다. 예를 들면, 멀리 진주에 있는 회사가 서울에 있는 사람에게 물건을 판다고 할 경우, '물건을 운반하여 보내는 것'이 필요하게 된다. 이와 같이 물건을 만드는 사람과 파는 사람의 장소가 멀리 떨어진 경우(장소적 차이) 때문에 생겨난 기능이 운송이다.

생산자는 많은 물건을 만들어두고, 소비자는 이 물건들을 사기 위해서 상점에 간다. 하지만 생산자가 물건을 팔고 싶어하는 시기와 소비자가 사고 싶다고 생각하는 시기가 반드시 일치하는 것은 아니다.

따라서 누군가가 이러한 상황의 중간적인 업무를 취급해 주고, 물

유통의 기본 기능

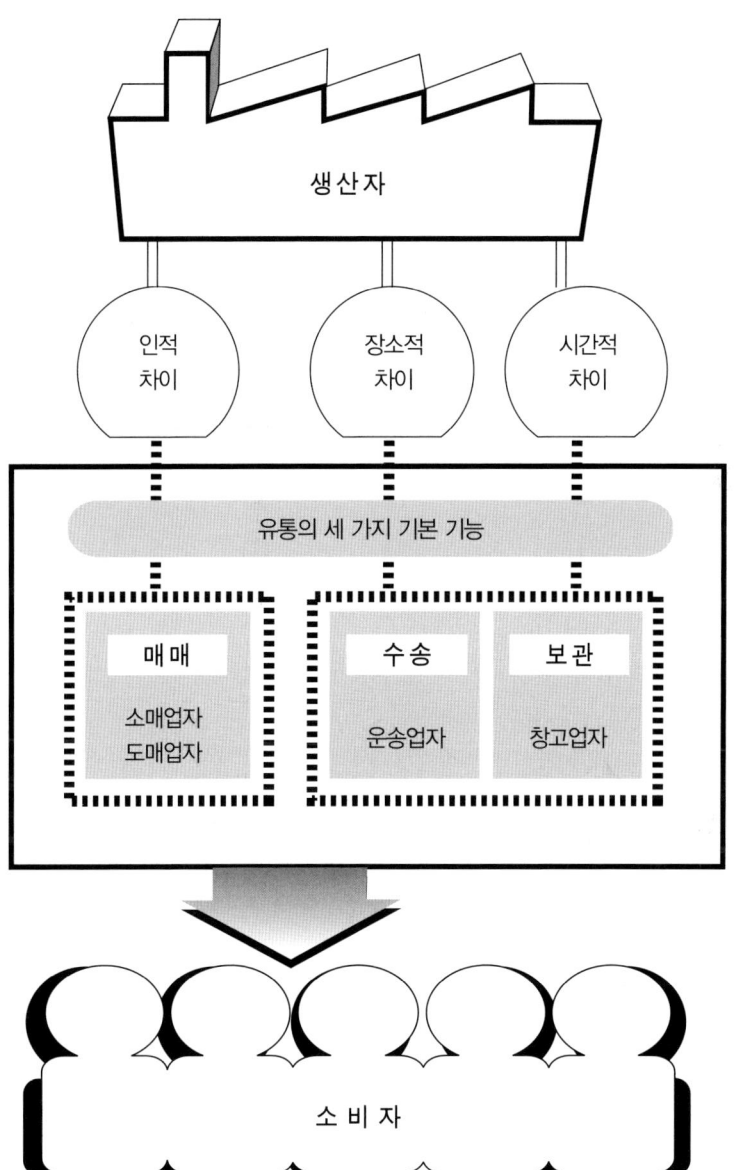

건을 쌓아두지 않으면 안 되는 것이다. 이와 같이 '만든다' 와 '판다' 의 시간적인 격차(시간적 차이)를 해소하는 기능이 보관이다.

또 최근에는 이 세 가지 사항에 더하여, 신속하고 효율적인 유통활동을 하기 위해서 정보 기능이 중요한 역할을 하고 있다. 예를 들면, '소비자의 욕구'라는 정보를 생산자가 슈퍼마켓에서 입수하거나, '현재 재고가 어느 정도 있고, 몇 개까지 주문이 가능한가'라는 정보를 슈퍼마켓이 생산자로부터 받아들이고 있다.

현재의 유통은 매매·운송·보관에 정보전달을 추가한 네 가지의 기본 기능에서 성립된다고 할 수 있다.

CHAPTER **2**

유통관련 업종에는 어떤 것이 있을까

소매업자, 도매업자, 운송업자, 창고업자의 역할

상거래 · 물류

> 매매에 따른 물건의 거래 흐름이 상거래(상류)이고, 매매를 동반하지 않는 물건 자체의 이동 흐름을 물류라고 한다.

　유통업계에는 매매를 주업무로 하고 있는 사람과 운송 · 보관을 주업무로 하고 있는 사람이 있다. 예를 들면, 슈퍼마켓, 편의점 등의 소매상(소매업자→PART 2 참조)이나 도매상(도매업자→PART 3 참조)은 물건을 사고파는 것이 업무이다. 도매상은 생산자로부터 물건을 사고(매입) 소매상에 파는(판매) 것이다.

　이때 생산자로부터 도매상, 소매상, 소비자로 물건이 전달되고, 동시에 소비자로부터 생산자 쪽으로 돈이 흘러들어가게 되는 것이다. 이와 같은 매매(소유권의 이전)에 따른 물건과 돈의 흐름이 상거래(상적 유통, 상류, commerce)이다. 상거래에 종사하는 업자들에게는 얼마나 소비자의 기호에 맞고 팔 수 있는 상품을 매입하는지, 또는 얼마나 소비자에게 매력적인 판매활동을 하고 있는지가 중요하다.

　한편 생산자로부터 도매상으로, 도매상으로부터 소매상으로 물건을 운반하는 트럭이나 화물열차와 같은 운송 업무를 담당하는 사람들은 생산자나 도매상으로부터 물건을 보관하고 운반하는 것을 주업무로 하고 있다. 예를 들면, 도매상에서 편의점으로 도시락을 운반하는 운송회사는 도매상으로부터 도시락을 사는 것이 아니라, 보관하여 운반하고 수수료를 받는 것이다.

이와 같은 운송이나 보관을 통해서 생산자에게서 소비자로 물건이 이동되는 흐름을 물류(물적 유통, physical distribution)라고 한다. 물류에 종사하는 업자들은 얼마나 품질을 잘 보존한 채로 물건을 보관하고, 얼마나 주문에 신속하게 대응하여 운송하는지(장소적 차이와 시간적 차이의 해소)를 주업무로 하고 있다.

보다 많은 상품을 판매하기 위해서는 이와 같은 상거래와 물류 양쪽 모두에 주의해야 할 필요가 있다.

소매업자 · 도매업자

> 소비자를 상대로 물건을 판매하는 업자가 소매업자이고, 소매업자를 상대로 물건을 판매하는 업자가 도매업자이다.

유통업체에서는 상류에 종사하고 있는 사람을 일반적으로 유통업자라고 말한다. 유통업자에는 소비자를 상대로 물건을 파는 소매업자(retailer)와 소매업자나 레스토랑 또는 호텔 등의 사업자를 상대로 물건을 판매하는 도매업자(wholesaler)가 있다.

다시 말하면, 이들을 유통의 세계에서는 도매업자를 홀세일러, 소매업자를 리테일러, 소비자를 컨슈머, 생산자를 매뉴팩처러 혹은 메이커라고 부르기도 한다.

소매업자의 종류에는 백화점, 슈퍼마켓, 할인점, 편의점, 개인 상점 등 여러 가지가 있다(PART 2 참조). 도매업자의 종류에는 중간상, 제조업자 도매상, 브로커, 위탁상인, 판매대리인 등이 있다.

운송업자

> 물류에 종사하는 업자이며, 물건의 운송뿐만 아니라 보관 기능도 담당하고 있다.

유통의 세계에서 운송과 보관이라는 물류활동에 종사하고 있는 사람이 운송업자(transporter)이다. 운송 업무는 크게 트럭, 철도, 해운, 항공으로 나눌 수 있다. 보관 부분을 담당하는 업자를 특별히 '창고업자'라고 부르는데, 이것도 운송업자 중의 하나이다.

운송업자는 업무상 철도나 도로, 항구, 항공 등 공공시설과 밀접하게 관련된다. 철도망이 정비되면 철도 운송이, 고속도로가 정비되면 트럭 운송이 성장하게 되며, 그에 따라 운송업자의 성과는 국가의 교통망 정비에 크게 좌우된다. 현재는 교통망의 발달에 더하여 인구의 도시 집중으로 이동성이 좋은 트럭 운송의 시장점유율이 높다(163페이지 참조).

창고업

> 생산자→도매업자→소매업자의 흐름 속에서 물건을 일시적으로 보관하는 것이 물류활동에 해당하는 창고업이다.

생산자에서 도매업자에게로, 다시 도매업자에서 소매업자에게로 상품은 보내지지만, 그 사이에는 시간적인 차이가 있다. 그래서 필요하게 된 것이 물건을 보관해 두는 창고이다. 창고업(warehousing)은 생산자와 소매업자를 연결하는 중대한 역할을 담당하고 있다.

창고는 크게 두 가지로 분류할 수 있다. 하나는 법률에 따라서 영업허가를 얻고 상품을 보관하는 영업창고이고, 다른 하나는 생산자 등이 자사에 만들어 놓은 자가창고이다.

소비의 붐이 일어나는 활황경기에는 대규모의 영업창고가 늘어난다. 그러나 경기가 침체국면이 되면 영업창고는 그 기세가 한풀 꺾이게 된다.

사고파는 것이 처음 성립되는 것이 영업이기 때문에 불경기에는 결코 창고업의 상황이 좋을 수가 없다. 또 창고의 수요가 많은 도시에서는 땅값 등 높은 유지비가 경영을 압박하고 있다.

그런 가운데에도 그나마 호조를 띠고 있는 것이 냉장·냉동 기능을 지닌 냉장창고업이다. 일반적으로 신선한 식품과 냉동수산품의 유통이 더 한층 요구되고 있는 상황에서 냉장창고의 수요는 매년 더욱 높아지고 있는 실정이다.

이는 지금까지의 창고업 형태에서 로지스틱스(167페이지 참조)의 일익을 담당할 수 있는 물류센터(170페이지 참조)로의 한 단계 발전하는 계기라고도 볼 수 있다. 이제 창고업은 '단순히 물건을 보관하는 장소'가 아니라 거기에 더해 플러스 알파의 기능이 점점 요구되고 있다.

CHAPTER **3**

유통경로에는 어떤 것이 있을까
유통경로의 선택이 영업 성공의 기본

유통경로

> 소비자에게 물건이 도착할 때까지의 거래 과정을 말한다. 예를 들면, 편의점에서 파는 경로, 슈퍼마켓에서 파는 경로, 통신판매로 파는 경로 등이다.

생산자로부터 소비자에게 상품이 도착할 때까지의 과정을 유통경로(distribution channel/distribution structure)라고 한다. 유통경로의 기본은 생산자→도매업자→소매업자→소비자이다.

그러나 항상 이 경로를 통해서 유통되는 것은 아니다. 생산자가 소매점과 계약을 맺고 물품을 파는 경우도 있고, 다이렉트 메일로 주문을 받아서 소비자에게 물품을 보내는 경우도 있다.

또 소매업자를 통해서 파는 경우에도 백화점, 편의점, 할인점 등 다양한 유통경로가 있다. 그외에 생산자가 직접 소매점 체인을 만들어서 판매하는 경우도 있다.

유통경로가 다양하고 각각의 특징에 따라서 팔리는 상황도 차이가 있기 때문에, 생산자로서는 어떤 유통경로를 선택할지가 매우 중요한 문제가 되는 것이다. 특히 유통경로를 선택하면 생산자는 상품의 판매 방법이나 광고, 애프터서비스 등도 소매점과 상담한다. 이와 같이 유통 전체의 전략을 구상하는 것을 유통채널 전략이라고 하고, 완성된 유통구조를 유통기구 혹은 유통 시스템이라고 한다.

개방적 유통 · 선택적 유통 · 전속적 유통

> 유통경로는 생산자가 소매점을 지정할지 안할지에 따라 또는 참가하는 소매업자의 종류나 판매 방법의 성격에 따라서 개방적 유통, 선택적 유통, 전속적 유통 등 세 가지로 구분할 수 있다.

개방적 유통

개방적 유통이란 소매점의 종류를 제한하지 않고 여러 소매점에서 판매하는 형태의 유통경로로 식품, 생활잡화, 의약품 등에서 자주 사용되는 형태이다.

식품 등의 경우에는 특별한 경우가 아니면 경로가 한정되어 있지 않다. 이는 고객이 그 상품을 사기 위해서 일부러 멀리 있는 점포까지 갈 필요가 없기 때문이다.

예를 들면, 캔커피나 스포츠 음료는 맛이 좋은지 나쁜지에 대한 것보다는, 먹고 싶을 때에 가까운 곳에서 팔고 있다는 것이 매우 중요하다. 이와 같은 상품의 경우 가능한 한 많은 수의 점포를 확보해서 진열해 두는 것이 좋다.

선택적 유통

선택적 유통이란 소매점의 종류를 어느 정도 제한을 두고 판매하는 형태의 유통경로를 말한다. 화장품이나 기성복 등은 여러 점포에서 판매하는 것도 중요하지만, 우선적으로 상품의 사용법이나 좋은 이미지를 소비자에게 알리지 않으면 안 된다. 이들 상품의 경우 한번 그 메이커의 상품을 사용하기 시작하면 오랫동안 사용하는 경향이 있기 때문이다.

이러한 상품들은 판매하는 점포의 수를 제한해 두고, 생산자가 매장에 점원을 파견하여 상품에 대한 좋은 이미지를 고객에게 어필할 수 있도록 하는 것이 무엇보다 중요하다. 따라서 이와 같은 경우에는 선택적 유통을 하는 것이 바람직하다.

전속적 유통

전속적 유통이란 매우 특수한 점포에서만 팔 수 있는 유통경로를 말한다. 예를 들어 보석이나 고급 브랜드 제품 등은 일용품과는 달라서, 전국에 산재해 있는 슈퍼마켓이나 편의점에서 판매한다면 고급스러운 느낌이 없어지고 오히려 팔리지 않게 될 우려가 있다.

이 경우에는 생산자가 독자적으로 만든 점포나 일부 고급 백화점에 한정하여 판매를 하게 된다. 특히 점원이 높은 수준의 서비스를 제공하고 정중하게 고객욕구에 대응하여 고급스러운 느낌을 낼 수 있는 쪽이 오랫동안 매상을 올릴 수 있는 것이다. 이와 같은 상황에서는 전속적 유통을 사용하는 것이 좋다.

CHAPTER **4**

유통지배 · 유통계열화란 무엇인가
대규모 생산업체나 소매상의 관련 유통업자 계열화

유통지배 · 유통계열화

> 대규모의 생산업체나 소매상이 관련되는 유통업자들을 산하에 놓고 상품의 제조와 판매를 계열화하는 것이다.

현재와 같이 모든 종류의 상품이 팔리고 있는 세상에서는 단순히 품질이 좋다는 이유만으로는 상품을 팔 수 없다. 상품이 얼마나 소비자에게 어필하였는지, 얼마나 많은 매장을 확보하였는지 등이 판매를 좌우하는 중요한 열쇠이다.

그래서 거액의 자금을 보유한 생산자는 소매점에 가능한 한 자신의 회사 상품을 팔아주도록 리베이트(43페이지 참조)를 지불하거나 점원을 파견한다. 때로는 소매점을 인수하여 자회사로 만들기도 한다. 대형 소매점도 전국의 중소 소매점을 인수하거나 체인 운영을 전개(34페이지 참조)함으로써 독자적인 판매망을 넓혀가고 있다.

이와 같이 생산자나 소매점이 거대한 자금력을 동원하여 유통업계를 자의대로 지배하려는 것을 유통지배라고 한다. 현재의 유통은 이와 같은 유통지배를 배제하고는 존재할 수 없다고 할 정도로 중요한 요소가 되고 있다.

　유통지배가 진행되고 생산자·도매업자·소매업자 모두가 하나의 조직처럼 협력하여 생산과 판매 계획을 세우고, 상품을 보다 많이 판매하려고 하는 경우가 있다. 대규모 생산자와 소매점이 이와 같이 종합적인 유통지배를 하는 것을 유통계열화(vertical marketing system)라고 하며, 대체로 유통지배와 동일한 개념으로 사용된다.

　지금까지 많은 생산자나 소매점들이 이러한 유통계열화를 통해서 크게 성장해 왔다. 그러나 이러한 과정을 거치면서 몇 가지 문제점이 발생하고 있다.

　우선 해외에서 진출한 기업에게는 유통업계의 이러한 결속이 불리하게 작용하게 된다. 오히려 질이 좋은 텔레비전을 수입해도 국내의 소매점은 계열 생산업체의 텔레비전밖에 팔 수 없기 때문이다. 이것이 유럽과 아메리카, 특히 미국의 비판을 사서 국가간의 무역거래회의에서 중대한 사안이 되고 있다.

　국내에서도 할인점과 같이 독자적으로 저가의 상품을 구입할 수 있는 소매점이 늘어나고 있고, 또한 대규모 제조업자가 단독적으로 유통계열화를 하기도 점점 어렵게 되어가고 있다. 특히 불경기가 지속될 경우 생산업체들이 계열의 기업을 전부 보살펴주기란 체력적으로 어려운 상황이다.

　그래서 계열 점포에 활기를 불어넣기 위해서 점원을 파견하거나 각각의 점포에서 판매 방법을 자유롭게 결정하게 하는 생산업체들이 점점 늘어나고 있다. 리베이트도 무턱대고 지불하기보다는 매출이 높은 점포나 애프터서비스를 충실하게 하는 점포 등에만 지불하는 경향도 늘고 있다.

　이와 같이 요즘은 조금씩이라도 유통계열화를 재평가하는 기업이 많아지고 있다.

소매업자의 유통지배

> 주로 슈퍼마켓, 백화점, 할인점이 전개하고 있는 유통지배를 말한다. 유통의 생산자 지배라고도 한다.

소매업자의 유통지배는 주로 슈퍼마켓, 백화점, 할인점(PART 2 참조)이 중심이 되어 전개하고 있으며, 이들이 유통지배를 추진하는 방법에는 다음과 같이 몇 가지가 있다.

- 판매망을 크게 넓히고 판매력을 늘린다.
- 물류 거점을 정리하고, 사원교육이나 광고활동 등도 일체화하여 경비를 삭감한다.
- 대량매입을 통해서 생산자로부터 할인을 요구하고, 특히 생산자에 대한 지배력을 강화한다.

물류 거점을 정리하고 사원교육이나 광고활동의 일체화 등을 통해 경비를 삭감하거나, 대량매입으로 생산자에게 할인을 요구하거나, 생산자에 대한 지배력을 강화하게 되면 상품의 가격을 억제할 수 있기 때문에 가격 면에서의 경쟁에서도 다른 회사를 압도할 수 있고 판매력도 점차 늘릴 수 있다.

백화점, 할인점, 슈퍼마켓, 편의점 등 다양한 업태에서 유통지배가 추진되고 있으며, 그들이 내세우고 있는 목표에는 생산자도 따르지 않을 수 없을 정도로 유통업자의 힘이 강해지고 있다. 이와 같은 상황을 '유통의 생산자 지배'라고 부르기도 한다.

생산자의 유통지배

> 생산자가 판매망과 계약을 체결하거나 자회사화하는 등으로 유통지배를 하는 것으로, 가전제품이나 자동차, 화장품, 약품 등에 많다.

다른 회사와의 경쟁에서 이기기 위해서 생산자가 도매·소매를 자회사화하거나, 소매점과 특별한 계약을 체결하거나, 일정한 리베이트를 지불함으로써 관계를 강화하는 경우가 있다. 이것을 '생산자의 유통지배'라고 한다.

구체적인 예를 들어보면 브랜드 이미지를 유지하기 위해서 너무 싸게 팔지 않는 경우, 수리나 보수 등 애프터서비스를 위해서 생산자와 소매점의 협력이 필요한 경우, 팔 때 가능한 한 정교한 상품 설명이 필요한 경우 등을 들 수 있다.

가전제품이나 화장품을 파는 가게는 규모가 작은 경우도 많기 때문에 대규모 생산업체의 산하에 들어가서 판매 지도 등을 받는 것이 좋다. 우리나라와 일본은 다른 나라에 비해서 생산자의 유통지배가 현저하다고 볼 수 있다.

상사회사의 유통지배

> 상사가 국내·국외의 거래 중개(도매)를 계열화하는 것으로, 생산자를 자회사로 삼거나 독자적인 물류센터를 설립하는 경우도 있다.

일본의 대규모 상사(149페이지 참조)들은 단순히 거래를 중개하는 것뿐만 아니라 물건을 수송·보관하는 물류 기능을 갖추고 있거나

생산자의 유통지배(유통계열화)

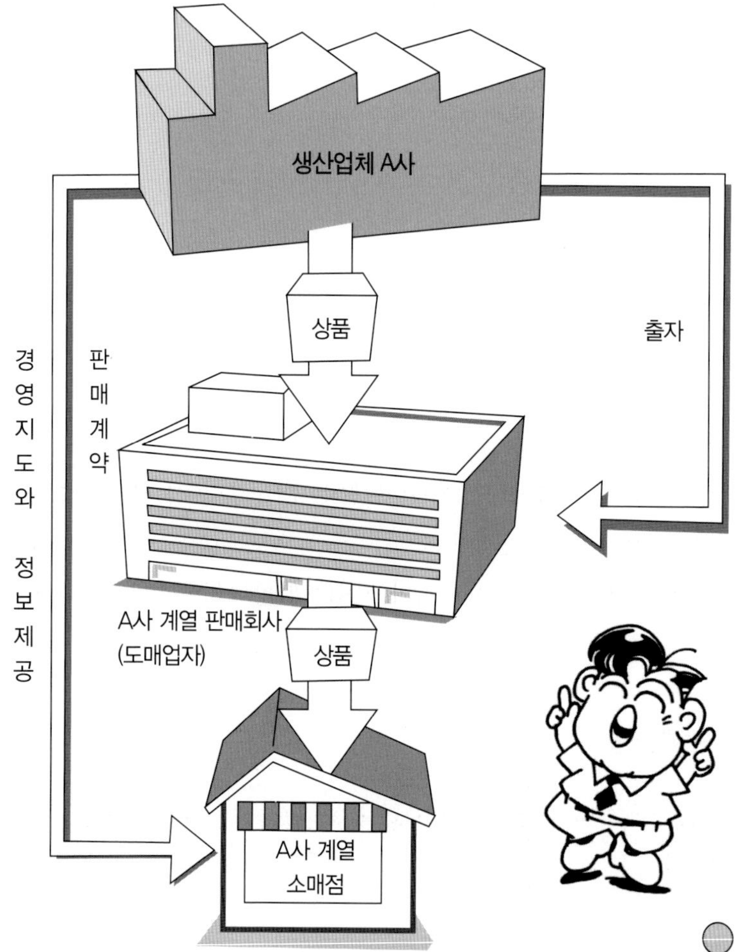

생산업체 A사

상품

판매계약

출자

경영지도와 정보제공

A사 계열 판매회사
(도매업자)

상품

A사 계열 소매점

생산자는 도매업자·소매업자에게 출자하거나 판매계약을 체결함으로써 유통경로를 확보한다.

융자를 하는 등 거래처에 여러 가지 형태로 관여하고 있다. 따라서 생산자로부터 직접 매입하는 것보다 상사로부터 매입하는 편이 유리하다고 생각하는 소매점이 적지 않고, 상사가 유통에 끼치는 영향력도 결코 무시할 수 없다.

상사는 세계에 수백 개의 지점을 두고 'ㅇㅇ라는 상품은 ㅁㅁ상사에서 구입하지 않으면 손에 넣을 수 없다'라는 상황을 만들어서 활동 기반을 굳히고 있다. 석유제품이나 철강, 곡물들 중에서는 상사를 통하여 구입하는 경우가 많다. 특히 생산자나 외식 관련 회사 등을 자회사로 하거나, 독자적인 물류센터(170페이지 참조)를 설립하는 상사도 있다.

이렇게 대규모 상사는 거래의 종류와 양을 확대시키고 있으며, 국제적인 거래는 물론 국내에서의 거래 중개에 있어서도 없어서는 안 되는 존재가 되고 있다. 항상 상사를 통해서 물건을 사고팔도록 하여 유통업계를 지배하고 있는 것이다. 이것이 '상사의 유통지배'이다.

제조판매동맹

> 생산자와 소매상이 제품 개발에서 물류에 이르기까지 협력하여 연계하는 것을 말한다.

일본의 경우, 소매상의 자기상표인 프라이빗 브랜드(Private Brand, 유통업자 브랜드, 218페이지 참조)는 1980년대에 저렴한 가격으로 소비자에게 인기를 끌었다. 그러나 1980년대에 들어서면서 이러한 시도는 일부를 제외하고는 실패로 끝나고 말았다.

가격파괴로 생산자의 고유상표인 내셔널 브랜드(National Brand,

대표적인 제조판매동맹

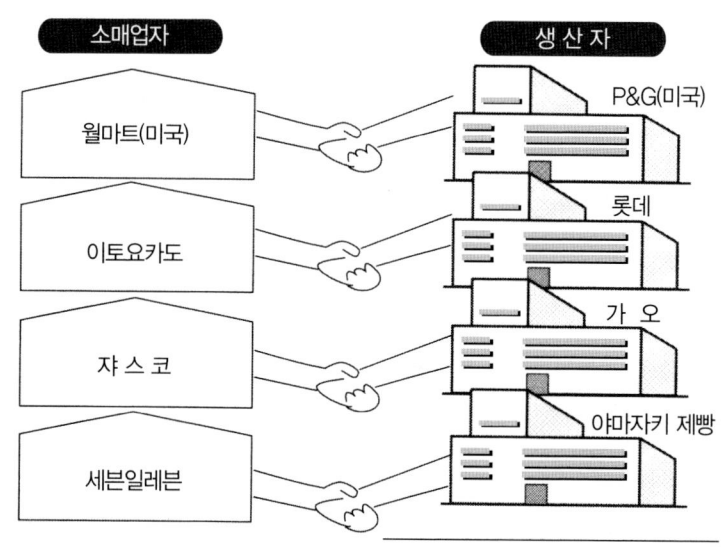

전국 상표, 217페이지 참조)의 가격이 내려서 '싼 물건'으로는 승부를 할 수 없게 된 것이다. 자기상표의 대부분은 소매상의 지시를 받아서 이류 이하의 생산자가 제조한 것이기 때문에 품질만으로는 도저히 고유상표를 따라갈 수가 없다. 이러한 배경으로 탄생된 것이 제조판매동맹(producer-retailer alliance)이다.

제조판매동맹이란 생산자와 소매상이 제품 개발에서 물류에 이르기까지 공동으로 대항하는 것으로, 대부분 대규모 생산업체와 대규모 소매상 사이에서 협력관계가 이루어지고 있다.

소매상 측에서는 생산업체와 손을 잡음으로써 가격뿐만 아니라 품질도 고려한 상품을 기획·상품화하는 것이 가능하게 되었고, 생산자 측에서도 소매상의 방대한 소비자 데이터를 제품 개발에 반영시킬 수 있게 되었다.

　예를 들면, 편의점 체인인 세븐일레븐은 식품 생산자인 야마자키 제빵(山崎製)과 함께 '갓 구운 빵'을 공동으로 개발하여 상품화하였다. 이들은 항상 신선도가 높은 빵을 각 체인점에 공급할 수 있도록 독자적인 공장과 배송망을 공동으로 건설하였다.

CHAPTER **5**

소매점의 조직화란 무엇인가
향후 프랜차이즈 체인, 볼런터리 체인 등 체인 오퍼레이션이 중요

체인 오퍼레이션

> 다수의 점포를 동일한 기업이나 본부가 통괄하여 관리하는 경영방식 또는 그 방식에 의한 경영을 말한다.

 같은 이름으로 똑같이 디자인된 간판을 내걸고 영업을 하는 점포가 몇 개가 있을 때에는 일반적으로 그들 점포를 체인(체인스토어)이라고 말한다.
 소매점의 대부분은 개인 상점이며, 상품이나 서비스의 질도 가지각색이어서 소비자 측에서 보면 들어가서 보기 전까지는 어떤 가게인지 알 수 없을 때가 많다. 또 점주가 되기 위해서는 일정한 경험이 필요하다. 이러한 문제점들은 체인 오퍼레이션(chain operation)이라고 불리는 경영 방법으로 해결할 수 있다.
 이 방식에서는 경영·매입·상품관리 등의 업무를 본부가 일괄하여 담당한다. 따라서 각 점포는 판매에만 전념할 수 있는 것이다. 게다가 점포의 운영이 매뉴얼화되어 있기 때문에 경험이 없는 점장이라도 소비자에게 항상 일정한 품질의 상품이나 서비스를 제공할 수

있다.

　단독 점포로는 입소문을 통해서 고객을 늘리는 데에 많은 시간이 들지만, 체인화하면 처음 오는 고객도 익숙한 간판을 보고 안심하게 된다. 작은 가게에서도 유명 기업에 대한 신용이나 대량매입의 효과를 얻을 수 있게 되는 것이다.

　체인화는 본부가 하는 역할이나 출자자 등에 따라서 레귤러 체인(88페이지 참조), 프랜차이즈 체인(82페이지 참조), 볼런터리 체인(90페이지 참조) 등 세 가지로 구분된다.

체인화(연쇄화 사업)

> 독립된 유통업자들을 볼런터리 체인이나 프랜차이즈 체인에 의해서 조직화하는 것을 말한다.

　개개의 점포마다 나오는 매출을 하나로 뭉치면 큰 힘을 지니게 된다. 중소업자라도 공동으로 대량매입하여 비용을 낮추면 대규모 업자에게 대항할 수 있다.

　일본 중소소매상업진흥법은 중소 상점의 체인화(chain business)를 촉진하기 위해서 각종 특전을 마련하고 있다. 예를 들면, 체인 가맹자가 공동으로 사용하는 배송센터를 만들 경우 일정한 조건을 충족하면 저금리로 융자를 받을 수 있고 세금 면에서도 우대해 준다.

　그러나 우리나라의 경우도 문제점이 있다. 체인에 가맹하는 이들은 대개 법률지식이 적은 개인 상점 주인일 경우가 많다. 이들은 장점만 먼저 보고 일단 체인에 들어갔지만 본부로부터 변변치 못한 대우를 받는 경우도 있고, 탈퇴하기 위해서는 위약금을 납부해야 한다는 조건을 모르는 경우도 있다.

그래서 일본의 경우 프랜차이즈 체인(특정 연쇄화 사업)에 대해서 규제가 마련되었다. 일본 중소소매상업진흥법에 따르면 본부는 프랜차이즈 계약을 체결하기 전에 조건을 확실하게 작성하여 가맹자에게 보이도록 규정하고 있다.

또 일본 공정거래위원회는 프랜차이즈 계약에도 독점금지법이 적용된다고 보고 그 가이드라인을 발표하고 있다. 예컨대 다음과 같은 경우에는 독점금지법 위반의 우려가 있다고 지적하고 있다.

- 계약조건을 충분하게 설명하지 않았거나 실제와는 다르게 설명을 하는 경우
- 가맹자에게 일방적으로 의무를 강요하는 경우
- 본부나 본부가 지정하는 업자로부터 매입하도록 강요하는 경우

최근 우리나라에서도 프랜차이즈에 대한 규제가 공정거래위원회를 중심으로 추진되고 있다.

공정거래위원회는 국내 프랜차이즈 시장에 대한 규제 및 가맹점의 영업지역 보호를 위해 최근 '가맹거래 정보공개서 표준양식 고시' 개정안을 의결했다.

개정된 정보공개서에는 가맹본부나 임원의 법 위반 사실에 약관규제법 위반 사실을 추가적으로 고지해야 하며, 가맹점 사업자가 가맹본부에 대한 금전지급 의무를 지체하면 이를 부담하는 지연이자 항목을 추가했다. 또한 가맹본부는 가맹점의 경영 및 영업활동을 위한 지원사항으로 점포환경개선시 비용지원, 판매촉진행사시 인력지원 등을 의무화하도록 하였다.

CHAPTER **6**

유통혁명, 가격파괴란 무엇인가
새로운 유통구조의 핵심은 가격인하

유통혁명

> 종래의 유통구조와는 다른 새로운 유통구조나 업태의 생성과 그 흐름을 말한다.

종래의 생산자→도매업자→소매업자라는 유통의 기본이라고 말할 수 있는 흐름이, 전혀 새로운 유통구조로 크게 변화하는 것을 유통혁명(distribution revolution)이라고 한다.

1960년대에 일본에서는 생산자의 대량생산체제가 확립되었고, 동시에 슈퍼마켓이 등장하였다. 슈퍼마켓의 등장을 계기로 '유통경로의 단축'을 중심으로 한 유통혁명이 일어났다.

일본 유통의 큰 특징으로는 다단계 유통경로를 들 수 있다. 이러한 구조는 생산자와 소매업자 사이에 많은 도매업자가 개입되어 있기 때문에 비용이 높아져서 가격도 비싸지게 된다.

슈퍼마켓은 이제까지 도매업자가 하던 업무를 자사에서 수행하거나 또는 대량으로 매입하여 매입가격을 낮추는 등의 노력을 통해 저가격을 실현하였다. 따라서 그전 방식의 유통 방법을 고집한 백화점

현대 유통의 기본을 파악한다

이나 중소 상점은 가격경쟁력을 잃어버리게 된 것이다. 게다가 슈퍼마켓의 진출에 의한 일련의 유통업계의 변화는 '도매상 무용론'(138페이지 참조)까지 일으키게 되었다.

곧이어 백화점만한 규모를 가지고 슈퍼마켓보다도 더욱 물품을 저렴하게 매입할 수 있는 할인점이 등장하게 되었고, 그 이후 유통혁명은 점점 더 빠르게 진행되었다.

1900년대에 들어서면서 유통 부분에 컴퓨터가 도입되어 물품의 주문이나 재고관리 등을 한층 더 빠르고 정확하게 할 수 있게 되었고, 점점 더 저비용화·저가격화가 추진되었다. 소비자의 요구가 더욱 다양화되고 있는 현재에는 소비자 중심의 새로운 유통구조가 요구되고 있다고 할 수 있다.

최근 우리나라에서도 할인점, 편의점, 무점포 판매방식(홈쇼핑, 전자상거래 등) 등을 통하여 유통혁명이 일어나고 있다.

가격파괴

> 이제까지 표준이라고 생각되었던 상품의 가격을 대폭적으로 인하하는 것을 말하며, 할인점이 중심이 되어 진행되고 있다.

할인점의 등장에 의해서 일어난, 지금까지 표준이라고 생각되었던 상품의 가격을 대폭 인하하는 움직임을 가격파괴(price cutting)라고 한다. 가격파괴는 구체적으로 다음과 같은 방법으로 나타난다.

- 대량매입, 현금매입, 독자적 매입정책, 인건비 삭감, 전산화 등으로 가격을 내린다.

- 할인점이 생산자와 제휴하여 보통보다도 가격을 낮춘 독자적인 상품 브랜드(217페이지 참조)를 만든다.
- 생산자의 희망소매가격, 표준소매가격 등 생산자가 희망하고 있는 가격을 무시하고 독자적으로 저렴한 가격을 붙인다.

가격파괴가 진행되고 있는 큰 원인 중의 하나로 '소비의 하향 추세'를 들 수 있다. 요컨대, 소비자가 좀처럼 물건을 사고 싶어하지 않는 시대가 오고 있는 것이다. 이런 시대에서는 품질은 물론 가격 면에서도 확실하게 소구하지 않으면 소비자는 상품을 사주지 않을 것이다.

또 하나의 원인으로 국내와 국외의 가격차이를 들 수 있다. 외국에서는 같은 상품을 국내에서보다 저렴하게 구입할 수 있기 때문에 국내에서도 상품가격을 내리려는 움직임이 일고 있다.

경기는 조금씩 향상될 수도 있지만 소비의 하향 추세는 당분간 계속될 것으로 보인다. 이에 따라 유통업계는 향후 점점 더 저가 전략을 요구받게 될 것이다.

CHAPTER **7**

한국 및 일본 유통의 특징은 무엇인가
다단계 유통경로, 장기거래 유지, 반품 및 리베이트

다단계 유통경로

> 생산자와 소매점 사이에 작은 도매업자가 몇 단계씩이나 개입한 유통경로를 말한다.

　다단계 유통경로란 유통경로 사이에 많은 도매업자가 있고, 여러 단계를 거쳐서 소비자에게 물건이 도착하는 것을 말한다. 대부분 직원이 몇 명 안 되는 작은 도매업자나 소매업자(시장의 야채가게나 생선가게 등은 대부분 이 유형이다)의 형태는 미국이나 유럽에서는 찾아보기 힘든 것이다.

　국내의 경우도 그렇지만 특히 일본 유통에서는 1차 도매에서 2차 도매의 단계를 거치는 경우를 많이 볼 수 있다. 이 경우 같은 종류의 두세 개 도매업자가 동시에 유통에 관여하는 경우도 있지만, 일정 지역을 주요 활동지역으로 삼는 업자나 특정 분야의 식품만을 판매하는 업자 등 서로 다른 종류의 도매업자가 동시에 관여하는 경우가 많다. 이런 도매업자들에게 각각 맡겨두면 상품마다 가장 잘 팔리는 가게를 선택하여 유통시켜 준다.

반면에 이 방식은 상품의 가격이 높아지는 단점이 있다. 많은 업자가 참가한 부분에 대한 비용이 들어가고, 그것이 상품의 가격을 상승시키는 요인이 되는 것이다.

최근에는 저렴하면서도 질이 좋은 상품을 구입하려는 소비자가 많아졌기 때문에, 유통업계에서는 비용을 더욱 인하하려는 노력과 더불어 효율이 좋은 유통 시스템을 만들려고 노력하고 있다.

장기 거래

> 유통업계에서 볼 수 있는 또 하나의 경향으로, 같은 업자와 오랜 세월 안정된 관계를 유지하는 경향의 거래를 말한다.

이것은 우리나라와 일본 사회 전체의 경향이기도 하지만, 유통업계에서도 같은 거래처와 오랫동안 거래를 지속한다는 것이 매우 중요한 일이다. 그때그때 거래에서 이익을 얻는 것도 중요하지만, 그보다는 이미 형성된 관계 속에서 오랫동안 안정된 이익을 얻고 있다는 점이 중요한 것이다.

이와 같이 '관계를 중요시한다'는 것은 한국이나 일본 특유의 발상이기 때문에 외국 기업으로부터 효율적이지 못하다는 비판의 소리를 듣기도 한다.

앞으로 미국이나 유럽형의 점포 보급이 가속화되면 경쟁은 더욱 격화될 것이다. 따라서 앞으로 관계뿐만 아니라 확실한 생산력과 판매력을 지니지 않으면 기존의 유통업자도 살아남지 못할 것이다. 관계의 중요성에 대한 발상을 기반으로 한 기존의 거래방식도 재평가 되어야 할 것이다.

반품제도

> 소매점에서 팔고 남은 상품을 생산자에게로 되돌려 보내는 제도를 말한다. 국내에서나 일본에서는 상식적인 일이지만, 미국 등지에서는 볼 수 없는 제도이다.

소매점에서는 생산자나 도매업자로부터 상품을 매입하지만, 이때 상품을 '산다'라고 말할 수는 없다. 팔 수 있는 부분만 대금을 지불하고, 팔고 남은 부분은 생산자나 도매업자에게 반품하는 경우도 있기 때문이다.

소매점이 생산자로부터 상품을 '산다'는 것은, 팔고 남은 부분이 생길 때 남은 상품을 할인판매 품목으로 팔거나 사원에게 싼값으로 파는 등 소매점이 어떻게 해서든 남은 부분을 처분해야 한다는 상황도 포함하고 있다.

그런데 반품이 당연한 일이 되면 소매점은 상품을 팔지 못해도 생산자에게 반품하면 그만이다. 그렇기 때문에 '누가 뭐라고 해도 팔아야지'라는 마음자세가 희박해지는 경향이 있다. 또한 단순하게 팔고 남은 것이 반품되어버리면 생산자에게나 도매업자에게는 매우 곤란한 일이 된다.

이와 같이 유통업계 전체에 반품제도(returned goods)가 널리 정착되면 생산자나 도매업자는 어려운 상황에 처하게 되는 한편, 소매점은 힘을 덜 부담하는 상태로 판매를 할 수 있어서 소매점의 입지가 강해지는 경향이 생긴다.

반품된 상품을 생산자가 다시 다른 소매점에 보낼 때는 비용이 들어간다. 그런데 그것이 또다시 반품되어 다른 소매점으로 보내지게 되면 상품은 전혀 팔 수 없는 상태로 되고 배송 비용만 점점 높아져버리는 상황이 된다. 그러므로 소매점에서 최종적으로 상품을 팔 수 없게 되면 사원판매 등을 이용하여 처분하는 편이 좋다.

관련 정부 부처에서는 '불량품에 한하여', '주문한 수량과 다를 경우에만' 이라는 등의 정당한 이유가 없는 경우에는 가능한 한 반품하지 않도록 업계를 지도하고 있다.

리베이트

> 목표를 달성한 경우 또는 보다 많은 상품을 판매한 경우 생산자가 도매업자나 소매업자에게 성과금으로 지불하는 금액이 리베이트이다. 장려금, 판매보상금 등 여러 가지 명칭으로 불리기도 한다.

흔히 일정량 이상을 매입해준 업자에게 그에 맞춰서 돈을 지불하는 경우가 있는데, 이를 수량 리베이트(rebate) 또는 수량할인이라고 한다. 이는 생산자가 받은 상품 대금의 일부를 되돌려주는 방법이다.

이외에도 일정 매출액을 달성한 경우, 캠페인 등의 판매촉진에 공헌한 경우 등에 리베이트가 지불된다. 어떤 때에 얼마의 리베이트가 지불되는지는 상대방 소매점에 따라서 각각 다르고, 매우 복잡한 요인에 의해서 결정된다.

지불 기준이 애매한 한국이나 일본의 리베이트에 비해서, 미국에서는 기준이 명확하고 합리적인 수당(allowance)으로 지급되는 경우를 종종 볼 수 있다.

수당은 한국이나 일본의 리베이트와 같은 맥락이지만, 판매를 달성한 경우에 대해서 지불하는 것뿐만 아니라 협력해준 행위나 활동에 대해서 지불한다는 점에서 차이가 있다.

수당의 구체적인 예를 살펴보면, 일정한 기간의 특별 진열에 대해서 지불되는 '진열 수당', 전단지나 신문광고에 자사 상품을 게재하

리베이트가 지불되는 여러 가지 경우

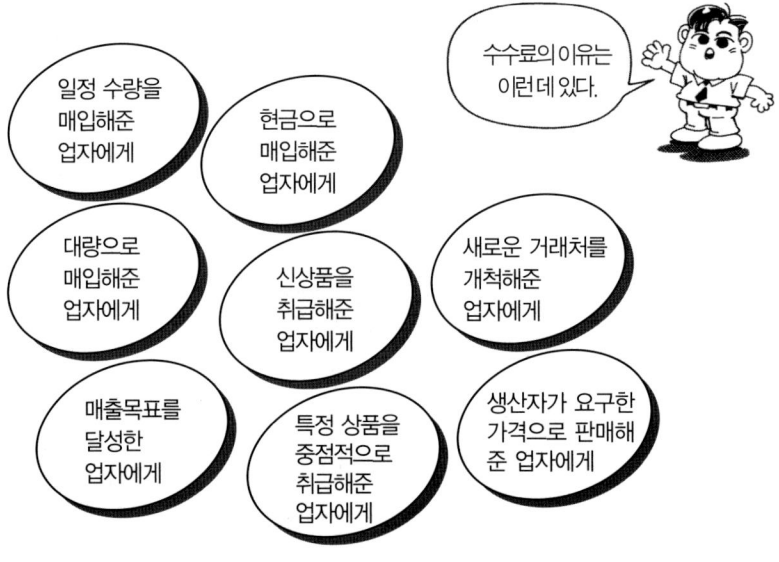

는 것에 대해서 지불하는 '광고 수당' 등이 있다.

한국과 일본의 리베이트 체질을 개선시키기 위해서는 앞으로 수당 제도가 보급되는 것이 바람직하다고 할 수 있다.

PART 2

소매업의 구조와 현상을 파악한다

CHAPTER **1**

소매업자의 기능을 알아보자
상품분할, 매입, 입지 · 영업시간, 상가 만들기

상품분할

> 소매업자의 중심적인 기능으로서, 생산자와 소비자 사이에서 생산자가 만든 많은 상품들을 소비자가 구매하기 용이하도록 분할하여 상품을 판매하는 기능을 말한다.

　소매업자는 생산자나 도매업자로부터 상품을 박스 단위나 케이스(묶음) 단위로 매입하고, 소비자에게 낱개 단위로 판매한다. 이것이 소매업자의 기본적인 기능인 상품분할(subdivision)이다.
　예를 들면, 거리에 있는 작은 손두부 가게는 만들어서 판매하는 기능, 즉 생산자와 소매업자의 기능을 동시에 가지고 있다. 이것은 만드는 두부의 수량이 적어도 거주하는 사람이 근처에 많으므로 만든 장소에서 바로 판매가 가능하기 때문이다.
　그러나 큰 생산업체가 상품을 대량으로 생산하여 전국 소비자에게 판매할 경우, 소비자 한 사람 한 사람에게 상품을 팔려고 한다면 배송하기 위한 비용이나 노력이 많이 들어간다. 그래서 생산자는 소비자와의 사이에 도매업자와 소매업자를 개입시켜 그들로 하여금 상품의 유통을 담당하게 한다.
　대량으로 생산된 상품은 생산자→도매업자→소매업자라는 과정이 있기 때문에 서서히 분할될 수 있다.

　예를 들면, 생산자가 생산한 1만 케이스의 상품은 열 개의 도매업자에게 1천 케이스씩 분할되고, 각 도매업자는 1천 개의 소매업자에게 열 케이스씩 판매한다. 그리고 각 소매업자는 소비자에게 매입한 열 케이스의 상품을 낱개 단위로 판매한다. 소매업자가 중개함에 따라서 1만 케이스였던 것이 낱개 단위로 분할되어 판매되는 것이다.

　이것이 소매업자의 상품분할 기능이며, 이렇게 작은 단위로 구분할 수 있기 때문에 소매업자라고 불리는 것이다.

매입

> 소매업자가 생산자나 도매업자로부터 상품을 들여오는 것을 말한다. 소비자의 입장에 서서 매입하는 것이 매우 중요하다.

　소매업자는 소비자에게 판매할 상품을 생산자나 도매업자로부터 들여온다. 이것을 매입(stocking)이라고 한다.

　"좋은 상품을 매입한다는 것은 다 팔았다는 것과 같은 의미이다"라고 말하듯이, 매입의 좋고 나쁨이 판매에 크게 영향을 미치게 되는 것이다. 좋은 상품의 매입이란 소비자의 요구에 맞는 상품을 매입하는 것이다.

　소비자는 필요한 물건을 필요할 때 저렴하게 살 수 있기를 바란다. 예를 들면, 방한용 코트는 가을이나 겨울이 되면 소비자가 사고자 하지만, 봄이나 여름에는 필요없다. 또 매입가격이 높은 상품은 가격이 너무 높기 때문에 멀리하게 된다. 한편 소매점에서 매입한 수량이 적어서 상품을 구입할 수 없는 소비자도 생기게 된다.

소매업자는 이런 소비자의 요구에 맞춰서 상품을 구비하여야 함은 물론이고 매입하는 시기, 가격, 수량 등을 결정하여야 한다.
　좋은 상품을 매입하기 위해서는 소비자의 입장에 서서 소비자를 대신하여 상품을 매입하는 자세가 매우 중요하다. 소매업자는 다시 말해서 소비자의 대리인이라고도 할 수 있다.

입지 · 영업시간

> 소비자의 생활권과 라이프 스타일에 맞춰서 상품을 제공하는 소매업자 기능 중의 하나이다.

　소비자의 입장에서는 소매업자가 소비자 자신에게 편리한 장소(입지)에 있는 것이 매우 중요하다. 파격적인 가격으로 상품을 판매하는 소매점이 있어도 그곳까지 가서 구입할 경우에 들어가는 교통비가 비싸다면 소비자의 입장에서는 결코 싼값에 산다고 할 수 없다.
　또 영업시간도 매우 중요하다. 대부분 회사원의 경우에는 평일 낮 시간에는 쇼핑을 할 수 없기 때문에 낮시간에만 영업을 하는 슈퍼마켓은 그들에게는 존재하지 않는 것과 마찬가지이다.
　이와 같이 소매업자는 단순하게 상품을 파는 것뿐만 아니라 '소비자가 먼 곳까지 나가는 수고를 덜어주고, 상품을 사주기 위해 돈을 떠맡는 기능'과 '소비자의 라이프 스타일에 맞는 시간대에 상품을 제공하는 기능'을 지니고 있다고 할 수 있다.

상가 만들기

> 상가(상점가)를 활성화시키기 위해서는 지역과 밀접한 관계가 있는 사람과 친숙해지는 상가를 만드는 것이 중요하다.

현재 우리나라나 일본의 전통시장이나 상점가에서 보이는 공통적인 특징은 소비자가 찾아오지 않거나 쇠퇴 또는 정체하고 있다는 것이다. 일본 중소기업청이 실시한 〈상점가 실태조사〉(1995년)에 의하면 "번창하고 있다"는 상점가는 2.7%에 불과했고, "정체하고 있다", "쇠퇴하고 있다"고 응답한 상점가가 거의 대부분이었다.

쇼핑하는 사람이 적은 상가에는 점점 소비자의 발길이 끊어지는 경향이 있다. 이 때문에 한번 쇠퇴하기 시작한 상가는 결국에는 거의 쇠락해버리는 악순환에 빠지게 된다. 이를 타개하고 상가를 활성화시켜 소비자를 다시 불러들이기 위해서 상가가 스스로 편성하고 있는 것이 '상가 만들기'이다.

상가에서 직접 나서는 상가 만들기는 소비자에게 물건을 판매하는 장소를 만드는 것뿐만 아니라 '사람이 모이는 장소=상가'라는 공식을 만든다는 것이다. 이것을 하드웨어적인 측면과 소프트웨어적인 측면으로 나누어서 살펴보자.

하드웨어적인 면에서는 소비자가 가고 싶어지도록 매력적인 공간을 확보하는 것이 매우 중요하다. 예를 들면, 통로를 색색으로 화려하게 포장하거나, 길거리의 전등을 바꾸거나, 통로 전체에 장식을 하고, 비가 와도 쇼핑을 할 수 있도록 아케이드를 설치하는 것 등을 들 수 있다.

한편 소프트웨어적인 측면에서는 지역축제에 상가 자격으로 참가하거나 이벤트를 개최하는 등 지역 사람들과 교류를 하는 것이다. 이와 같은 상가를 만들기 위해서는 비용이 들어가지만, 일정한 조건하에서 국가나 자치제가 기금을 조성할 수도 있다.

　상가에 소비자를 다시 불러들이기 위해서는 소매점이 모여 있어야 할 뿐만 아니라, 지역 사람들에게 아름답고 편리한 상가를 만들어 줄 필요가 있는 것이다.

소매업자의 역할

CHAPTER **2**

소매업자는 어떻게 분류되는가

업종이나 업태, 점포 보유 여부, 체인화 등에 따라서 다양하게 분류

업종 · 업태

> 취급하는 상품에 따른 분류가 업종이고, 상품의 판매 방법에 따른 분류가 업태이다.

소매업을 분류하는 방법에는 몇 가지가 있는데 대표적인 것이 '업종'과 '업태'별로 분류하는 방법이다.

업종은 판매하는 상품의 종류에 따라서 분류된다. 과일가게, 신발가게, 서점, 스포츠용품점 등은 업종별로 소매점을 분류한 경우이다.

반면에 업태는 상품의 판매 방법의 차이에 따라서 분류한다. 업종이 '무엇을 파는가'라는 관점에서 분류하는 데 비해서, 업태는 '어떻게 파는가'라는 관점에서 분류한다. 예를 들면 편의점, 슈퍼마켓, 백화점 등은 업태별로 분류한 경우에 불리는 방법이다.

편의점은 식료품이나 일용품을 중심으로 상품을 구비하고, 장시간 영업을 한다. 슈퍼마켓은 식료품을 중심으로 셀프서비스 방식으로 상품을 저렴하게 판매한다. 백화점은 식료품이나 일용품을 비롯해서 가전제품이나 가구에 이르기까지 상품을 다양하게 구비하여 판매원이 고객 한 사람 한 사람에게 서비스하는 것이다. 이처럼 파는 상품

소매업자의 분류

업종별
식료품점, 제과점, 서점 등

업태별
백화점, 할인점, 슈퍼마켓, 편의점 등

점포의 보유별
점포 소매점 ↔ 무점포 소매점

판매방식별
대면판매점 ↔ 셀프서비스 판매점

점포규모별
대규모 소매점 ↔ 소규모 소매점

경영방식별
단독점 ↔ 체인점

체인형태별
레귤러 체인
프랜차이즈 체인
볼런터리 체인

컨셉별
여성, 젊은층, 여고생 등
고급품 전문, 크리스마스 상품 전문 등

은 비슷해도 판매 방법에 차이가 있는 것이다.

　최근 소매업자는 '무엇을 파는가'라는 면보다는 '어떻게 파는가'에 중점을 두고 상품을 판매하고 있다. 판매하는 상품은 대부분 같지만, 편의점은 점포 수나 매출 모두 늘고 있는데 비해서, 슈퍼마켓의 매출은 낮아지고 있다. 이것은 슈퍼마켓과는 다른 편의점의 독특한 판매 방법이 인기를 끌고 있기 때문일 것이다. 이처럼 판매 방법에 따라서 소매점의 매출이 크게 좌우된다.

업종발상 · 업태발상

> 어느 상품을 팔까 생각하는 것은 업종발상이고, 어떻게 팔까 생각하는 것은 업태발상이다.

　단순하게 어느 상품을 팔 것인가를 생각하고 판매하는 자세는 업종발상에 의한 판매이다. 이에 비해서 상품을 어떻게 팔 것인가를 생각하고 판매하는 것은 업태발상에 의한 판매이다. 슈퍼마켓의 등장도 그 한 예라고 할 수 있다.

　이제까지 야채는 야채가게에서, 고기는 정육점에서, 생선은 생선가게에서 샀던 소비자가 슈퍼마켓에서 야채와 고기와 생선을 한번에 살 수 있게 된 것이다.

　소비자는 슈퍼마켓에서도 전문 소매점에서도 원하는 상품을 살 수 있다. 그럼에도 불구하고 소비자가 슈퍼마켓에 가는 것은 '저가격으로, 쇼핑을 한곳에서 끝낼 수 있도록 상품을 구비한' 슈퍼마켓의 업태발상이 소비자의 욕구를 충족시켰기 때문이다.

　현대의 소비자는 단순히 원하는 상품을 구입하는 것만으로 만족하지 않는다. 원하는 상품을, 원하는 때에, 싼 값으로 살 수 있는 것까지 바라는 것이다. 그렇기 때문에 소매점은 '단지 상품을 가게에 진열해 두는 것만으로 팔 수 있다' 라는 것이 아니라, '어떻게 팔 수 있을까' 라는 업태발상이 필요한 것이다.

업태개발

> 새로운 발상으로 업태를 다시 만드는 것을 말한다. 슈퍼마켓이 통신판매를 시작하거나 컴퓨터 전문점을 만드는 것이 그 한 예이다.

상품의 판매 방법을 새롭게 만들어내는 것을 업태개발이라고 한다. 예를 들면, 통신판매는 종래에는 없었던 업태이다. 통신판매업자는 텔레비전이나 다이렉트 메일을 통해서 소비자에게 상품 정보를 제공하고, 전화나 팩스로 주문을 받으며, 택배나 우편으로 상품을 소비자에게 보낸다.

대부분의 소비자는 휴대전화나 텔레비전을 가지고 있으므로 전국 어디에서도 주문할 수 있고, 우편이나 택배를 활용하여 전국 어디에도 배달할 수 있는 전혀 새로운 판매 방법이다.

이외에도 기존의 판매 방법으로 상품을 판매하고 있는 소매점이 지금까지와는 다른 판매 방법을 사용하기 시작하는 경우도 있는데, 이것도 업태개발의 일종이다. 의식주에 관련한 상품을 기존 점포와 같이 구비해 놓고 판매하는 전자상거래 쇼핑몰도 그 한 예라고 할 수 있다.

경쟁에서 살아남기 위해서 결국 하나의 업태로 정착한다고 하더라도, 기존 업태의 틀을 벗어나서 새로운 판매 방법을 시도해 볼 필요도 있다. 그러나 기존 업태와 새로운 업태간의 갈등 문제 등에 대한 비판도 적지 않다.

컨셉 숍

> 상식에 얽매이지 않는 컨셉으로 매장을 설계하고 상품을 구비하는 새로운 업태의 소매점을 말한다.

소매업계에는 여러 가지 업태개발 과정에서 기존의 상식에 얽매이지 않는 새로운 컨셉으로 매장을 설계하고 상품을 구비한 소매점이 등장하고 있다. 이것을 컨셉 숍(concept shop)이라고 한다.

대표적인 예가 일본 도큐(東急) 그룹의 도큐한스이다. 도큐한스는 넓은 의미에서는 백화점의 일종이지만 일용품, 사무용품, 레저용품 등 모든 분야의 실용품을 취급하는 소매점이다. 이곳에서는 '비상구', '영업중'이라는 사무용 표시판에서부터 파티용의 변장상품에 이르기까지 여러 가지 상품을 취급하고 있다.

이외에도 식품과 잡화, 그림책 등을 포함하여 크리스마스 관련 상품만을 모아서 파는 가게나 국내외의 인형이나 장난감, 아동복 등 어린이 관련 상품만을 모아서 파는 가게도 등장하고 있다.

CHAPTER **3**

백화점은 어떤 특징을 가지는가
도시형, 교외형 등으로 분류. 새로운 매력 만들기

백화점

> 의식주에 관계되는 상품을 폭넓게 구비하여 정가로 판매하고, 점원이 매우 세밀한 서비스를 하는 대규모 소매점이다.

백화점(department store)은 다음과 같은 특징을 지닌 대형 소매점이다.

- 의식주에 관계되는 모든 상품을 구비해 놓고 있다.
- 정가로 판매한다.
- 점원이 고객 한 사람 한 사람에게 대응하여, 상품별 정보제공 및 상담 등 세밀한 서비스를 제공한다.
- 고급스런 이미지를 지향한다.
- 하나의 점포 내에서 모든 상품을 살 수 있다.

백화점은 19세기 후반에 유럽에서 처음 생겨났다. 일본에서는 1904년에 에치고야(越後屋)라는 이름의 포목점이었던 미츠코시(三越)가 포목 외에도 양복이나 일용잡화 등을 판매한 것이 백화점의 시초라고 한다.

우리나라의 경우에는 미츠코시가 1930년 서울에 미츠코시 경성백화점을 연 것이 시초이며, 해방 후 이를 이어받은 것이 신세계백화점이다. 1979년에는 롯데백화점이, 1985년에는 현대백화점이, 그리고 1998년에는 삼성플라자가 각각 출범하여 국내 백화점업계를 리드하였다.

원스톱 쇼핑

> 한 점포 또는 한 곳에서 다품종의 다양한 상품을 종합적으로 구입할 수 있는 것을 말한다.

소비자에게 있어서 백화점의 가장 큰 매력은 원스톱 쇼핑(one-stop shopping)이 가능하다는 것일 것이다. 일단 점포 안으로 들어가면 식품에서부터 일용잡화, 양복, 가구, 가전제품 등 모든 상품을 종합적으로 살 수 있다.

만약 이들 상품을 각각의 전문점에서 사려고 하면 가게에서 가게로 이동하는 시간이 소요되고, 구매한 상품을 들고 돌아다녀야 하는 번거로움이 있다. 이러한 점을 고려할 때 백화점에서는 효율적으로 쾌적한 쇼핑을 할 수 있다는 장점이 있다.

그런데 지금은 원스톱 쇼핑을 할 수 있는 소매점이 백화점에 한정되지 않는다. 예를 들면, 할인점 중에서는 백화점과 같이 대규모의 점포를 갖추고 다양한 제품을 구비해 놓은 할인점도 있다. 이곳에서는 백화점과 같이 세밀한 서비스를 제공할 수는 없지만 그 대신에 가격이 저렴하다는 이점이 있으며, 백화점으로서는 경쟁하기 벅찬 상대라고 할 수 있을 것이다.

　상품을 다양하게 구비하고 있는 것만으로는 소비자를 만족시킬 수 없다. 조금 더 가격이 저렴하든가, 점포 내에 오락시설이나 휴식공간 등이 있다거나 하는 식으로 백화점도 새로운 특징을 창출해 갈 필요가 있다.

　최근에 늘어나고 있는 원스톱 쇼핑이 가능한 업태 중에는 백화점과 할인점, 전문점이 같은 건물 안에 모여 있는 대형 소매점인 쇼핑센터(125페이지 참조)가 있다. 백화점 중에서도 전문점이 매장을 임대하는 경우는 많다. 그러나 쇼핑센터는 각 전문점의 매장이 크고, 영화관, 오락시설 공간, 유명한 레스토랑 등이 부지 내에서 다른 건물을 이루는 경우가 많다.

　우리나라의 경우는 서울, 부산 등 대도시를 중심으로 일부 발달하고 있지만, 일본은 이미 1,800개가 넘는 쇼핑센터가 있으며, 앞으로도 더욱 증가할 것으로 보인다.

할부 백화점

> 상품 대금을 할부로 지불할 수 있는 백화점을 말한다. 일본의 마루이(丸井)는 이러한 판매 방법을 도입하여 큰 호응을 얻었다.

　할부로 지불하고 상품을 살 수 있는 백화점을 할부 백화점 또는 크레디트 백화점이라고 한다. 현대에는 이러한 방식이 일반화되었지만, 이전에는 백화점에서 상품을 구입할 때는 현금으로 일괄 지불하는 것이 보통이었다. 월부로 살 수 있는 백화점도 있지만 아무래도 '월부=가난'이라는 이미지가 붙어 있어서 소비자가 이용하기 껄끄

러웠던 것이다.

  이러한 월부의 이미지를 일거에 바꾼 것이 마루이(丸井)다. 마루이는 월부의 부정적인 이미지를 떨쳐버리고 소비자가 보다 쉽게 이용하게 하기 위해서 월부라는 말 대신 분할 지불을 의미하는 '크레디트'라는 말로 바꾼 것이다.

  이 말이 성공을 거두면서 소비자는 저항 없이 월부를 이용할 수 있게 되었다. 이후 마루이는 젊은 사람을 중심으로 고객을 늘려가서 급성장하게 되었다.

도시 백화점 · 교외형 백화점 · 터미널 백화점

> 백화점은 도시형, 교외형, 터미널형 등 점포의 입지 조건에 따라 세 가지로 구분할 수 있다.

  백화점은 입점 장소에 따라서 도시 백화점, 교외형 백화점, 터미널 백화점 등 세 가지로 구분할 수 있다.

  도시 백화점은 서울, 도쿄, 오사카 등 도심에 본점을 두고 전국에 지점을 가지고 있는 백화점을 말한다. 한편 도심에 있지만 전국에 지점이 없는 백화점은 도시 백화점과는 구별하여 도심 백화점이라고 부른다.

  교외형 백화점이란 주요 도시의 교외에 분점을 둔 백화점을 말한다. 교외에 베드타운이 형성되어 교통망이 발달하면서 현재는 교외의 인구가 매우 많아졌다. 이러한 수요를 예상하여 백화점이 진출한 것이다. 국내의 교외형 백화점으로는 롯데백화점 분당점과 일산점 등이 있다.

백화점의 특징

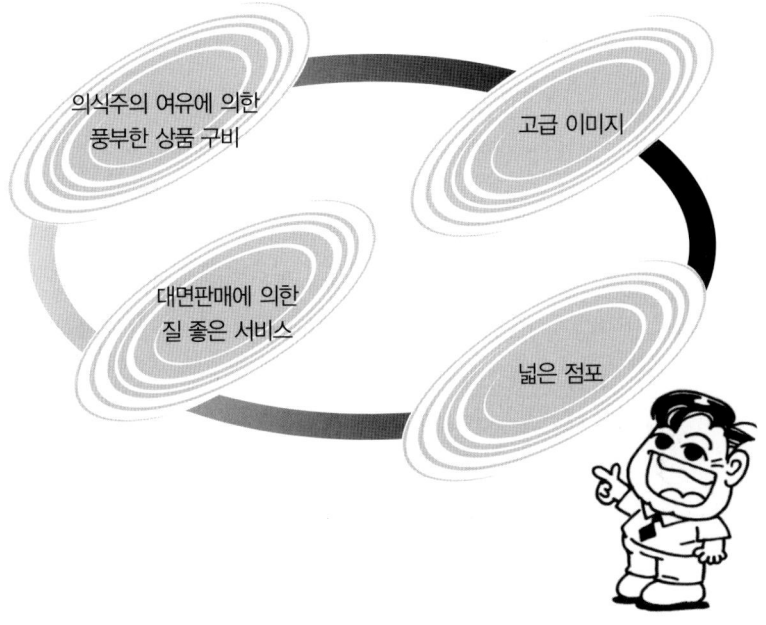

    터미널 백화점에는 롯데백화점의 영등포점과 청량리점, 신세계의 반포점, 현대의 무역센터점 등이 있다. 이것은 지하철이나 철도 이용자를 그대로 백화점 고객으로 흡수할 수 있도록 계획을 세운 것이다. 고객에게는 이용하는 역과 백화점이 연결되어 있기 때문에 이용하기 쉽다는 매력이 있다.

CHAPTER **4**

백화점 판매부진의 원인은 무엇인가
할인점과의 경쟁, 위탁매입의 폐해, 새로운 활로 모색 필요

백화점의 판매부진

> 일본의 백화점들은 1992년부터 판매액이 감소하였고, 판매액 회복을 도모하고 있으나 현재 고전을 면치 못하고 있다.

　일본의 경우, 백화점 전체의 매출액은 1991년을 절정으로 매년 감소하고 있고, 상당히 고전을 겪고 있다. 그 원인으로는 할인점이나 대규모 슈퍼마켓 등 경쟁 점포의 증가, 보다 저렴한 상품을 요구하는 소비자의 의식과 백화점의 가격 설정과의 엇갈림, 그리고 전문성이 높은 상품을 요구하는 소비자의 욕구에 맞지 않는 상품을 구비해 놓는 것 등을 들 수 있다.
　백화점에서도 매출율을 회복시키기 위한 대책을 강구하고 있다. 일본 세이부 백화점에서는 일부 점포에 식품매장 등을 없애고 부인복을 중심으로 재배치하는 등 고객층을 좁힌 판매 전략을 전개하고 있다. 인건비를 절약하기 위해서 식품매장에 슈퍼마켓과 같은 셀프 서비스 방식을 도입하는 백화점도 늘고 있다.
　그러나 이것이 결정적인 고객 유인 방법이 되는 것은 아니다. 현재 백화점은 소매업계에서 살아남기 위한 암중모색의 상태에 있다고 말

할 수 있다.

위탁매입(위탁판매)

> 매입처로부터 상품을 사는 것뿐만 아니라, 상품을 맡아서 판매를 담당하는 매입 방법을 말한다. 특정 매입이라고도 하며, 백화점에서 가장 많이 사용하는 방식이다.

위탁매입(selling on consignment basis)은 소매업자의 매입 방법 가운데 하나이다. 일반적으로 소매업자가 상품을 매입할 때는 그 상품을 매입처(생산자, 도매업자)로부터 사들이는 것이므로 매입한 시점에서 매입처에게 대금을 지불한다. 그러므로 만약 상품을 팔고 남으면 그것은 소매업자의 손실이 된다. 일단 매입한 상품은 팔고 남는다고 해도 매입처에 반품할 수 없고 대금을 되돌려 받을 수도 없다. 이러한 매입방식을 '직매입'이라고 한다.

이에 비해서 위탁매입은 소매업자가 매입처로부터 상품을 매입하는 것뿐만 아니라 판매위탁을 받는 방법이다. 생산자 측에서는 이것을 '위탁판매'라고 부른다.

상품이 점포에 진열되어 있어도 그 상품의 주인은 생산자나 도매업자이므로 소매업자는 상품대금을 지불할 필요가 없다. 소매점은 판매가 위탁된 상품을 판매하고, 상품이 팔리면 매입처로부터 위탁수수료를 받게 된다. 이 수수료가 소매점의 이익이다. 그리고 팔고 남은 상품은 매입처에 반품할 수 있기 때문에 소매업자가 손해를 보는 것은 아니다.

소매업자의 입장에서는 팔고 남을 위험성이 있는 상품매입보다는 위험성이 없는 위탁매입을 선택하는 편이 좋을 것이다. 단, 위탁매입이 가능한 점포는 대량으로 매입하여 대량으로 판매하는 힘이 있는 대형 소매점, 즉 백화점이나 할인점 등으로 한정된다.

위탁매입은 소매점에 있어서는 조건이 좋은 매입 방법이지만, 백화점의 매출이 떨어지는 것은 바로 이 위탁매입에 원인이 있다고 할 수 있다.

위탁매입의 최대 특징은 팔지 못하면 반품할 수 있다는 것이다. 소매점은 상품이 팔리고 남아도 손해를 보지 않기 때문에 매입하는 상품을 쉽게 결정해버리는 경향이 있고, 소비자의 욕구에 맞는 상품 구비를 게을리하기 쉽다.

위탁매입의 등장에 따라서 업계 전체에 반품된 상품이 보급되었으며, 이것은 소매점의 파워를 저하시키는 원인이 되고 있다.

또 하나의 큰 문제는, 가격을 결정하는 것은 상품의 주인이라는 것이다. 주인으로서는 이익을 확보하기 위해서 가격을 높이려고 생각하기 쉽다. 소매점이 제멋대로 싸게 팔 수 없도록 주인이 가격을 지정하는 사례도 있다. 더 나아가 파견사원에게 가격을 감시하게 하는 경우도 있다.

생산자가 가격을 동결시켜버리면 소매점 측은 소비자에게 '좋은 품질의 상품을 보다 싸게' 라는 서비스를 제공할 수 없다. 이렇게 해서는 독자적인 유통경로로 저렴하게 판매하는 할인점과의 경쟁에서 이길 가망이 없다.

이와 같이 위탁매입은 상품 구색과 가격이라는 소매점의 가장 중요한 요소를 망가트려버리는 것이다. 위탁매입의 피해가 드러나면서 최근에는 백화점도 직매입 방법을 도입하게 되었다.

판매분 매입

> 상품을 팔면 그 시점에서 상품을 매입처로부터 매입하는 것으로 간주하는 방법을 말한다. 즉, 팔린 것만 매입하는 방식으로서 일본에서는 소화매입(消化買入)이라고 한다.

 판매분 매입이란 매입처로부터 납입한 상품을 팔면 그 시점에서 상품을 매입하는 것으로 하는 방법을 말한다. 팔고 남은 상품은 매입한 것이 되지 않기 때문에 매입처에 반품할 수 있다. 이 경우 상품이 남아서 손해를 보는 것은 매입처이기 때문에 소매업자에게는 유리한 매입 방법이다.
 판매분 매입으로 매입처와 거래할 수 있는 소매업자는 대량매입·대량판매의 힘을 지닌 백화점이나 대규모 할인점 등이다. 판매분 매입을 하는 소매점은 위탁매입과 마찬가지로 상품이 팔리고 남아도 손해를 보지 않기 때문에 상품을 쉽게 매입하거나 상품가격을 높일 수 있다. 이 방식은 불공정거래행위로 간주하고 있기 때문에 부득이한 경우 이외에는 백화점에서 활용하지 않는 방식이다.

파견사원제도

> 생산자 등이 소매점에 판매원을 파견하여 자사의 제품을 판매하는 시스템을 말한다.

 위탁매입이나 판매분 매입의 경우 상품을 납품한 생산자나 도매업자는 상품을 팔고 남으면 손해를 보기 때문에 재고를 남기지 않기 위해서 여러 가지 대책을 취하고 있다. 그 가운데 하나가 파견사원제도이다.

파견사원제도는 생산자 등이 소매점에 판매원을 파견하여 납입한 상품을 판매하는 시스템이다. 이렇게 하면 어느 상품을 어느 정도 팔았는지, 어떤 상품이 팔리고 남았는지에 대한 정보를 신속하고 정확하게 파악할 수 있다. 이런 정보는 상품 제조나 판매 전략에 있어서 중요한 자료가 된다.

이러한 제도를 통해서 반대로 생산자나 도매업자의 판매 방침이 판매원을 통해서 직접적으로 실현될 수도 있다. 파견사원의 인건비는 생산자 등이 부담하지만 그 이상의 장점이 있다고 할 수 있다.

한편 이 제도는 소매점의 입장에서도 인건비를 삭감할 수 있는 장점이 있다. 따라서 대규모 소매점이 대량매입·대량판매의 힘을 앞세워서 무리하게 점원 파견을 요구하는 경우도 있지만, 이것은 독점금지법에 금지되어 있는 사항이다.

50 백화점

> 취급하는 상품 분야를 줄이고, 대신에 그 분야의 상품에 대해서는 다양한 품목을 구비하는 전문점화한 백화점을 말한다.

백화란 여러 가지 상품이라는 의미이며, 백화점은 문자 그대로 '의식주에 관계되는 모든 상품을 다양하게 갖추고 있다'는 말이다. 하나의 점포에서 무엇이든지 구입할 수 있다는 것이 백화점의 큰 특징이다.

그러나 폭넓은 분야의 상품을 구비하지 않으면 안 되기 때문에 각 분야마다 상품 구색을 갖추는 데는 한계가 있다. 점포 면적은 넓어도

소매점의 매입방법

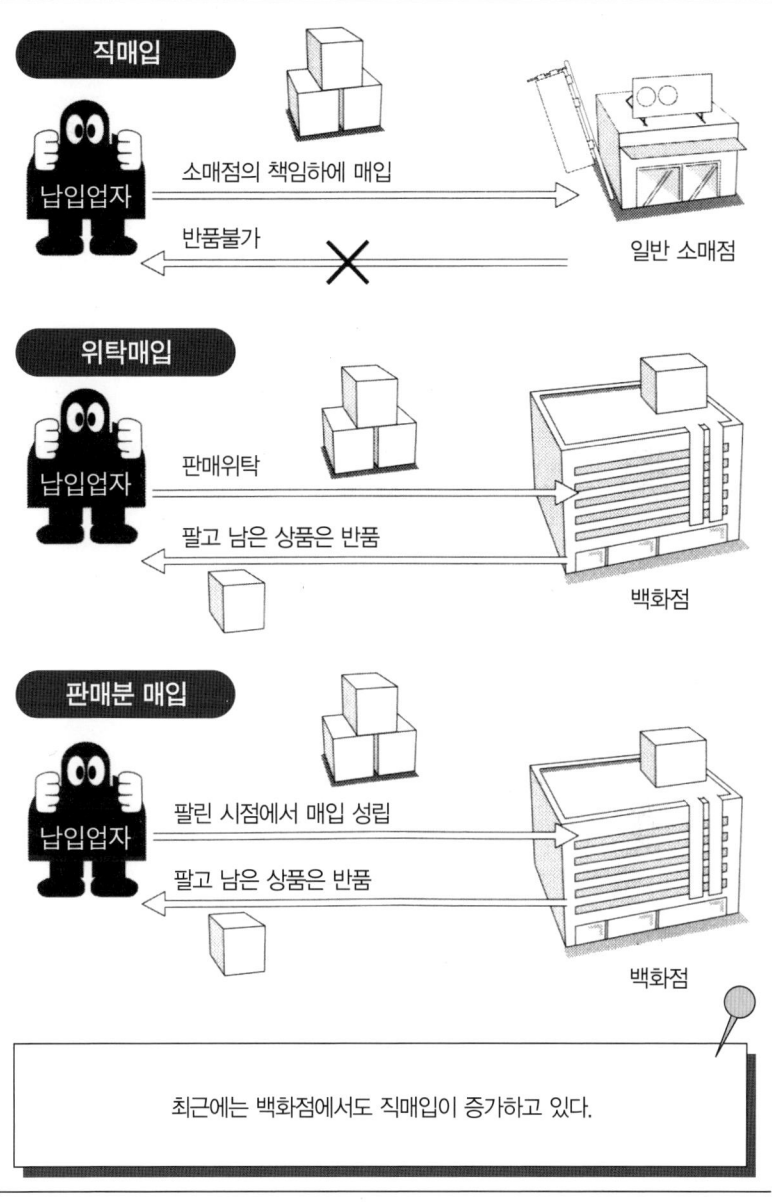

최근에는 백화점에서도 직매입이 증가하고 있다.

가구, 가전제품, 부인복 등 상품 분야마다 매장이 세밀하게 분류되어서, 각 분야별 상품의 매장 면적은 전문점만큼 넓지가 않기 때문이다.

그러므로 고객이 텔레비전을 사려고 백화점에 갔어도 여러 종류의 텔레비전을 비치해 두지 않기 때문에 자신의 기호에 맞는 텔레비전을 찾기 힘든 경우도 생길 수 있다. 즉, 백화점이라고 해도 모든 고객의 다양한 욕구를 만족시킬 수는 없다는 것이다.

이 때문에 백화점 중에는 50백화점으로 변화해 가는 곳도 있다. '50백화점'이란 취급하는 상품의 분야를 줄이고, 그 분야의 상품에 대해서는 전문점과 같이 다양하게 상품을 구비해 놓는 백화점을 가리키는 말이다.

예를 들면, 1996년에 도쿄의 신주쿠(新宿)에 문을 연 다카시마야(高島屋)는 점포의 약 절반 정도를 부인복과 부인잡화 매장으로 집중시켰다. 이는 백화점이 전문점화함으로써 소매업계에서 살아남은 경우이다.

CHAPTER **5**

슈퍼마켓은 어떤 특징을 가지는가
식품 중심의 셀프서비스 방식에 의한 저가 전략의 소매점

슈퍼마켓

> 셀프서비스 방식으로 식품을 중심으로 다양한 상품을 저가격으로 판매하는 소매점을 말한다.

　슈퍼마켓(supermarket)은 셀프서비스 방식을 도입하여 인건비를 삭감하고, 가격이 저렴한 상품을 파는 소매점이다. 우리나라보다 슈퍼마켓이 한층 발달되어 있는 일본의 사례를 중심으로 살펴보는 것이 조금 더 도움이 될 것이다.
　일본 최초의 슈퍼마켓은 1957년에 개점한 다이에(주부의 가게라는 뜻)라고 할 수 있다. 그 당시에 슈퍼마켓은 식료품을 중심으로 판매하였지만, 이제는 일용잡화나 의료품을 비롯하여 백화점과 같이 가구나 가전제품 등을 판매하는 슈퍼마켓도 있다.
　취급하는 상품의 종류에 따라서 식품 슈퍼마켓, 의료품 슈퍼마켓, 종합슈퍼마켓(GMS→76페이지 참조) 등 세 가지로 구분하고 있다. 식품 슈퍼마켓은 식품을 70% 이상, 의료품 슈퍼마켓은 의료품을 70% 이상 취급하는 슈퍼마켓이다. 종합슈퍼마켓은 의식주 관련 상품을 각각 10% 이상 70% 미만으로 취급하고 있는 슈퍼마켓을 가리킨다.

우리나라의 경우, 일반적으로 식품 슈퍼마켓을 슈퍼마켓이라고 하고, 의료품 슈퍼마켓은 드럭 스토어(drugstore), 종합슈퍼마켓은 양판점(GMS)이라고 일컫는다.

슈퍼마켓의 성장에 중요한 역할을 하고 있는 것은 사실상 텔레비전이나 신문의 광고이다. 셀프서비스 방식의 점포는 점원이 적기 때문에 백화점과 같이 점원이 고객에게 상세하게 상품을 설명할 수가 없다.

그러나 고객들은 이미 여러 가지 상품에 대한 정보를 텔레비전의 상품광고를 통해서 접했기 때문에, 점원에게 일일이 묻거나 듣지 않아도 상품을 잘 알 수 있다. 따라서 소비자는 가격이 저렴한 슈퍼마켓에서 쇼핑을 하게 되었고, 슈퍼마켓은 급성장하였다.

다품종의 상품을 구비하고 있는 종합슈퍼마켓 중에서는 백화점보다 매출이 높은 점포가 적지 않다.

셀프서비스 방식

> 고객이 스스로 상품을 선택하여 바구니에 담는 판매방식으로, 인건비가 들어가지 않는 부분에 의해서 가격을 낮출 수 있다.

셀프서비스(self-service) 방식이란 슈퍼마켓이 도입한 판매방식으로, 고객이 스스로 상품을 선택하고 대금을 지불하며 바구니에 담는 것을 말한다. 카운터에만 점원이 상주하면 되기 때문에 인건비를 삭감할 수 있고, 삭감 부분에 해당하는 것은 상품의 가격을 낮추는 데 기여하게 된다.

셀프서비스와 대조되는 판매방식이 대면판매이다. 이것은 백화점의 판매방식으로, 한 사람의 고객에게 한 명의 점원이 개입하여 상품을 함께 선택하고 대금을 지불한 후 포장까지 서비스를 한다. 이 방식은 고객에게 매우 세밀하고 정중하게 대응할 수 있지만, 인건비가 많이 들어가는 단점이 있다.

이외에도 셀프서비스 방식은 점원이 이것저것 상품을 권하지 않기 때문에 소비자가 스스로 자유롭게 상품을 선택할 수 있다는 장점도 있다.

슈퍼마켓의 체인 전개

> 본부가 경영방침을 결정하고 체인점이 실행한다. 따라서 역할분담이 명확하고 효율적인 경영을 할 수 있다.

하나의 경영조직 아래 다수의 점포를 가지고 있는 소매업을 체인스토어라고 한다(34페이지 참조). 체인 전개는 슈퍼마켓 등 소매업에서 자주 볼 수 있는 경영 형태이다.

체인 전개의 특징은 각 점포가 본부에 총괄되어 있고, 본부와 점포의 역할이 뚜렷하게 구분되어 있다는 것이다. 각 점포의 경영은 점포마다 개별적으로 실시하는 것이 아니라 본부가 총괄하여 실시하고 있다. 본부가 경영방침, 인사, 상품 구색, 매입, 가격, 판매촉진 등을 결정하면 각 점포는 본부의 결정에 따라 상품을 판매한다.

예를 들면, "A점포에서는 도시락의 판매가 좋으니까 매입을 늘려라"라든가, "B점포와 가까운 곳에 라이벌 점포가 있으니 가격을 조금 내려라"라는 등 어떤 상품을 어떻게 팔 것인지를 결정하는 것은 본부이다. 각 점포는 그것을 실행하는 것에 불과하다.

체인 전개에서는 각 점포는 경영 노하우는 필요 없고 판매 노하우만 있으면 충분하다. 이 방식은 소매업이 효율적으로 사업을 확대할 수 있는 경영방식이라고 할 수 있다.

CHAPTER **6**

슈퍼마켓은 앞으로 어떻게 될까
로코스트 오퍼레이션, 대규모화, 전문화 등 차별화 필요

로코스트 오퍼레이션

> 낭비를 줄이고 효율적인 기업활동을 함으로써 이익을 올리는 경영 방법을 말한다.

　급성장을 지속해 온 슈퍼마켓이지만, 최근에는 쇼핑객 한 명당 매출이 감소하는 등 침체에 빠져들었다. 이에 따라서 대규모 슈퍼마켓을 중심으로 노력을 기울이고 있는 것이 로코스트 오퍼레이션(low-cost operation)이다. 이것은 경영 비용을 절약하고 이익을 얻기 위한 경영 방법으로, 로코스트 경영이라고도 한다.

　이익을 올리기 위해서는 상품을 많이 파는 것뿐만 아니라, 경비를 얼마나 억제할 것인가도 중요하다. 매출이 신장되지 않아도 경비를 억제할 수 있다면 당연히 이익은 늘어나는 것이다.

　슈퍼마켓은 이제 편의점이나 할인점 등과의 경쟁이 심각해지고, 매출을 급격하게 늘리려고 해도 무리가 따른다. 그래서 낭비되는 경비를 줄이고 이익을 올리는 것에 중점을 두는 것이다.

　구체적인 방법으로는 정직원을 줄이고 파트타이머를 늘리는 것,

로코스트 오퍼레이션

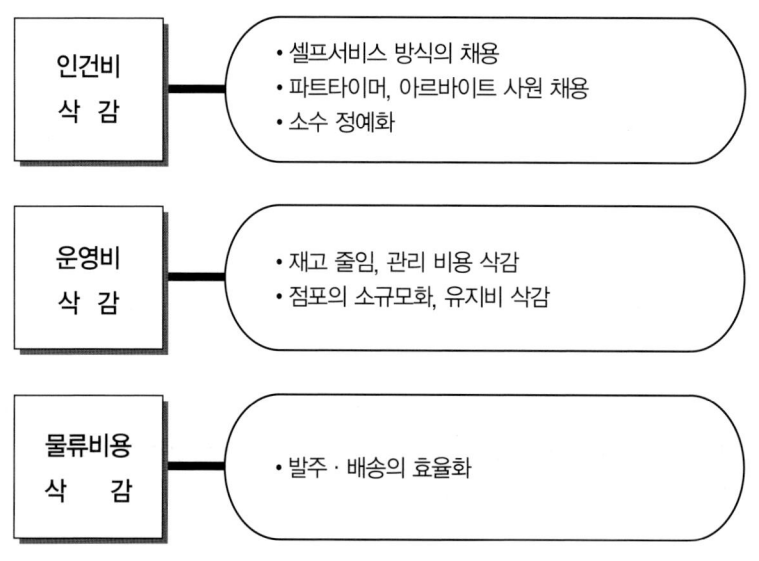

재고를 줄이는 것, 점포 건설비를 줄이는 것 등을 들 수 있다. 즉, 기업경영의 요소인 사람, 상품, 비용의 모든 부분에서 낭비를 줄이는 효율적인 경영을 실현하는 것이 로코스트 오퍼레이션이다.

고급화

동종업계의 다른 점포와의 차별화를 통하여 경쟁력을 높이려는 슈퍼마켓의 전략 중 하나이다.

저가격으로 다양한 상품을 구비하는 것을 특징으로 하는 것이 슈퍼마켓이다. 그러므로 슈퍼마켓은 일반적으로 고급화 이미지는 아니다. 그런데 고급화를 추구함으로써 동종업계의 다른 점포와의 차별화를 통하여 고객에게 어필하고 경쟁력을 높이려는 슈퍼마켓도 나오고 있다.

예를 들면, 고급 슈퍼마켓라고 말하는 일본의 기노쿠니야(紀ノ國屋)나 메이지야(明治屋)는 점포의 장식이나 인테리어를 고급스럽게 느껴지도록 연출하였으며, 가격도 일반 슈퍼마켓보다 비싸다.

벌크 판매방식

> 소매점의 경우 고객이 필요로 하는 것을 필요한 양만큼 파는 판매 방법을 말한다.

고객이 사는 분량을 정하고, 파는 사람이 저울에 무게를 달아서 파는 방식이 벌크 판매방식(bulk sale)이다. 이는 육류나 생선 등 단품으로 상품을 파는 개인 상점에서 흔히 볼 수 있는 판매방식이다.

고객이 사는 양을 결정하는 것은 당연한 일이지만, 보통 슈퍼마켓에서는 저울에 달아서 판매하지는 않는다.

예를 들어 '피망 다섯 개를 1팩으로' 또는 '스테이크 고기 세 장을 1팩으로' 하는 식으로 어느 정도 상품의 수량을 정하여 1팩으로 판매하고 있다.

한 가정의 구성원 수가 적기 때문에 한 사람분을 1팩으로 판매하는 슈퍼마켓도 적지 않지만, 이것 역시 양을 정하는 것은 슈퍼마켓 측이라는 점은 마찬가지이다.

고객의 입장에서 보면 많거나 적게 사는 것보다는 딱 원하는 만큼만 사는 편이 좋을 것이다. 그래서 슈퍼마켓은 고객이 자신의 욕구에 맞는 물건으로 만족할 수 있도록 저울에 달아서 판매하는 방식을 도입하기 시작한 것이다. 고기나 대부분의 야채는 슈퍼마켓에서도 무게를 달아서 파는 것을 종종 볼 수 있다.

GMS(종합슈퍼마켓)

> 백화점과 같이 다양한 상품을 구비해 놓은 대형 슈퍼마켓을 말한다. 일본 유통업계에서는 큰 힘을 지니고 있다.

식품, 의료품, 일용품 등 일상생활에 필요한 상품을 폭넓게 구비해 놓은 대형 소매점을 GMS(general merchandise store)라고 하며, 종합 슈퍼마켓 또는 양판점이라고도 부른다.

GMS는 많은 체인점을 거느리며 전국으로 진출하고 있는 것이 특징이다.

일본의 경우, GMS 판매액이 소매업 전체의 약 10%를 차지하고 있다. 소매업의 각 점포별 매출 순위에서도 상위 5위까지를 GMS에서 차지하고 있으며, 다이에, 이토요카도, 쟈스코, 마이컬, 세이유의 순서이다. GMS는 판매력의 강세를 바탕으로 소매업계뿐만 아니라 유통업계 전체에 영향을 미치고 있다.

소매점의 본래 업무는 제조업자가 만든 상품을 도매업자로부터 매입하여 판매하는 것이다. 소매점은 어떤 상품을 매입하여 어떻게 판매를 할 것인가만 계획하면 되었다.

그런데 GMS는 매입과 판매뿐만 아니라, 자신이 직접 상품 계획을 세우고 그것을 제조업자에게 만들게 하는 경우도 있다. 또한 자사 물류센터(170페이지 참조)를 가지고 제조업자로부터 직접 매입하는 등 도매 기능까지 갖추고 있는 GMS도 있다.

   단, 이와 같이 업무를 확대하기 위해서는 설비투자나 인건비 등의 비용이 들어간다. 비용은 상품가격에 반영되기 때문에 결과적으로 가격경쟁력이 약해지게 된다. 따라서 경영의 효율화가 GMS의 큰 과제로 남겨져 있다.

GMS의 특징

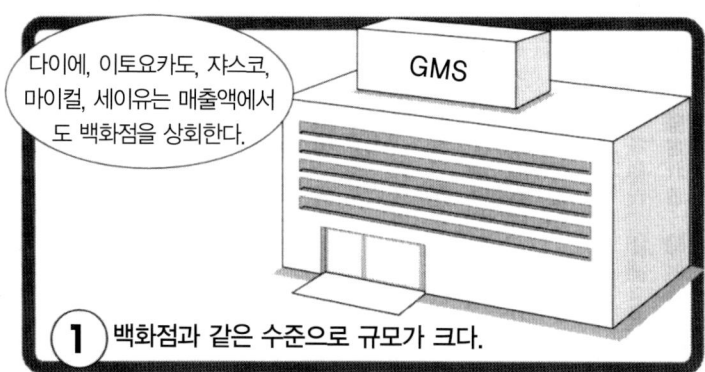

① 백화점과 같은 수준으로 규모가 크다.

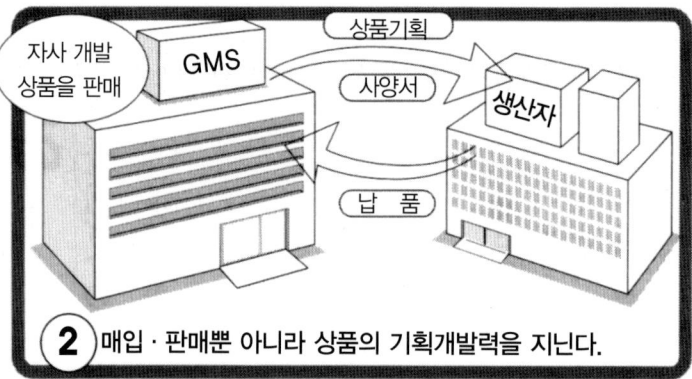

② 매입·판매뿐 아니라 상품의 기획개발력을 지닌다.

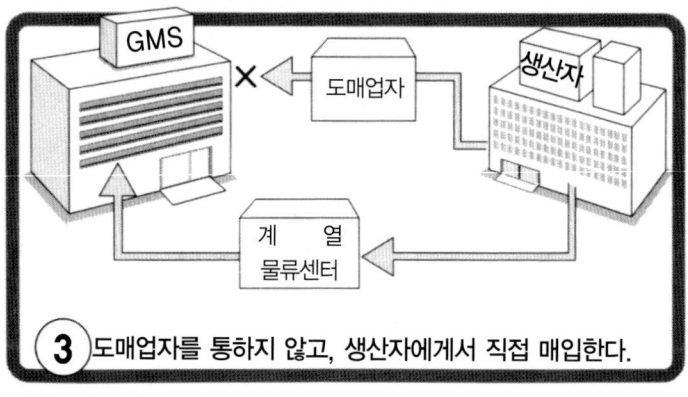

③ 도매업자를 통하지 않고, 생산자에게서 직접 매입한다.

CHAPTER 7

편의점이 급성장하는 이유는 무엇인가
소비자의 생활 변화에 맞춰서 편리성을 추구하는 합리적인 경영 시스템

편의점

> 소비자에게 '편의'를 제공하는 가게를 말하며, 식품이나 일용품이라면 항상 어디에서든 바로 구입할 수 있다.

컨비니언스(convenience)는 말 그대로 편의, 편리성이라는 의미이다. 편의점(convenience store, CVS)은 다음과 같은 세 가지의 편리함을 파는 점포라고 할 수 있다.

- 식품, 일용품을 중심으로 한 폭넓은 상품 구비
- 장시간 영업(연중 무휴, 24시간 영업 형태가 많다.)
- 주택가, 역주변, 주요 도로변 등의 편리한 입지 조건

편의점이 급성장한 이유로는 원하는 상품을 심야든 새벽이든 구분없이 언제든지 집과 가까운 곳에서 살 수 있는 편리함, 본부의 강력한 지도에 의한 체인 전개, POS 시스템에 의한 철저한 상품관리를 들 수 있다.

POS 시스템을 도입하면 팔리는 상품의 정보를 단품마다 알 수 있

편의점의 구조

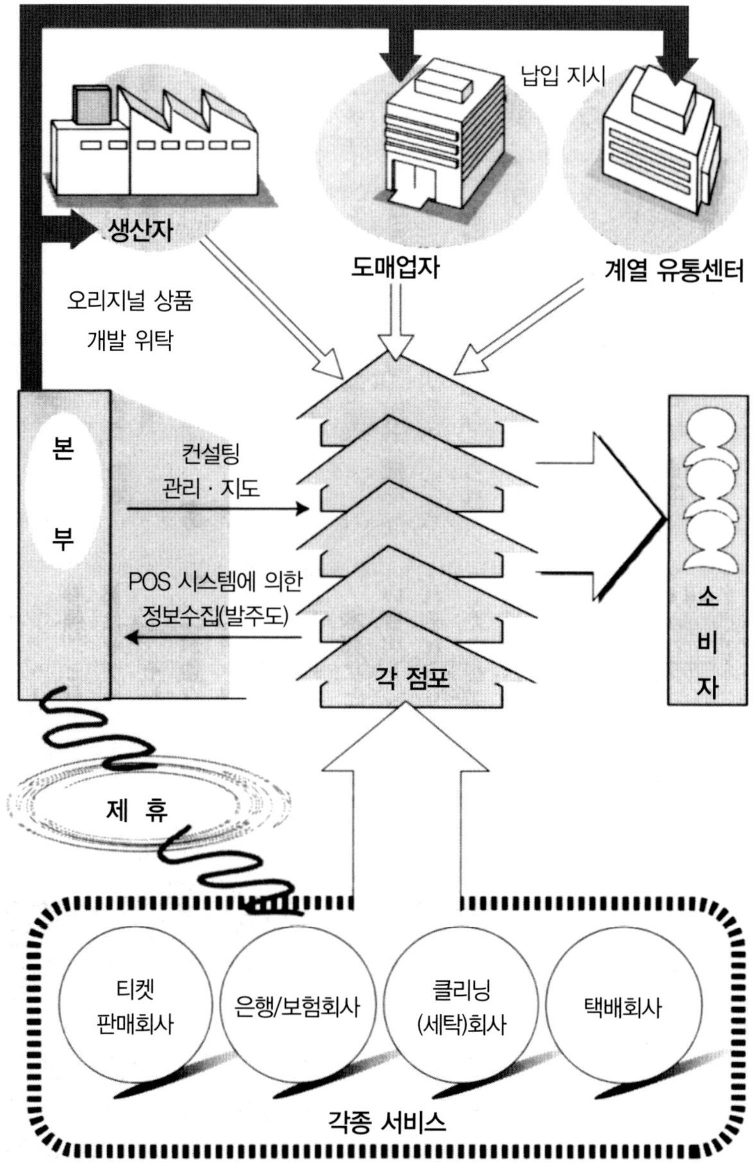

납입 지시
생산자
도매업자
계열 유통센터
오리지널 상품
개발 위탁
본
부
컨설팅
관리 · 지도
POS 시스템에 의한
정보수집(발주도)
각 점포
소
비
자
제 휴
티켓
판매회사
은행/보험회사
클리닝
(세탁)회사
택배회사
각종 서비스

다. 예를 들어 '김밥이 100개 팔렸다던가, 만두나 라면이 몇 개 정도 팔리는지'에 대해서도 즉시 알 수 있다. 팔리는 상황을 정확하게 파악할 수 있기 때문에, 보다 잘 팔 수 있는 상품은 매입하고 팔 수 없는 상품은 매입하지 않는다. 이를 통해 효율적인 매입을 할 수 있는 것이다.

편의점은 편리함이 최대의 세일즈 포인트이다. 그러므로 편리함을 더욱 추구하여 보다 새로운 서비스를 발전시켜 소비자에게 제공하고 있다. 최근에는 도시락, 와인, 금융서비스 등도 실시하고 있다.

프랜차이즈 체인방식

> 본부는 가맹점에게 판매권을 주고 경영 노하우를 제공한다. 가맹점은 본부에 가맹점에 대한 가입비와 매출의 일부를 납부한다.

　1974년에 일본에 최초의 편의점이 생긴 이래 오늘날까지 급성장하였다고 할 수 있다. 이러한 급성장을 가능하게 한 것이 프랜차이즈 체인이라는 경영방식이다.
　프랜차이즈(franchise)란 판매권을 준다는 의미로, 프랜차이즈 체인(franchise chain, FC)은 판매권을 지닌 본부와, 본부로부터 판매권을 받은 가맹점과의 계약과 거래에 의해서 성립된다.
　본부는 가맹점에 대해서 상호와 상표를 사용하여 판매할 권리를 주고, 특히 경영 노하우를 지도한다. 상품 구비나 가격 등의 판매방침의 결정과 상품의 배송도 본부가 담당한다. 그 대신 가맹점은 본부에 대해서 개업시에 가맹료를 지불하는 것 외에 매출이나 매출 이익의 일정 비율을 지불한다.
　프랜차이즈 체인은 고객의 눈으로는 직영점과 분간할 수 없다. 그러나 프랜차이즈 체인은 세븐일레븐 저팬이라는 기업을 예로 들면, 본부는 독립된 개인 상점과 계약을 체결하고 상품에 대한 대금을 받는 것이고, 각 점포의 소유주는 그 가맹점주로서 각각 독립된 개인 상점인 것이다.
　프랜차이즈 체인은 본부와 가맹점 양쪽에 이득을 준다. 본부에서는 적은 비용으로 다수의 점포를 오픈할 수 있고, 또한 가맹점이 각각 독립적이기 때문에 본부가 자신의 점포를 신설하거나 종업원을 고용할 필요가 없다. 본부는 개설 자금을 거의 들이지 않고도 가맹점으로부터 가맹료와 매출 이익에 대한 일정 비율의 비용을 받는다. 가맹자를 모집하는 것만으로 '세븐일레븐'이라는 간판의 점포 수를 늘릴 수 있기 때문에 적은 자금으로 한꺼번에 전국에 점포를 개설하는 것도 가능하다.

한편 가맹점은 본부가 경영이나 상품의 판매 노하우를 제공해 주기 때문에 판매에만 전념하면 된다. 또 지명도가 있는 상호와 상표를 사용하면 점포의 신용이 증가하기 때문에 큰 이득이 된다.

프랜차이즈 체인방식은 이미 편의점에서 성공을 거두었고, 음식점이나 제과점, 꽃가게 등 여러 분야로 보급되고 있다.

프랜차이저

> 자기 체인의 가맹자에게 상표와 상호명 등을 사용하게 하거나, 상품이나 판매 노하우를 제공하는 기업을 말한다.

프랜차이즈 체인본부를 프랜차이저(franchisor)라고 한다. 프랜차이저가 된 기업에서는 독특한 상품이나 우수한 판매 노하우가 갖추어져 있어야 한다.

이런 회사의 간판으로 상품 판매를 해야 돈을 벌 수 있다. 또한 체인에 가맹하여 이 회사의 상품을 팔고 싶다는 생각이 드는 기업이 되어야만 한다.

세븐일레븐이나 롯데리아, BBQ 치킨, 파리크라상 등 성공한 프랜차이즈 체인은 상품뿐만 아니라 획기적인 판매 기법과 영업 방법을 갖추었기 때문에 급성장했다고 할 수 있다.

가맹점을 늘리려면 대량매입에 의해 상품원가를 낮추고, 소비자들이 상호명을 기억하게 만들어야 한다. 그러기 위해서 본부가 되는 기업은 적어도 매스컴(대규모업자가 유리함)에 의한 혜택을 받아야 하는 것이다.

일반적으로 가맹점의 상품매입은 모두 본부를 통해서 발주된다. 판매단가, 구비 상품, 영업시간 등도 본부가 결정한다.

로열티(경영지도료)

> 상표나 상호를 사용하고 경영지도를 받는 대가로 체인 가맹점이 본부에게 지불하는 금액을 말한다.

프랜차이즈 체인의 가맹점이 본부에 지불하는 금액을 로열티(royalty)라고 한다. 로열티란 본래는 특허권 등의 사용료라는 의미이다. 말하자면 간판 사용료이며, 경영지도료라고 해석된다.

로열티의 금액은 대개 매출의 일정 비율로 결정된다. 또 신규 가맹 시에는 계약료와 보증금 등도 필요하다.

슈퍼바이저

> 체인본부에서 가맹점으로 파견된 인력으로, 가맹점의 경영을 지도하고 영업을 감독한다.

가맹점의 경영 상황을 끊임없이 관찰하고 파악하며, 현장에서 필요한 지도나 적절한 조언을 하는 것은 본부의 중요한 역할 중의 하나이다. 이런 업무를 수행하는 것이 슈퍼바이저(supervisor)이다.

체인의 신규 가맹자는 슈퍼바이저에게 일정 기간 연수를 받는다. 예를 들면, 세븐일레븐에서는 직영점에서 체인 가맹점의 점장과 종업원을 교육하거나 상품 동향 조사를 실시하고 있다.

또 기존의 가맹점을 감독하는 것도 필요하다. 슈퍼바이저는 가맹점을 정기적으로 순회하면서 본부의 지시대로 영업하고 있는지를 체크하고 개선해야 할 점을 조언한다. 이런 지도나 관리, 점포의 운영은 매뉴얼에 따라서 실시된다.

프랜차이지

> 체인의 본부와 계약을 체결하고, 그 체인의 상표나 상호명 등을 사용하여 영업하는 업자를 말한다.

프랜차이즈 체인 가맹점인 프랜차이지(franchisee)의 대부분은 원래 개인 상점의 형태였다. 점포만 가지고 있으면 적은 비용으로 지명도가 높은 체인점으로서 상품을 판매할 수 있기 때문에, 영세 점포들이 편의점으로 탈바꿈하는 사례가 눈에 띄게 많다. 본부를 통해서 상품을 싸게 매입할 수 있고 유명한 체인의 간판 덕분에 대량으로 팔 수 있게 되면 로열티를 지불해도 순수익이 늘어난다.

다만, 체인점끼리의 경쟁이 심화되는 상황에서는 반드시 경영이 잘 된다고는 할 수 없다. 그래도 여전히 가맹 희망자가 줄을 서는 상황이다. 개인 상점의 부진이 지속되는 현실에서 앞으로도 체인화는 한층 빠른 속도로 추진될 것으로 보인다.

프랜차이즈 체인의 구조

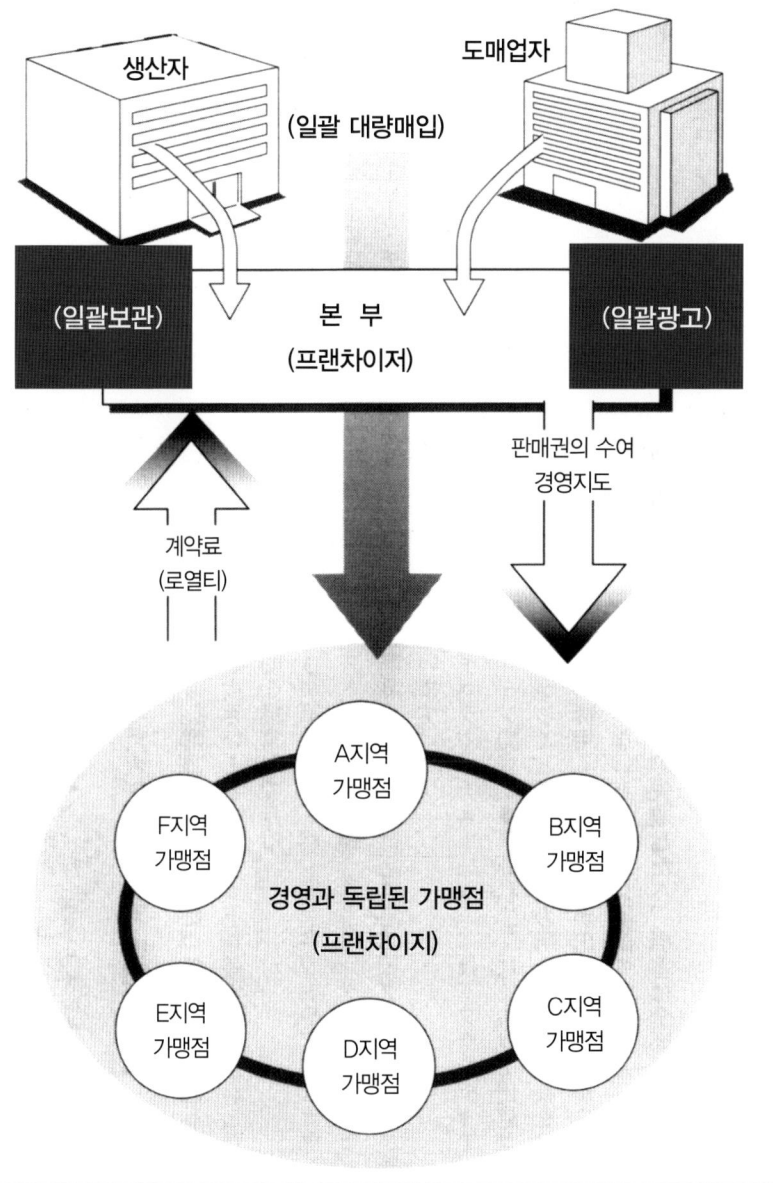

CHAPTER **8**

레귤러 체인과 볼런터리 체인이란 무엇인가
직영점 체인이나 임의연쇄형 체인 방식

레귤러 체인

> 하나의 기업이 다수의 직영점을 내고, 본부가 총괄하여 관리하는 방식의 체인 조직을 말한다.

어느 기업이 몇 개의 점포를 가지고 있는 경우, 이 점포 전체를 레귤러 체인(regular chain) 또는 직영 체인점이라고 한다. 체인스토어(연쇄점)는 본래 이 유형의 체인점을 가리킨다.

이 경우 점포가 많이 있어도 결국 같은 하나의 회사이기 때문에 기업형 체인(corporate chain)이라고 불린다. 요컨대 지점이 늘고 있는 체인이 되는 것이다.

레귤러 체인은 체인 중에서 가장 일체성이 강한 유형이다. 종업원 모집에서 교육, 광고 전략, 상품의 일괄매입, 재고관리, 점포경영 등을 모두 본부가 감독한다. 규모가 크다는 점을 최대 장점으로 살려 효율적인 경영이 가능한 것이다.

저가격의 상품제공을 강점으로 하는 슈퍼마켓이나 할인점, 서적·신사복·콘택트렌즈 등 특정 상품 전문점에서는 이러한 유형의 체인이 적합하다.

레귤러 체인의 결점은 프랜차이즈 체인방식에 비해서 점포개설 비용이 들어간다는 것이다. 점포의 구입을 비롯하여 점포개설 비용도 모두 본부가 투자하기 때문에 자금력이 없이는 체인점을 확장할 수 없다. 게다가 한 점포의 경영이 실패할 경우 손해는 전부 본부가 짊어지게 된다.

레귤러 체인은 개설에 들어가는 비용이 있기 때문에 급속하게 점포 수를 늘릴 수 없다. 따라서 빠른 시간 내에 전국의 점포 개설로 지명도를 올리는 쪽이 유리한 업종에서는 같은 상호로 프랜차이즈 체인의 점포를 병행하여 개설하는 경우도 있다. 특히 식음료업에서는 대부분의 기업이 두 가지 유형의 점포망을 모두 지니고 있다.

직영점

> 체인본부인 기업이 직접 운영하고 있는 점포를 말한다.

체인 전개를 하고 있는 기업(체인본부)이 직접 경영하고 있는 점포를 직영점이라고 한다. 레귤러 체인은 직영점의 체인화라고 말할 수 있다.

직영점은 모두 본부가 경영하고 있기 때문에 각 점포의 점장의 권한은 매우 제한되어 있다. 뿐만 아니라 본부의 감시의 눈길이 구석구석까지 미치고, 각 점포의 서비스 등의 질을 일정하게 유지하도록 하고 있다. 프랜차이즈 시스템을 도입하고 있는 체인에서도 몇 개의 점포는 직영점으로 운영하여 시장조사나 새로운 시도를 위해서 이용하고 있다.

바잉파워

> (기업 등의) 구매력을 말하며, 특히 대량구입에 의해서 유리하게 상품을 매입할 수 있는 힘을 가리킨다.

체인화의 최대 이점은 뭐니뭐니해도 대량구입에 의해서 매입 비용을 낮출 수 있다는 것이다.

업자가 상품을 조달할 때의 구매력을 바잉파워(buying power)라고 하는데, 대량으로 구매함으로써 도매업자에 대한 입지가 강해지고 가격인하를 요구할 수 있는 것이다. 또 물량이 커지면 생산자로부터 직접 매입하거나 독자적으로 수입하기도 쉬워질 뿐만 아니라 저렴하게 매입할 수도 있다.

다만, 대고객으로서 우월한 입장을 내세워서 무리한 거래 조건을 강요하는 것은 불공정거래에 해당한다.

볼런터리 체인

> 같은 업종의 소매업자가 그룹을 만들어서 공동으로 매입하는 등의 형태로 꾸미는 체인 조직을 말한다.

개인 상점을 열고 있는 사람 중에서는 체인에 들어가서 상품을 저렴하게 매입하고 싶지만 오래된 간판을 내리고 싶지 않은 사람도 있을 것이다. 임의연쇄점이라고도 불리는 볼런터리 체인(voluntary chain)은 '경영의 독립성'과 '체인화로 얻는 이득'을 양립시키고자 하는 조직이다.

볼런터리 체인의 구조

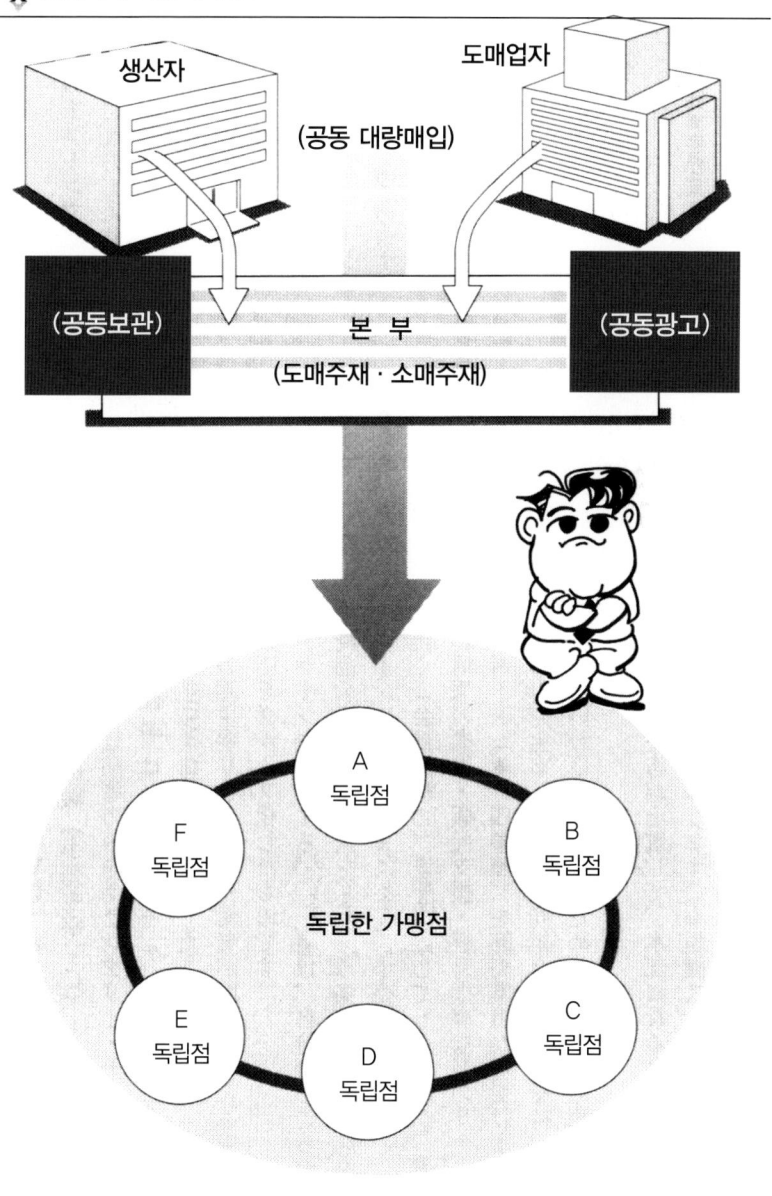

다른 체인에 비해서 결합이 원만하고, 하나의 점포가 복수의 체인에 속하는 경우도 있다. 각 점포가 각각 독립한 회사라는 점에서는 프랜차이즈 체인방식과 같지만, 본부의 지시에 가맹점이 따르는 식의 상하관계는 없다.

다시 말해 체인별로 어느 업무를 공동으로 실시할 것인지를 결정해야 한다. 매입·배송·광고·사원교육·복리후생·유통업자 상표 전개 등의 업무 중에서 몇 개를 본부가 대행한다.

일본 식품업의 매출액 최대 볼런터리 체인인 CGC 그룹을 예로 들어보자.

이 체인에 가맹한 점포에는 각각 다른 상호가 걸려 있고, CGC 가맹점임을 나타내는 것은 작은 간판뿐이다. 가맹점은 본부에 소정의 회비를 납부한다. 본부에서는 매월 각 점포의 담당자가 출석하여 상품 부문마다 부문회의를 개최한다. 이 회의를 통해서 본부로부터 판로 절차와 정보 등을 전달받을 수 있고, 또한 출석자들간의 논의를 통해 공동으로 매입 방침을 결정하기도 한다.

또 이 체인에서는 CGC 브랜드의 가공식품 등의 개발에도 주력하고 있다. 단, 어느 상품을 어느 정도 본부로부터 매입하고 얼마에 파는지는 각 가맹점의 자유이다. 볼런터리 체인에서는 값을 저렴하게 하는 공동매입이나 공동배송, 본부의 조언이나 정보를 이용하는 것이 가맹자의 의무가 아니라 권리인 것이다.

국내의 볼런터리 체인업체로는 (주)한남체인, (주)썬마트, (주)부산근대화 체인의 빅세일마트 등을 들 수 있다.

중소업자가 대규모점에 대항하는 방법으로서 정부는 볼런터리 체인을 권장하고 있다. 그러나 본부에서는 가맹자에게 명령할 권리가 없기 때문에 충분하게 성과를 올리고 있다고 말하기는 어렵다. 앞으로 계약에 따라서 일부는 본부가 가맹자를 구속할 수 있고 리더십을 발휘할 수 있도록 할 필요가 있을 것이다.

도매주재 · 소매주재 볼런터리 체인

> 볼런터리 체인에는 도매업자를 중심으로 하는 조직과 소매업자가 모여서 만든 조직 등 두 가지 종류가 있다.

볼런터리 체인에는 도매업자가 중심이 된 조직(도매주재 VC)과 소매업자가 모여서 만든 조직(소매주재 VC)이 있다. 미국에서는 전자만을 볼런터리 체인이라고 말하고, 후자는 기업형 체인(cooperative chain)이라고 한다.

도매주재 VC는 도매업자가 거래처인 중소 소매점을 그룹화한 것이다. 체인을 주재하는 도매업자는 상품의 대부분을 매입하는 조건으로 소매점을 체인으로 가맹시킨다. 그러면 가맹 소매점은 담보를 제공하고, 도매업자로부터 회원가격으로 저가에 상품을 납품받는 것 외에도 판매정보를 제공받고 판촉지원, 경영지도 등의 소매지원을 받는다.

한편 소매주재 VC는 협동조합적인 성격을 지니고 있다. 이를테면 공동구입을 위한 소매업자의 조합으로, 소매점이 출자하여 본부회사를 만들고 가맹자를 모집한다.

볼런터리 체인은 도매주재 VC와 소매주재 VC 중 어느 쪽이라고 해도 가맹자 전체의 의향에 따라서 운영되는 것을 원칙으로 하며, 모든 가맹자가 같은 수의 주식을 갖고 있다. 또 가맹자끼리의 친목도 도모한다.

무엇보다도 볼런터리 체인본부는 가맹자 회비 수입 등으로 돈을

도매주재 VC와 소매주재 VC의 차이

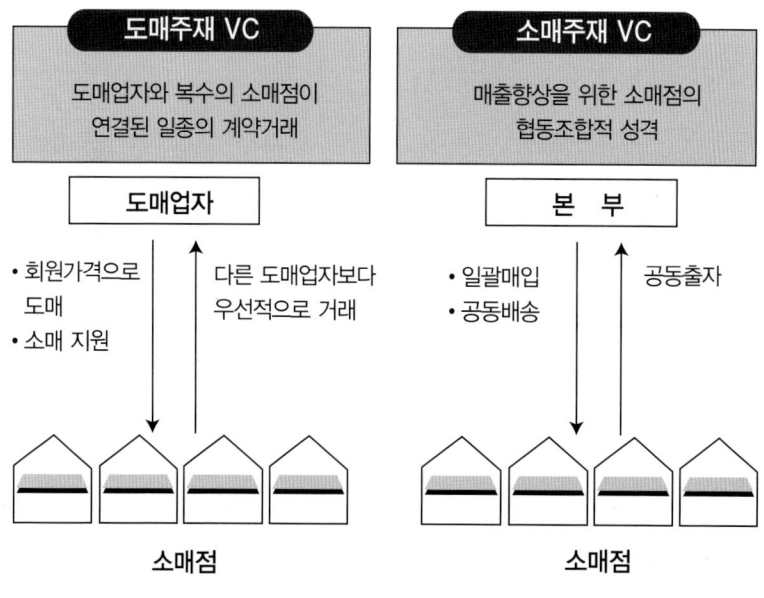

벌기 위한 기업은 아니다. 이들은 체인화에 의해서 가맹점의 매출을 증가시키는 것을 목적으로 한다.

따라서 회비는 대개 저렴하며 무료인 경우도 있다. 이런 점이 보통의 프랜차이즈 체인과 구별되는 가장 큰 차이점일 것이다.

CHAPTER **9**

할인점은 어떤 특징을 가지는가
저가격의 특징을 갖추었지만 과당경쟁 상태

할인점

> 항상 상품을 저렴하게 판매하는 소매점을 말한다. 여기에는 종합점과 전문점이 있다.

 상품을 저렴하게 판매하는 것에 중점을 두고 있는 소매점을 총칭하여 할인점(discount store)이라고 부른다.
 슈퍼마켓도 역시 저렴하게 판매하는 소매점이지만, 슈퍼마켓은 셀프서비스 방식을 도입하여 인건비를 삭감하고 가격을 낮춘 데 비하여, 할인점은 현금으로 대량매입함으로써 매입가격을 낮추고 저가격을 실현한다.
 할인점은 가능한 한 대량으로 판매하고, 또한 인건비나 점포의 운영비도 절약하기 때문에 상품을 저렴하게 판매해도 이익이 생기는 구조로 되어 있다.
 할인점은 취급하고 있는 상품에 따라서 종합할인점과 전문할인점으로 분류할 수 있다. 종합할인점은 식품, 일용잡화, 가전, 가구 등 폭넓게 다양한 상품을 판매한다.
 전문할인점은 취급하는 상품을 한정하고, 그 상품 분야에 대해서는 다양한 상품을 갖추고 있다.

그러나 최근에는 할인점끼리의 경쟁이 격화되어 적자인 점포도 늘고 있다. 저가로 물건을 판매하는 할인점이지만, 저렴하다는 것만으로는 살아남기 어렵게 된 것이다.

EDLP

> 항상 상품을 저렴하게 판매하는 것을 말한다. 할인점의 기본 전략이지만, 최근에는 새로운 고객 서비스가 요구되고 있다.

EDLP(everyday low price)는 문자 그대로 '상시 저가 판매'이며, 항상 저가격으로 상품을 판매하는 것을 말한다.

소매점이 상품을 항상 저렴하게 판매하기 위해서는 낭비되는 경비를 억제하고 이익을 올리는 로코스트 오퍼레이션(73페이지 참조) 방식이 필요하다.

예를 들어, 백화점이 50만원으로 팔고 있는 텔레비전에 인건비 등 여러 가지 경비로 40만원이 들어간다면 이익은 10만원일 것이다. 그런데 이 텔레비전을 30만원에 팔았다고 해도 경비를 18만원으로 억제하면 이익은 12만원이 된다. 즉, 상품을 저렴하게 판매해도 인건비나 점포의 건설비, 유통비 등의 경비를 낮추면 이익을 얻을 수 있다는 것이다.

그러나 최근에는 할인점이 증가하여 EDLP가 당연한 일이 되었다. 따라서 단순히 상품을 저렴하게 판매하는 것만으로는 심한 경쟁 속에서 살아남을 수가 없다.

그래서 EDLP를 실현하고 있는 할인점들은 단순히 저렴하게 판매하는 것뿐만 아니라 상품 구색이나 품질, 점원의 서비스, 점포 단장 등을 위시하여 소비자를 만족시킬 수 있는 판매 방법을 찾고 있다.

도미넌트 전략

> 특정 지역에 집중적으로 점포가 개설된 것을 말한다. 도미넌트란 지배적인, 우세한이라는 의미이다.

특정 지역에 복수의 체인점을 집중적으로 개설하는 것을 도미넌트 전략(dominant strategy)이라고 한다. 전형적인 것이 식품 슈퍼마켓이나 편의점 등의 체인 전개이다.

어느 지역에 점포를 집중적으로 개설하면 모든 체인점의 지명도가 올라가고, 그 지역 내의 다른 동종 점포보다도 우위에서 상품 판매를 할 수 있다. 또 같은 체인점끼리 매출을 경쟁하기 때문에 체인점 전체의 매출이 증가하는 상승 효과도 기대할 수 있다. 상품의 배송 비용도 떨어진 장소에 있는 체인 점포들로 운반하는 것보다 적게 소요된다.

도미넌트 전략은 지역 인구가 계속 증가하고 있는 동안에는 효과적이다. 그러나 인구가 증가하지 않게 되면 체인점이 공동으로 도산하게 될 가능성도 있다. 인구가 증가하지 않아 고객 수가 한계에 다다른 시점에서는 체인점끼리 한정된 고객을 서로 빼앗아가려고 하기 때문이다.

체인점 경쟁이 가격경쟁이 되어버리면 상품가격이 너무 낮아져 아무리 많이 판매해도 이익이 남지 않게 된다.

바터 상품 · 바터 점포

> 바터 상품은 도산하였거나 경영이 악화된 회사가 싸게 처분하는 상품을 말하고, 이러한 바터 상품을 전문적으로 취급하는 곳을 바터 점포라 한다.

바터(barter) 상품은 도산하였거나 경영이 악화된 생산자나 도매업자가 현금이 필요하기 때문에 재고상품을 처분하는 것으로, 평상시보다도 저렴한 가격에 상품을 내놓게 된다.

바터 점포는 생산자나 도매업자로부터 매입한 바터 상품을 직접 소비자나 소매업자에게 판매하는 곳으로, 싸게 매입하였기 때문에 소비자나 소매업자에게도 저가격으로 판매한다.

본래 할인점은 로코스트 오퍼레이션으로 저가격을 실현하지만, 바터 점포에서 바터 상품을 사는 경우도 있다.

병행수입

> 수입 총대리점을 통하지 않고 소매점이 직접 해외로부터 수입해 오는 것을 말한다.

할인점의 인기 상품 중에는 종종 해외 유명 브랜드의 핸드백이나 양주 등이 발견되기도 한다. 그중에서는 백화점 가격의 절반 가격 정도로 저렴한 가격에 판매되고 있는 경우도 있다. 이렇게 저렴하게 판매할 수 있는 것은 병행수입(parallel import)을 통하기 때문이다.

소매점이 브랜드 제품을 수입하는 경우, 일반적으로 해외 브랜드 업자가 지정한 국내 수입 총대리점을 통해서 구입한다.

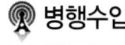
병행수입

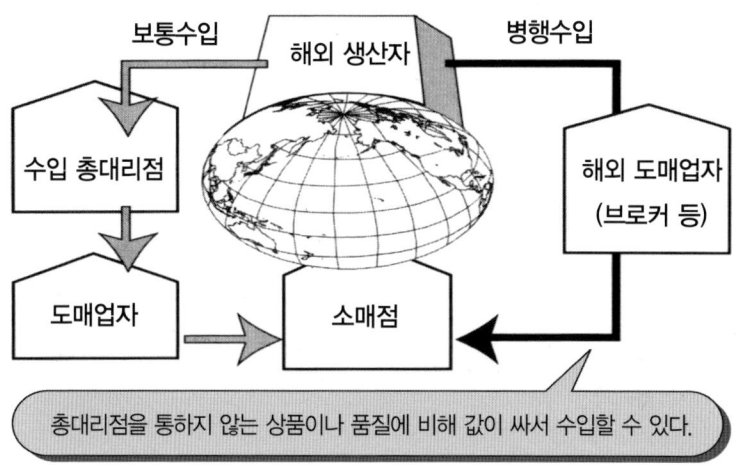

총대리점을 통하지 않는 상품이나 품질에 비해 값이 싸서 수입할 수 있다.

해외의 브랜드 회사는 품질이나 고급화 이미지를 유지하기 위해 특정한 수입업자에게만 상품을 도매 판매하여 가격을 비싸게 책정하고 있다. 이 가격에 수입업자의 마진도 붙기 때문에 해외 브랜드 상품은 가격이 높아지게 되는 것이다.

그래서 가장 저렴하게 구입하기 위해서 시작한 것이 소매업자 자신이 직접 해외의 도매업자 등으로부터 수입하는 병행수입이다. 이 방법을 통하면 마진을 낮은 가격에 책정할 수 있기 때문에 총대리점을 통하는 것보다도 저렴하게 브랜드 제품을 매입할 수 있다.

반면에, 생산자의 애프터서비스가 불충분하고, 팔고 남은 재고품을 사는 경우가 대부분이기 때문에 재고가 불안정한 단점이 있다.

CHAPTER **10**

할인점은 어떠한 형태로 발전할 것인가
홀세일 클럽, 카테고리 킬러 등 할인점 형태의 다양화

웨어하우스 스토어

> 창고와 같은 건물의 대형점이며, 철저하게 비용을 줄여서 여러 가지 종류의 일용품을 저렴하게 판매하는 점포를 말한다.

 창고와 같은, 외관을 신경 쓰지 않는 건물을 점포로 삼고 있기 때문에 웨어하우스 스토어(warehouse store) 또는 창고형 할인점이라고 불린다. 점포를 장식할 비용 이외에 인건비나 여타 비용을 철저하게 줄이고, 보통의 슈퍼마켓보다도 30% 정도나 저렴하게 파는 것이다. 일반적으로는 판매 장소의 면적이 1,800제곱미터 이상이고 일용잡화, 가공식품, 신선식품 등 1,500개 품목 이상을 취급하는 점포를 말한다.
 20세기 초 대공황 시대의 미국에 슈퍼마켓이 처음으로 등장했을 때에는 교외의 비어 있는 창고를 점포로 개장하였다. 웨어하우스 스토어는 말하자면 슈퍼마켓의 원조라고 말할 수 있다.
 슈퍼마켓이 그후 보다 쾌적한 쇼핑 공간을 목표로 하여 변해왔듯이, 1980년대 이후의 미국에서는 '슈퍼마켓 웨어하우스 스토어'가 등장하였다. 밝고 청결한 점포 내에 웨어하우스 스토어의 몇 배나 되는 품목을 갖추고, 슈퍼마켓보다도 훨씬 저렴한 가격으로 판매하고 있다. 그 한켠에 대면판매를 하는 인스토어 베이커리나 야채 코너 등을 마련하여 고품질·고마진의 상품도 제공하고 있다.

홀세일 클럽

> 회원제로 운영되며 가격이 저렴한 제품을 판매하는 점포를 말한다. 창고풍의 점포에 가공식품 등의 일용품을 대량 단위로 판매한다.

홀세일 클럽(wholesale club, 회원제 도매 클럽)이란 이름 그대로 고객이 현금으로 지불하고 가져가는 형태의 도매상을 회원제의 소매점으로 바꾼 것이다.

점포는 창고 그 자체이며, 상품은 골판지 상자째로 천장까지 쌓아둔다. 재고를 보충하는 것 이외에 점원은 보이지 않는다. 손님은 직접 스스로 골판지를 잘라서 쌓여 있는 물건을 운반하여 무포장한 채로 가져가면 된다. 홀세일 클럽은 이와 같은 철저한 로코스트 운영과 회원제에 의한 대량판매로 저가격을 실현하고 있다.

이러한 종류의 점포는 1970년대에 미국에서 등장하였다. 미국에서는 사무실 등의 업무용 고객이 많은 것이 특징이다. 미국의 프라이스 클럽은 국내에도 진출해 있다.

일본에서는 다이에가 1992년에 개점한 고베 포트아일랜드점이 최초이다. 일본의 주택사정상 '낱개판매가 없음'이라는 판매방식에는 한계가 있다고 생각했지만, 차츰 회원 수가 늘어나고 있다.

하이퍼마켓

> 슈퍼마켓과 할인점을 합한 것 같은 초대형의 교외형 소매점이다.

하이퍼마켓(hyper market)은 1960년대에 프랑스에서 생긴 거대한 소매점이다. 영국에서는 슈퍼스토어라고 불린다. 하이퍼마켓에 대한 엄밀한 정의는 없지만, 일반적으로 다음과 같은 점포를 말한다.

- 셀프서비스 방식이며, 식품·비식품의 매장을 분리하지 않고, 한번에 계산을 끝낼 수 있다.
- 매출의 중심은 식품이지만, 의료 등 비식품의 매장 면적도 넓다.
- 교외에 있어서 넓은 주차장을 갖추고 있으며, 점포는 대개 1만 제곱미터 이상이다.
- 저마진, 저가격을 추구한다.

미국에서는 이 유형의 점포가 유럽만큼은 성공하지 못하고 있다.

아울렛 스토어 · 오프프라이스 스토어

> 판매하고 남은 상품이나 흠집이 난 상품을 저렴하게 판매하는 소매점을 말한다.

아울렛 스토어(outlet store)와 오프프라이스 스토어(off-price store)는 판매하고 남은 상품이나 흠집이 난 상품을 처분하기 위해서 저렴하게 판매하는 소매점이다. 다만 아울렛 스토어는 생산자나 도매·소매업자가 직접 만든 점포인 반면, 오프프라이스 스토어는 생산자나 도매·소매업자로부터 상품을 매입하여 판매하는 독자적인 소매점이라는 것이 다르다.

판매하고 남은 상품(이월상품 등)이나 흠집이 난 상품은 상품으로서의 가치가 매우 낮고 본래는 판매할 수 없는 상품이다. 그러나 상품에는 생산 비용이나 물류 비용이 들어가 있다. 팔고 남은 것이라도 버리게 되면 들어간 비용은 모두 낭비하게 되고, 또 그대로 가지고 있어도 보관에 따른 경비가 들어간다.

따라서 생산자나 소매업자는 들어간 경비만이라도 회수하기 위해서 일반적인 가격보다도 저렴하게 판매하려고 하는데, 이렇게 해서 생겨난 것이 아울렛 스토어와 오프프라이스 스토어이다.

아울렛 스토어는 생산자의 아울렛 스토어인 '팩터리 아울렛 스토어'와 소매업자의 아울렛 스토어인 '리테일 아울렛 스토어'로 구분되는 경우도 있다.

오프프라이스 스토어 중에서는 고급 브랜드의 상품을 전문적으로 취급하는 곳도 있어서 소비자의 인기를 모으고 있다. 그러나 판매하고 남았거나 흠집이 생긴 상품은 계획적으로 생산된 것이 아니기 때문에, 언제 어느 정도 수량의 상품을 매입할 수 있는지에 대한 예정을 세울 수가 없다. 바로 이 점이 오프프라이스 스토어 경영의 어려움이라고 할 수 있다.

카테고리 킬러

> 특정한 상품 분야만으로 품목을 좁혀서 저렴하게 판매하는 방식으로, 백화점이나 일반 할인점을 밀어낼 정도의 힘을 지닌 소매점을 말한다.

특정한 상품 분야를 취급하는 전문할인점으로 강력한 판매력을 지닌 점포를 카테고리 킬러(category killer)라고 한다. 카테고리 킬러는 취급하는 상품을 특정한 분야(카테고리)로 좁히고, 그 분야의 상품을 풍부하게 구비해 놓고서 저가격으로 판매하는 것을 말한다.

취급하는 상품은 다양하다. 완구점으로는 미국의 토이저러스가, 신사복점으로는 일본의 아오야마(青山)가 유명한 카테고리 킬러이다. 토이저러스는 생산자로부터 상품을 직접 매입함으로써 유통 비용을 낮추어 상품가격을 저렴하게 하고 있다. 아오야마는 대량으로 발주하고 대량으로 매입함으로써 생산 비용이나 매입 비용을 억제하고 있다.

일본의 경우, 카테고리 킬러의 등장으로 신사복 등의 상품을 팔 수 없게 되어 판매를 그만두거나 매장을 축소하는 양판점이나 백화점도 있다. "양판점이나 백화점의 카테고리(상품 분야)를 없앤다"라는 말에서 카테고리 킬러라는 이름이 붙게 된 것이다.

저렴하고 다양한 상품을 구비하여 백화점이나 양판점, 할인점에 뒤지지 않는 카테고리 킬러이지만, 최근에는 미국이나 일본의 경우 매출이 저조한 현상을 보이고 있다.

드럭 스토어

> 일반 시판약 외에 미용과 건강을 위한 상품도 풍부하게 갖추어 저가격으로 판매하고 있는 소매점을 말한다.

드럭 스토어(drug store)는 문자 그대로 번역하면 약국이지만, 우리가 일반적으로 말하는 전문 약국과는 차이가 있다.

약에는 의사가 지시한 처방전을 토대로 하여 약사가 조제하는 약과 처방전 없이 일반적으로 판매되는 약이 있다. 이때 처방전을 필요로 하는 약을 취급하는 곳이 전문 약국이다.

이에 비해서 주로 일반 시판약을 취급하고, 그 밖에도 건강식품이나 화장품, 머리손질용품 등을 함께 취급하는 소매점으로 등장한 것이 드럭 스토어이다.

드럭 스토어의 컨셉은 '건강 · 편안함 · 미용 · 보호'이다. 따라서 건강과 미용을 위한 상품을 풍부하게 갖추고 있으며, 더구나 저렴한 가격으로 판매한다.

우리나라에는 CJ의 올리브영이 영업중이다. 일본의 경우에는 저가격 판매를 추구하는 드럭 스토어가 늘고 있고, '드럭 스토어=싸게 팔기'라는 이미지가 정착되어 있다. 여고생이나 젊은 직장 여성에게 인기가 있으며, 거의 매일 드럭 스토어를 방문하는 사람도 있을 정도이다.

드럭 스토어에서 취급하는 상품은 일상적으로 사용하는 것이 많고, 원래 가격이 저렴하다. 그런 상품을 더욱 저렴하게 판매하려고 하기 때문에, 대량으로 매입하고 경비를 더욱 삭감하지 않으면 이익이 생기지 않는다.

따라서 드럭 스토어는 상품을 대량으로 매입하여 매입 비용을 낮게 하고, 셀프서비스 방식을 도입하여 인건비를 절약하고 있다.

홈센터

> DIY 상품이나 일용잡화를 중심으로 저렴하게 판매하는 교외형의 할인점이다. 우리나라에서는 아직 발달되지 않았으나 미국이나 일본에서는 상당히 발전된 형태이다.

홈센터(home center)라고 불리는 점포는 크게 두 종류로 분류할 수 있다. 하나는 슈퍼마켓에서 판매하고 있는 상품 중에서 식품 이외의 저렴한 상품을 대량으로 갖추고 있는 점포이다. 교외의 주택지에 주차장이 있는 대형 점포를 여는 경우를 볼 수 있다.

또 하나는 DIY(do it yourself) 상품이라고 불리는 공구나 공작 소재, 도료 등을 저렴하게 구입할 수 있는 점포이다. 초기의 홈센터는 이러한 형태가 대부분이었으며, 비교적 규모가 작은 점포도 있다.

홈센터도 할인점의 일종이지만, 주로 일용잡화의 할인판매에 주력하고 있는 점포가 많고, 이것이 최근 네트워크로 연결되고 있다. 이는 이 분야에서 저렴하게 판매하는 전략으로 약진하고 있는 드럭 스토어와 경쟁하고 있기 때문이다.

또한 일시에 너무 많이 생겼기 때문에 같은 지역 내에서 서로 경쟁하는 경우도 발생한다. 새로운 점포를 오픈할 토지가 줄어들고 있어서 대형 점포는 토지 획득이 큰 과제가 되고 있다.

이제부터는 다른 할인점과 마찬가지로 가격 이외의 플러스 알파의 매력을 요구하게 된다. 일용품 전반을 취급하던 점포 중에서는 DIY 상품이나 자동차용품 등 슈퍼마켓에서는 그다지 취급하지 않는 상품으로 특화한 곳도 생겼다.

버라이어티 스토어

> 일상생활에서 이용하는 소모품을 균일한 가격으로 판매한다. 일본의 경우 '100엔 숍'으로 잘 알려져 있다.

　일용잡화를 중심으로 상품을 갖추어 놓고 일정한 가격으로 저렴하게 판매하는 소매점을 버라이어티 스토어(variety store)라고 한다.
　일용잡화는 본래의 가격이 저렴하기 때문에 이익을 올리기 위해서는 단시간에 많이 팔지 않으면 안 된다. 그러므로 일용잡화 중에서도 고무밴드, 이쑤시개 등과 같이 일상생활에서 자주 이용하는 소모품을 주로 판매하고 있다. 또 판매 방법은 셀프서비스 방식이어서 인건비가 들어가지 않는다.
　버라이어티 스토어의 역사는 그리 오래되지 않았다. 19세기 후반 미국의 울워스(Woolworth)가 일용잡화를 5센트, 10센트의 가격으로 판매한 것이 최초이다. 일본의 '100엔 숍'도 버라이어티 스토어에 해당한다.

CHAPTER **11**

무점포 판매란 무엇인가
통신판매, 방문판매 이외에 자동판매기에 의한 판매도 포함

무점포 판매

> 점포를 이용하지 않고 상품을 판매하는 것을 말한다. 주로 통신판매, 방문판매, 자동판매기에 의한 판매가 있다.

점포에서 상품을 파는 점포 판매에 대비해서, 점포를 사용하지 않고 판매하는 것을 무점포 판매(non store retailing)라고 한다. 여기에는 통신판매, 방문판매, 자동판매기에 의한 판매 등이 있다.

이 방식은 현재 급속하게 신장하고 있는 판매 방법으로, 백화점 등의 점포 판매 소매점도 이 분야에 참여하기 시작하였다. 그 배경은 다음과 같다.

- 땅값이 높고, 도시에 몰려 있는 점포 용지를 확보할 수 없다.
- 우편소포 외에 추가적으로 택배가 발달하여 상품의 배송체제가 정비되었다.
- 일하는 주부가 늘어나고 있고, 평일에 쇼핑할 수 있는 사람이 줄어들었다.

무점포 판매라면 점포를 만들기 위한 토지비나 건설비가 들어가지 않는다. 판매업자가 스스로 상품을 배송하려면 트럭을 가져야 하고 사람도 고용하지 않으면 안 된다. 그러나 택배업이 발달한 현재에는 상품 배송은 우편이나 택배를 이용하면 전국 어디에나 거의 같은 요금으로 신속히 보내진다.

점포 판매와는 달리 영업시간에 신경을 쓸 필요가 없는 점도 무점포 판매의 장점이다. 상품을 사는 사람에게 있어서도 자신의 상황에 따라서 좋은 시간에 상품을 선택할 수 있는 장점이 있다.

무점포 판매 중에서도 특히 통신판매는 급속하게 소비자에게 침투하고 있다.

통신판매

전화, 텔레비전, 우편, PC 등을 이용하여 상품을 판매하는 방법이다.

통신판매(mail-order business)는 다이렉트 메일이나 텔레비전, 신문, PC통신 등의 매스컴을 이용하여 상품의 이름이나 사용법, 가격 등을 소비자에게 전달하고, 전화나 팩스, 엽서, 전자우편 등으로 주문을 받아서 판매하는 방법이다. 상품은 우편이나 택배를 이용해서 소비자에게 전달된다.

통신판매는 소비자가 점포까지 일부러 찾아가지 않아도 집에서 자신의 상황에 맞는 좋은 시간에 쇼핑을 할 수 있다는 것이 최대의 매력이다. 업체 측에서도 점포 건설비나 유지비가 필요 없고, 지방이라도 도시에 있는 것과 같이 상품을 판매할 수 있다는 장점이 있다.

통신판매는 택배나 우편소포에 의한 수송 절차의 발달과 우편이나 전화 등 통신망의 발달에 따라서 탄생하였지만, 통신기술의 진전과 함께 통신판매의 방법도 변화되고 있다. 최근에는 인터넷을 이용한 통신판매도 유행하고 있다.

방문판매

> 일반 가정이나 직장에 판매원이 직접 찾아가서 판매하는 것을 말한다. 고객에 대한 호소력은 높지만 효율은 떨어진다.

판매원이 일반 가정이나 직장을 방문하여 상품을 파는 것이 방문판매(door-to-door sales)이다. 이러한 판매방식은 자동차, 화장품, 보험 등에서 자주 볼 수 있다.

방문판매에서는 판매원이 한 사람 또는 소수의 고객을 상대로 하기 때문에 개별적인 욕구에 맞춰서 상품을 자세히 설명할 수 있다. 고객이 상품을 구매할 확률이 높아지는 것이다. 반면에 점포 판매나 통신판매와 같이 한 번에 많은 고객을 상대할 수 없다는 점에서는 효율이 나쁘다고 할 수 있다.

최근에는 사기를 일삼는 방문판매업자가 사회문제로 대두되고 있기 때문에, 소비자 보호대책으로서 쿨링 오프(116페이지 참조) 제도를 마련하고 있다.

다단계 판매

> 판매원을 기하급수적으로 늘려서 판매하는 방법이다. 방문판매법으로 규제되고 있다.

다단계 판매(multi-level marketing)는 네트워크 마케팅이라고도 하며, 판매조직의 판매원이 된 사람이 상품을 판매하거나 아는 사람 등을 설득하여 조직에 가입시키면 그 판매원에게 마진이 돌아가는 구조의 판매 방법이다. 예를 들어보자.

판매원 A가 B에게 "우리 기업에 들어와서 우리 상품을 판매하면 돈을 번다"고 설득한다. B는 기업에 들어가기 위해서 가입가맹료를 지불하거나 그 조직이 판매하고 있는 상품을 구입한다. 그러면 A는 B를 권유하는 데 성공하였기 때문에 그 성과로서 기업으로부터 마진을 받을 수 있다. B는 C에게, C는 D에게 이와 같은 상황을 연쇄적으로 유도하게 된다.

다단계 판매의 문제점은 판매원이 된 모든 사람이 다 이익을 얻을 수 있다는 보장이 없다는 데 있다. 권유에 의해서 판매원이 되었는데 전혀 이익이 없고, 비싼 가맹료나 상품 대금만 지불하였다는 사람도 있다.

자동판매기

> 전기적인 힘에 의해 자동으로 물건이나 서비스를 판매하는 기계를 말한다.
> 일본에서만큼 보급률이 높은 곳은 세계에서도 찾아볼 수 없을 정도이다.

　판매자에게 있어서 자동판매기(vending machine)는 다음과 같은 장점이 있다.

- 무인이기 때문에 인건비가 들지 않는다.
- 공간을 많이 차지하지 않기 때문에 어디에나 설치할 수 있다.
- 24시간 판매할 수 있다.

　어디든지 있고 24시간 영업을 할 수 있기 때문에 판매자뿐만 아니라 소비자에게도 매우 편리하다.
　일본에 자동판매기가 등장한 것은 1960년대이며, 처음에는 우표나 음료 위주로 판매되었다. 현재는 식품, 칫솔, 세제 등의 일용품, 잡화 등 다양한 상품이 자동판매기에서 판매되고 있다. 또 코인 로커(coin locker)나 코인 샤워(coin shower), 코인 텔레비전 등의 서비스를 제공하는 판매기도 있다.
　일본은 자동판매기의 수가 세계에서 가장 많은 '자동판매기 대국'이다. 자동판매기가 일본에서 급속히 발전할 수 있었던 것은 인건비가 들지 않고 작은 공간에도 설치할 수 있다는 판매 측면에서의 이유도 있지만, 도난의 피해가 적다는 일본의 치안도 한몫 한다.
　그러나 자동판매기는 도로에 약간 튀어나와서 설치되어 있는 경우가 많기 때문에 보행자, 특히 노인이나 눈이 좋지 않은 사람에게는 매우 불편하다.

따라서 도쿄에서는 튀어나온 자판기의 실태를 조사하고, 이에 대해 설치업자에게 설치하는 방법을 주의시키는 등 정책적으로 문제점을 해결해 나가기 위해 노력하고 있다.

CHAPTER **12**

왜 통신판매가 인기를 모으는가
인터넷의 발전과 더불어 새로운 전개 방향 기대

카탈로그 판매

> 카탈로그에 상품을 소개하여 판매하는 것으로, 편리한 시간에 풍부한 상품 중에서 선택하여 살 수 있다는 것이 매력이다.

카탈로그 판매(catalog shopping)는 통신판매의 일종으로 상품을 소개한 카탈로그를 소비자에게 배포하고, 전화나 팩스, 엽서 등으로 상품 주문을 받는 것이다.

카탈로그는 다이렉트 메일로 보내지거나 서점에서 판매한다. 백화점이나 슈퍼마켓에서는 카탈로그를 점포에 비치해 두고 자유롭게 가져가게 한다.

카탈로그 판매의 장점은 광고 비용을 들이지 않고 카탈로그 한 권으로 많은 상품을 소개할 수 있다는 것이다. 소비자 측면에서 보면 자신에게 편리한 시간에 다양한 상품 중에서 선택할 수 있는 편리함이 있다.

카탈로그 판매의 인기는 급상승하는 중이며, 카탈로그 판매를 하는 업자도 계속 증가하고 있다. 업자끼리의 경쟁도 심해지기 때문에 상품 구색을 충분하게 갖추는 것뿐만 아니라, 특정 소비자의 욕구를 대상으로 한 카탈로그나 상품 관련 정보가 다양한 카탈로그 등이 요구되고 있다.

인포머셜

> 상품 관련 생활정보를 제공하면서 상품을 소개하는 것을 목적으로 한 쇼 프로그램을 말한다.

　인포머셜(informercial)은 인포메이션과 코머셜의 합성어로, 정보 제공형의 광고 같지 않은 광고라고 할 수 있다. 방송 목적은 광고와 같이 상품을 소개하고 판매를 촉진하는 것이지만, 정보의 내용이나 전달 방법에서는 광고와 차이를 보인다.
　예를 들어, 청소기의 광고에서 청소기의 상품명이나 사용법, 얼마나 먼지나 곰팡이를 강력하게 흡입하는지 등과 같이 성능에 관한 정보를 선전한다.
　이에 비해 인포머셜에서는 "방 안에는 먼지나 곰팡이가 많이 있고, 이것이 알레르기나 천식의 원인이 된다" 등과 같이 청소기와는 직접 관계가 없는 건강에 관한 정보를 주로 내보낸다. 그리고 그 건강 정보의 핵심으로서 "건강하기 위해서는 청소기가 반드시 필요하다"라고 전하면서 상품을 소개하는 것이다.
　또 광고는 프로그램과 프로그램 사이에 몇 초간 또는 몇 분간 방송되지만(스팟 CM이라고 한다), 인포머셜은 정보량이 많기 때문에 시간이 길고 하나의 독립된 프로그램으로 방송된다. 텔레비전뿐만 아니라 인터넷, 잡지에도 상품과 관련된 생활정보를 제공하는 인포머셜 형태의 광고가 게재되고 있다.

홈쇼핑

> 매장에서 쇼핑하지 않고 집에서 쇼핑하는 것을 말한다. 라이프 스타일의 변화에 따라 수요가 늘어나고 있다.

　홈쇼핑(home shopping)이란 문자 그대로 매장에 가지 않고 집에서 쇼핑하는 것을 말한다. 이제는 매장에 일부러 나가지 않아도 통신판매를 이용하여 집안에서도 쇼핑을 할 수 있다. 통신판매는 편리한 시간대에 시간을 투자하여 상품을 선택하는 등 점포 판매에는 없는 편리함이 있다.

　일반적으로 가정에서 쇼핑을 담당하고 있는 사람은 여성이지만, 이들이 직장에 나가게 되면 쇼핑할 시간적인 여유를 갖지 못한다. 또한 사람들의 여가생활도 점점 다양해지고 있다. 이런 상황 때문에 사람들은 쇼핑을 하기 위한 시간을 줄이려고 한다. 따라서 앞으로 홈쇼핑의 수요는 점차 확대될 것으로 예상된다.

쿨링 오프

> 방문판매로 상품을 구입한 후에도 일정한 기간 이내라면 반품하여 대금을 되돌려받을 수 있는 소비자보호제도이다.

　판매업자의 끈질긴 권유에 못이겨 원하지도 않은 물건을 사버렸거나, 계약 내용을 자세히 알지 못한 채로 계약을 해버리는 등의 문제는 자주 생긴다. 그런 문제로부터 소비자를 보호하기 위한 제도가 쿨링 오프(cooling off)이다.

쿨링 오프

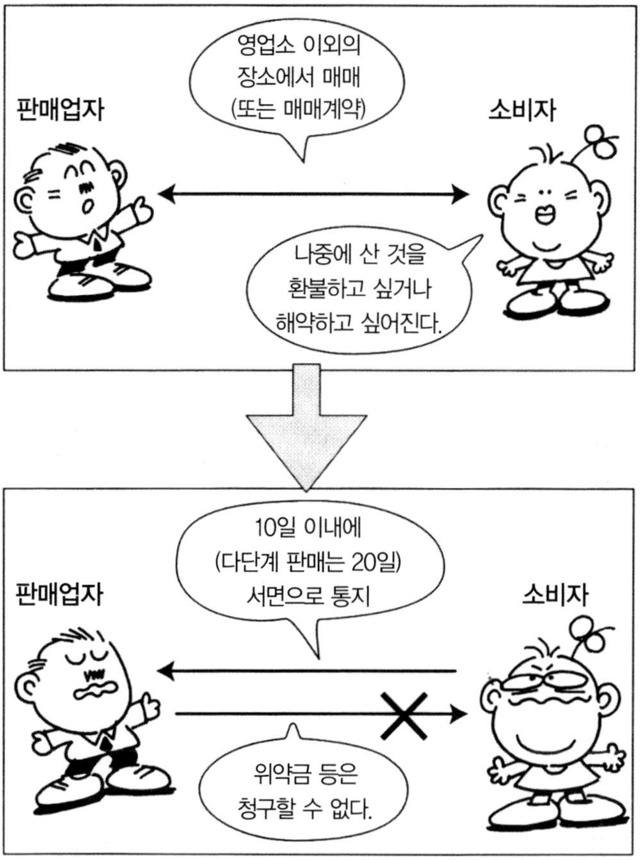

판매업자 — 영업소 이외의 장소에서 매매 (또는 매매계약) — 소비자

나중에 산 것을 환불하고 싶거나 해약하고 싶어진다.

↓

판매업자 ← 10일 이내에 (다단계 판매는 20일) 서면으로 통지 — 소비자

위약금 등은 청구할 수 없다.

소비자 보호제도로는 이밖에도 상품을 일방적으로 보내고 대금이 청구된 경우에 일정기간 후에 자유롭게 상품을 처분할 수 있는 제도(네거티브 옵션)가 있다.

판매업자 중에서는 끈질기게 권유하면서 소비자가 물건을 구매하겠다고 말할 때까지 그 장소를 떠나지 않는 악덕업자도 있다. 이럴 때 소비자는 그 상품을 원하지도 않는데 그 장소를 벗어나기 위해서 상품구입 계약을 해버리기 쉽다. 나중에 해약하고 싶다고 해도 업자가 응해주지 않는 경우가 대부분이다.

이런 상거래의 피해를 입은 소비자를 법률로 보호하게 된 것이다. 소비자가 판매업자의 영업 이외의 장소에서 상품구입 계약을 하였거나 상품을 구입한 경우, '일정한 기간 이내'라면 무조건적으로 계약을 해약하고 지불한 대금을 되돌려받을 수 있게 된 것이다.

방문판매에서는 일정한 내용이 기재된 서면계약이 의무화되어 있다. 판매업자로부터 이 서면계약서를 받은 날로부터 10일 이내(다단계 판매는 20일 이내)라면, 소비자가 계약을 해약하거나 대금을 환불받을 수 있다.

상품을 구입한 사람은 이 기간 내에 계약을 취소하고 싶다거나 반품하고 싶다는 의사를 판매업자에게 서면으로 통지하면 되고, 그때에는 판매업자가 소비자에게 위약금이나 손해배상을 청구할 수 없다.

CHAPTER **13**

개인 상점과 전통시장은 어떻게 변할까
전문점화, 전문 상점가, 쇼핑몰

맘앤팝 스토어

> 가족경영의 영세한 소매점을 말한다.

　부부가 경영하는 영세한 소매점을 맘앤팝 스토어(mom and pop store)라고 한다. 종업원은 거의 한 명 내지 두 명 정도이며, 정식 직원이 아니라 아르바이트나 파트타임으로 일하는 경우가 대부분이다. 종업원을 고용하지 않고 부부와 그 가족만으로 운영하고 있는 소매점도 많다.
　일본에도 맘앤팝 스토어가 많은데, 일본 통산부의 《상점 통계》에 의하면, 점포에서 일하는 사람이 4인 이하인 소매점이 60%(1999년)에 이른다고 한다. 정작 소매점 수는 많지만 한 사람당 매상은 대규모점에 비해서 현저히 낮다.
　맘앤팝 스토어의 특징은 지역에 단골손님이 있다는 것이지만, 경영은 어려운 상황이고 점포 수도 줄고 있다. 일본의 경우, 이렇게 된 가장 큰 이유는 점포의 경영을 이끌어갈 후계자가 없다는 것이다.
　도쿄에서 실시한 소매업 실태조사에 의하면 "후계자가 없다"라고 곤란한 상황을 하소연하는 소매업자가 전체의 약 10%에 이른다. "폐업할 것이므로 후계자는 필요없다"고 대답한 소매업자도 30% 정도로서, 결국 이것도 후계자를 찾을 수 없기 때문에 점포를 닫는 경우가 될 것이다.

후계자를 찾을 수 없으면 경영자는 고령자가 되어 아무래도 점포에 활기가 없어지게 된다. 자연히 점포는 소비자의 발길이 끊어지고, 따라서 판매부진을 초래하게 되는 것이다. 종국에는 후계자가 없으면 폐업해버리는 상황에 이른다. 영세한 소매업자가 존속해가기 위해서는 후계자를 육성하는 것이 최대의 과제라고 할 수 있다.

로드사이드 점포

> 교외에 입지하며 대규모 주차장을 완비하고 있는 소매점을 말한다.

로드사이드 점포(roadside retailer)는 확실하게 정의내리기는 어렵지만, 교외에 입지하고 있으며 대규모 주차장을 완비하고 있는 대형 소매점을 가리킨다.

업종은 양복점, 가구점, 가전점, 차량용품점 등 여러 가지가 있다. 백화점과 같이 식품에서 가구에 이르기까지 다양하게 판매하고 있는 로드사이드 점포는 적고, 상품 분야를 좁혀서 그 상품에 대해서 폭넓게 구비하고 있는 전문점이 많다는 것이 특징이다. 또 저가격 판매를 하고 있는 곳도 많다.

일본의 경우, 일반 가정에 차가 보급되어 소비자가 차로 쇼핑을 시작하던 1970년대 경부터 로드사이드 점포가 생겨났으며, 1980년대와 1990년대에 급성장하였다. 소매업자에게는 시내 한복판보다는 교외쪽이 땅값이 싸서 개업할 때에 비용이 적게 들어가기 때문에 넓은 점포를 확보할 수 있는 장점이 있다.

전문점 · 전문점화

> 특정 상품을 취급하는 점포, 또는 특정 소비자층을 대상으로 상품을 구비해 놓은 점포를 말한다.

옛날에는 특정한 상품만을 파는 소매점을 전문점이라고 불렀다. 예를 들면, 컴퓨터를 판매하는 점포라면 하드디스크와 그 주변기기만을 판매하는 가게이다.

그런데 최근에는 특정한 소비자를 상대로 그 소비자가 필요로 하는 상품을 폭넓게 구비해 놓은 점포를 전문점(specialty store)이라고 부른다. 최근의 컴퓨터 전문점에서는 컴퓨터 본체뿐만 아니라 주변기기나 소프트웨어는 물론, 컴퓨터 관련 책까지도 판매하고 있는 곳이 많아졌다. 컴퓨터 사용자가 필요로 하는 것을 모두 구비해 놓은 것이다.

현재는 '상품을 한정짓는 전문점'보다는 '소비자를 한정하여 한정된 소비자에게 여러 가지 상품을 구비해 놓고 판매하는 전문점'이 성장하고 있다. 영세한 소매점에서는 여전히 특정한 상품만을 취급하는 기존의 전문점 형태를 유지하고 있지만, 그 수는 줄어들고 있다.

이와 같이 영세 소매점이 살아남기 위해서는 특정한 소비자만으로 타겟을 좁히고, 좁혀진 소비자를 상대로 취급되는 상품의 폭을 넓히는 전문점화가 요구된다. 그리고 상황에 따라서는 체인화하거나 체인 가맹점으로 가입하여 경쟁력을 키울 수도 있다.

전통시장*

> 오래전부터 중소 상인들이 일정 지역에 모여서 시장을 형성한 것으로서, 일정 기간 동안만 운영하는 정기시장과 매일 운영하는 상설시장으로 구분된다.

우리나라에는 2001년 기준 총 1,187개의 전통시장이 있으며, 이 가운데 정기시장이 41%, 상설시장이 59%이다. 서울시와 6대 광역시, 경기, 강원에는 상설시장이 많고 그밖의 지역은 정기시장이 많다. 전통시장은 1960년 이전에는 정기시장이 많이 개설되었고, 그 이후에는 대부분 상설시장으로 개설되었다.

전통시장은 오랫동안 우리나라 유통의 중심 기능을 담당해 온 전통적 유통공간으로서, 문헌상으로도 신라 소지왕 때부터 이미 시장이 형성된 기록이 있다. 특히 농경사회의 잉여 생산물을 매매하고 교환하였던 장소로 발전하여 왔다.

전통시장의 특성 혹은 장점은 다음과 같다.

- 입지 : 지방 중소도시의 경우 대체로 도시의 중심부에 위치하는 경우가 많다.
- 부지 규모 : 대체로 넓은 부지를 가지고 있다(평균 대지면적 1,400평)
- 전통적 구매 분위기 : 가격흥정, 깎아주기, 덤 주기 등을 통해 인정을 나누는 서민적 분위기가 있다.

---

* 본 내용은 중소기업청/한국유통연구소의 연구보고서인 《재래시장 실태분석 및 활성화 방안》(2000. 9)에서 일부 발췌한 것임.

- 다양한 업종 및 상품 구색 : 생활에 필요한 상품이 거의 망라되어 있다.
- 지역 경제의 중추 : 지역 농·축·수산물과 특산물의 거래 중심지이며, 지역 경제의 활성화와 밀접한 연관이 있다.

전통시장은 산업화와 도시화의 과정에서 상설적인 시장으로 자리 잡게 되었고, 1970년대까지만 해도 우리나라 유통의 중추적 기능을 담당하였다.

그러나 1970년대 중반부터 슈퍼마켓, 백화점, 전문점이 대거 출현하고, 1990년대에 대형할인점이 진출함으로써 전통시장은 쇠퇴 현상을 보이고 있다. 특히 전통시장 자체가 지니는 많은 문제점들이 소비자의 발길을 돌리게 하고 있다. 주요 문제점은 다음과 같다.

- 건물 및 시설의 취약성 : 대부분 건축한 지 20여 년이 지났고, 주차장이 부족하며, 매장시설이 낙후되어 있고, 고객 편의시설이 적어 소비자가 쇼핑하기에 불편함이 적지 않다.
- 시장 운영의 낙후성 : 가격표시제 미정착과 가격 불신, 신용카드의 보급 부진, 판촉행사 미흡, 위생 불량, 개점시간 불일치 등 운영이 낙후되어 있다.
- 재개발 추진의 어려움 : 대부분의 시장 상인들이 영세하고 상호 관계가 복잡하며, 자율적인 개척정신보다는 정부나 지방자치단체에 의존하려 하고, 재개발을 추진하는 주체의 리더십이 부족하는 등 여러 가지 문제에 봉착해 있다.

따라서 전통시장의 활성화를 위해서는 다음과 같은 노력이 강구되어야 한다.

우선 건물 및 시설을 개선해야 한다. 보다 구체적으로는 주차장을 확보하고, 가로변과 간판을 정비해야 한다. 또한 공동 물류관리 및 시설이 갖추어져야 하고 기존 시설 보수 등도 이루어져야 한다.

운영관리 면에서는 가격표시제를 실시하고, 신용카드 사용을 촉진하며, 판촉행사를 실시하여 시장을 적극 홍보해야 한다. 뿐만 아니라 청결 및 위생관리에 보다 철저해야 하고, 상인교육 강화, 풍물시장 개설, 상인조직 강화, 홈페이지 개설 등에 대한 지속적인 지원이 필요하다.

재개발을 추진하는 데 있어서는 재개발 주체의 확립, 재개발 방법(전면 재건축, 원상 회복, 원형 보존, 개보수 혁신)의 선정, 사업 타당성의 검토, 정부나 지방자치단체의 지원 등에 대한 지속적인 연구가 필요하다.

CHAPTER **14**

쇼핑센터란 무엇인가
대형 소매점, 전문점 등이 계획적으로 입주한 대규모 상업시설

쇼핑센터

> 대형 소매점, 전문점, 음식점 등이 입주한 건물로서 계획적으로 만들어진 대규모 상업공간을 말한다.

　쇼핑센터(shopping center)는 미국에서 주로 도시 외곽에 발달한 상업시설로, 대규모 건물의 주변에 넓은 주차장을 갖추고 특정한 개발업자에 의해서 계획적으로 만들어지고 관리되고 있다.
　건물 내에는 백화점 등 대형 소매점 외에 전문점, 음식점, 서비스업 점포, 은행 등이 입주해 있다. 이것은 건물 안에 만들어진 상점가이며, 미국에서는 몰(mall)이라고도 불린다.
　쇼핑센터는 단순히 대형점이나 많은 점포가 밀집해 있는 것뿐만 아니라, 다양한 업종의 점포가 모여 있지 않으면 안 된다. 한 곳에서 모든 쇼핑을 끝낼 수 있는 편리함이 쇼핑센터의 장점이기 때문이다.
　쇼핑센터의 또 다른 중요한 특징으로는 쇼핑센터 전체의 관리조직이 있다는 것과, 이들이 공동으로 광고를 내거나 할인판매나 이벤트를 한다는 점이다. 전체가 협력하여 활동하지 않으면 단순하게 점포만 많은 빌딩이 되어버린다.

대규모 쇼핑센터의 경우, 물건을 파는 것뿐만 아니라 오랜 시간 즐길 수 있는 장소여야 한다는 것도 중요하다. 따라서 영화관, 수영장, 스포츠 클럽, 음악홀 등을 병설하거나 실내에 분수를 만드는 등의 조경에도 신경을 써야 한다. 우체국, 시청 출장소, 진료실 등도 있으면 매우 많은 사람을 끌어모을 수 있다. 대표적인 예로 롯데의 잠실쇼핑센터를 들 수 있다.

테넌트 · 키테넌트

> 상업시설의 입주 점포를 말한다. 그 시설의 중심이 되는 대형 입주 점포를 특히 키테넌트라고 한다.

테넌트(tenant, 입주 점포)란 본래 임대인을 말하는 것으로, 쇼핑센터를 관리하고 있는 업자(개발업자)로부터 점포를 빌려서 영업을 하고 있는 각 점포를 일컫는 말이다.

테넌트 중에서 쇼핑센터 전체의 메인이 되는 대형점을 키테넌트(keytenant, 핵심 입주 점포)라고 한다. 백화점과 할인점 둘 중에서 어떤 점포가 키테넌트가 되는지에 따라서 그 쇼핑센터의 성격이 결정된다. 경우에 따라서는 복수의 키테넌트를 지니고 있는 대규모 시설도 있다.

쇼핑센터의 구조

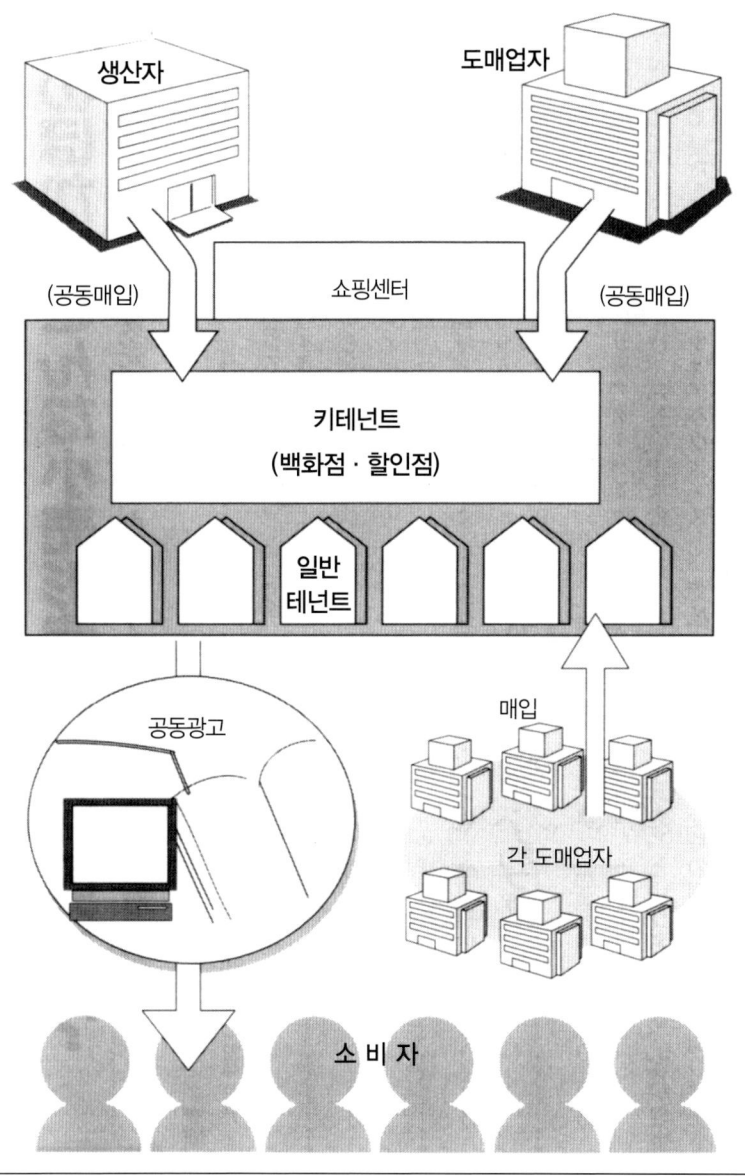

개발업자

> 쇼핑센터 등에 대해서 계획 입안·건설·관리·운영을 하는 업자를 말한다.

개발업자(developer)는 쇼핑센터의 부지를 찾아서 구입하고 건물을 세우는 것 외에 테넌트의 선정도 담당한다. 어떤 업종의 점포가 몇 개 있으면 좋은지, 어떤 점포 배치가 바람직한지에 대해서 생각하고, 전체적인 계획을 세우는 것이다. 또 완성 후에는 주차장이나 건물의 관리를 포함하여 시설의 운영을 담당한다.

미국과는 달리 일본에서는 전문 개발업자가 없다. 일본의 개발업자는 키테넌트가 될 예정의 백화점이나 양판점 자체나 그 자회사, 지방자치기관, 그리고 건설회사·부동산회사 등 세 가지 종류가 있다. 이들이 키테넌트가 될 예정의 백화점이나 양판점을 선정하는 것이 대부분이다.

파워센터

> 대형 할인점이 같은 부지 내에 모인 일종의 쇼핑센터를 말한다.

파워센터(power center)는 1980년대에 미국에서 생긴 것으로, 같은 부지 내에 카테고리 킬러 등의 대형 할인매장이 모여 있는 상업시설이다. 이를테면 할인점이 모여 있는 쇼핑센터이다.

한편 공장 직영점의 팩토리 아울렛이나 회원제 홀세일 클럽 등 같은 상품을 취급해도 판매방식에 차이가 있는 점포가 모여 있는 경우도 있다.

일본 최초의 본격적인 파워센터는 1994년 니이가타(新潟) 시에 문을 연 '죠에츠(上越) 윙마켓센터'이다. 미국에 비해 일본에서는 계획적으로 만들어진 파워센터는 아직 손에 꼽을 정도로 그 수가 적다. 얼마나 매력적인 점포를 조합할 수 있는지가 앞으로 파워센터에 주어진 과제이다.

CHAPTER **15**

리스 · 렌탈 비즈니스란 무엇인가
상품을 빌려주고 임대료를 받는 것으로, 렌탈 비디오 등도 포함

리스 · 렌탈

> 상품을 팔지 않고 빌려주어서 임대료를 받는 판매 방법을 말한다.

　리스(lease)는 상품의 임대를 말한다. 일반적으로 판매업자는 대금과의 교환으로 상품을 고객에게 넘겨주고, 판매업자의 상품은 고객의 것이 된다.
　이에 비해서 리스는 리스업자가 생산자에게서 상품을 매입하여 그 상품을 고객에게 빌려주고 사용료를 받는다. 따라서 이용자는 상품을 빌리는 것뿐이며, 상품의 소유권은 리스업자에게 있다.
　일본에서는 1963년에 일본리스가 설립된 것이 시초이며, 그후 은행업계나 상사회사가 리스회사의 설립에 점차 참여하였다.
　계약 내용을 보면 컴퓨터 등의 정보관련 기기의 리스가 가장 많고, 사무용 기기, 산업용 기계, 수송기기 등 기술 발달이나 모델 변경 등이 빠른 분야에서 인기가 있다.
　최근에는 리스 회사끼리의 경쟁도 심각해져서 각 회사는 할부판매나 소비자 금융 등의 분야에도 손을 뻗치고 있다.

파이낸셜 리스

> 가장 일반적인 리스이다. 사무용 기기 등에서 자주 볼 수 있는 방식으로, 이용자에게 세금 대책상의 이점이 있다.

일반적으로 리스라고 하면 파이낸셜 리스(financial lease)를 말한다. 파이낸셜 리스는 상품의 가격과 수수료 등을 합한 금액에서 계약기간 완료 후의 중고품으로서의 가격을 뺀 금액을 고객이 분할 지불하는 것이다.

예를 들어, 리스업자가 500만원으로 복사기를 구입하여 고객과 5년간의 임대계약을 체결하였다고 가정해 보자. 계약기간이 끝나는 5년 후의 복사기의 가치가 50만원이라고 하면, 리스업자는 500만원에서 50만원을 뺀 금액인 450만원을 5년간 분할 지불하도록 고객에게 청구한다. 리스 기간 도중에 계약을 취소하는 것은 리스업자도 고객도 불가능한 일이다.

사무용 기기 등은 필요할 때만 사용하면 되기 때문에 꼭 소유해야 할 이유가 없다. 또 리스 요금은 필요 경비로서 인정되기 때문에 이용자에게도 과세 대책상 유리하다. 따라서 비즈니스를 중심으로 리스가 널리 보급되고 있다.

오퍼레이팅 리스

> 소위 렌탈을 말한다. 비디오나 CD, 여행용품 등을 단기간 동안 빌려주는 경우가 많다.

파이낸셜 리스 이외의 리스가 오퍼레이팅 리스(operating lease)로, 렌탈(rental)이라고도 불린다. 오히려 일반 이용자에게는 렌탈이라는 말이 익숙할 것이다.

오퍼레이팅 리스는 불특정 다수의 일반 이용자에게 일상생활에서 이용하는 경우가 많은 상품을 비교적 단기간에 빌려주는 것이 특징이다. 여기에는 자동차, 비디오, CD, 여행용품, 간호기기, 양복 등의 렌탈점이 있다. 일일 단위로 빌리는 경우가 대부분이지만, 차량의 렌탈 등과 같이 시간 단위로 빌리는 경우도 있다.

렌탈에 여러 가지 상품이 접목되어진 배경으로는, 일시적으로 필요한 상품은 사는 것보다 빌리는 편이 비용 면에서 경제적이라는 것과, 여러 가지 상품을 시험삼아 사용해 보려는 등 소비자의 라이프스타일의 변화와 다양해진 욕구의 변화 등을 들 수 있다.

PART 3

도매업과 물류의
구조와 현상을 파악한다

CHAPTER 1

도매업자의 기능을 알아보자
집하 · 분산, 물류, 위험부담, 정보전달

도매업자의 기능

> 도매업자는 집하 · 분산, 물류, 위험부담, 정보전달 등의 네 가지 주요 기능을 담당한다.

　생산자는 제품을 제조하고, 소매업자는 그것을 매입하여 소비자에게 판매한다.

　그러나 예컨대, 편의점 등은 3천에서 4천 개의 아이템을 취급하는 상품을 갖추고 있기 때문에 각 상품마다 생산자와 직접 거래를 하게 되면 큰 문제가 된다. 또한 거꾸로 생산자가 전국 각지에 있는 편의점 한 점포 한 점포로부터 주문을 받고, 각 점포마다에 제품을 도매하는 것도 물리적으로 어렵다.

　이때 생산자와 소매점 사이를 연결하는 역할을 하는 것이 도매업자이다. 도매업자가 담당하는 유통 흐름상의 주요 기능은 집하 · 분산, 물류, 위험부담, 정보전달 등의 네 가지이다.

집하 · 분산 기능

> 다수의 생산자로부터 물품을 모으는 기능과 다수의 소매점으로 물품을 분산하는 기능을 말한다.

　각지에 있는 생산자로부터 물품을 모으고(집하), 각지에 있는 소매점으로 분산하는 기능이다. 예를 들어, 캔커피를 만들고 있는 생산업체가 10개이고, 이것을 파는 소매점이 1천 개가 있다고 하자. 만약 10개의 생산업체가 각각 소매점으로 트럭을 이용해 커피를 운반하게 되면 1만 건이나 거래를 하게 된다.
　그러나 하나의 도매업자가 이것을 중개한다면 각 생산업체는 도매업자와 1회만 거래하면 되기 때문에 거래 건수는 10건이 된다. 또 소매점도 도매업자 한 회사로부터 매입하기 때문에 거래 건수는 1천 건이 되고, 총거래 횟수는 양쪽을 합해도 1천10건으로 끝난다.
　이와 같이 도매업자가 중개하는 덕택에 거래 건수가 적어지고, 그만큼 거래에 들어가는 시간과 비용을 줄일 수 있다.

물류 기능

> 수송을 담당하거나 재고를 창고에 보관하는 기능을 말한다.

　생산자와 소매점이 반드시 같은 지역에 있다고 할 수 없다. 소매점은 전국에 걸쳐서 있고, 공장은 수도권 교외에 있는 경우가 많다. 따라서 공장에서 제품을 만들어서 전국 소매점으로 제품을 배포하려면 많은 노력이 필요하게 된다.

도매업자는 이런 경우에 자사의 물류 거점에서 소매점까지의 수송을 담당하는 동시에, 일정량의 재고를 창고에 보유하여 보관하는 기능도 한다. 이것을 도매업의 물류 기능이라고 한다.

위험부담 기능

> 생산자로부터 소비자에게 상품이 전달될 때까지의 과정에서 일어나는 위험을 부담하는 역할이다.

잘 알려져 있지 않은 부분이지만, 도매업자의 중요한 기능 중의 하나가 위험부담 기능이다.

생산자가 만든 제품이 반드시 팔리는 것은 아니지만, 그래도 유통업자는 어느 정도 재고를 저장해 두지 않으면 안 된다. 유통업자는 '팔 수 있을지 없을지도 모르는 상품에 돈과 시간을 투자해야 하는' 위험성을 안고 있는 것이다.

만약 모든 소매점이 이와 같은 위험을 생각하지 않고 많은 양의 재고를 비축한다면 넓은 창고가 필요하게 된다. 더구나 상품은 팔리지 않을지도 모르기 때문에 상품 선택에 실패한 점포는 점점 적자를 내게 될 것이다.

이런 위험을 한꺼번에 떠맡는 것이 도매업자이다. 소매점은 재고를 그다지 갖고 있지 않더라도 도매업자가 넓은 창고에 보관하기 때문에 비용이 적게 들어가고, 업계 전체에서 보면 재고량도 적어진다. 팔리지 않는다고 해도 재고를 많이 보관하고 있는 것은 도매업자이기 때문에 위험성은 도매업자가 떠맡게 되는 것이다.

이와 같은 도매업자의 기능을 위험부담 기능 또는 버퍼(완충장치)

기능이라고 한다.

정보전달 기능

> 소비자의 소리를 생산자에게 전달하거나, 생산자의 의도를 소비자에게 전달하는 기능을 말한다.

생산자가 제품을 만드는 데 있어서 소비자의 욕구를 받아들이는 것은 매우 중요한 일이다. 그러나 소매점에서의 판매 상황에 대한 정보나 소비자의 의견은 생산자에게 좀처럼 전달되지 않는다. 그래서 도매업자가 생산자와 소매업자의 사이에 끼어서 소매점으로부터 정보를 수집하여 생산자에게 전달하고 있는 것이다. 이것을 정보전달 기능이라고 한다.

이밖에도 도매업자는 생산자를 대신하여 소매점에 상품의 성능이나 사용법 등을 알려주고, 판매촉진에 대해서도 조언을 한다(소매점 지원활동→160페이지 참조).

중간거래 빼기 현상

> 생산자와 소매점이 도매업자를 통하지 않고 직접 거래하는 것을 말한다.

상품은 일반적으로 생산자→도매업자→소매점으로 흐른다. 그래서 생산자나 소매점이 여러 곳에 있는 경우 도매업자는 수송·보관 기능과 정보수집 능력을 발휘한다. 이전까지는 생산자와 소매점의 규모가 작고, 독자적으로 상품을 유통시킬 수 없었기 때문에 도매업자는 유통에 있어서 반드시 필요한 존재였다.

그런데 최근에는 상황이 변해가고 있다. POS 시스템(282페이지 참조)의 등장에 의해서 생산자는 도매업자의 정보력에 의존하지 않아도 소매점의 판매 동향이나 재고 상황을 파악할 수 있게 된 것이다. 또 소매점 중에서는 대규모 슈퍼마켓 체인처럼 구입한 상품에 대하여 직접 생산자와 교섭을 하는 곳도 생겼다.

생산자와 소매점이 직접 거래를 하는 경향은 앞으로도 점차 늘어날 것이다. 이와 같이 도매업자를 통하지 않고 상품을 생산자로부터 소매점으로 유통시키는 현상을 '중간거래 빼기 현상'이라고 한다.

도매상 무용론

> 중간거래 빼기 현상이 발생함에 따라서, 도매 기능을 충분히 수행하지 못하는 도매상은 무용지물이 된다.

'도매상 무용론'이란 대규모 생산자와 대형 소매점이 직접 연결한다면 도매업자의 존재는 필요없게 된다는 이론이다. 이 이론은 1962년 일본에서 출판된 林周二(당시 도쿄대 교수)의 《유통혁명》(중앙공론사)을 계기로 화제가 되었다.

林교수는 저서에서, "현재 도매상을 통하고 있는 소비재 가운데 상당 부분은 생산자로부터 거대 소매연합의 창고 등으로 직접적인 형태로 이행하게 될 것이다. 생산자와 슈퍼마켓 체인과의 직결이 완성될 때 이 부분에 있어서 도매기구는 대폭적으로 삭제될 것이다"라고 지적하고 있다. 이것이 도매상 무용론으로 확대된 것이다.

단, 도매상 무용론은 어디까지나 '도매 기능을 충분히 수행하지 않는 도매상은 필요없다'는 것이기 때문에 도매업자 전부를 부정한 것은 아니다. 앞으로 도매업자가 살아남기 위해서는 시장의 변화에 대응하여 지금보다 더욱 향상된 도매 기능을 수행해야 할 것이다.

CHAPTER **2**

도매업자는 어떻게 분류되는가
취급하는 상품 분야, 영업 범위, 기능 등에 따른 분류

산업재 도매업자 · 소비재 도매업자

> 원재료로 사용할 수 있는 상품을 취급하는 도매업자가 산업재 도매업자이고, 소비자 대상의 상품을 취급하는 도매업자가 소비재 도매업자이다.

　도매업자는 소매점과는 달리, 기본적으로 업자를 상대로 상품을 판다. 이때 판매한 상품이 다른 상품의 원재료에 해당되는 경우와 소비자에게 그대로 팔 수 있는 경우가 있다.
　원재료로 사용되는 상품을 취급하는 도매업자를 산업재 도매업자, 그대로 소비자에게 팔 수 있는 상품을 취급하는 도매업자를 소비재 도매업자라고 한다.

종합 도매업자 · 전문 도매업자

> 여러 종류의 상품을 취급하는 도매업자가 종합 도매업자이고, 일부 상품을 전문적으로 취급하는 도매업자를 전문 도매업자라고 한다.

일본에서는 종합 도매업자보다 전문 도매업자가 많은 것이 특징이며, 종합 도매업자는 종합상사 등 극히 일부분에 해당한다. 단, 백화점이나 슈퍼마켓, 할인점 등과 같이 여러 가지 종류의 상품을 취급하는 소매점에 있어서는 무엇이든지 준비해 두고 있는 종합 도매업자 쪽이 유리하다.

미국에서는 이와 같은 종합 도매업자를 자주 볼 수 있으며, 일본의 경우에도 한 회사에서 여러 가지 상품을 갖추고 있는 종합 도매업자가 점차적으로 증가하고 있다.

전기능 도매업자 · 한정기능 도매업자

> 도매업 기능을 모두 지니고 있는 업자가 전기능 도매업자이고, 판매 · 수주 업무 등 도매 기능의 일부만을 지닌 업자를 한정기능 도매업자라고 부른다.

도매업자는 집하 · 분산 기능, 물류 기능, 위험부담 기능, 정보전달 기능을 수행한다고 하였다. 그밖에도 금융기관과 같이 자금을 융통하거나 판매지원(소매점 지원활동→160페이지 참조) 등을 하는 업자도 자주 볼 수 있다. 이처럼 도매업이 지닌 기능을 모두 수행하고 있는 업자를 '전기능 도매업자'라고 한다. 일본에서는 대부분의 도매업자가 전기능 도매업자로서 활동하고 있다.

한편 주문은 받지만 배송에 관한 기능을 처리할 수 없다든지, 단순히 생산자와 소매점과의 매매 중개만을 취급하는 업자도 있다. 이와 같이 도매의 기능 중에서 일부만을 지니고 있는 업자를 '한정기능 도매업자'라고 한다.

전국 도매업자 · 지역 도매업자 · 지방 도매업자

> 전국을 상대하는 것이 전국 도매업자, 일정한 지역을 대상으로 하는 것이 지역 도매업자, 좁은 지역을 상대하는 것이 지방 도매업자이다.

도매업자 중에는 전국의 소매점을 상대로 하는 업자도 있고, 일부 지역의 소매점만 상대하는 업자도 있다. 전국을 상대로 하는 것이 전국 도매업자이고, 몇 개의 도시에 걸쳐서 활동하는 것이 지역 도매업자이다. 그리고 하나의 지역 내에서만, 즉 좁은 지역에서 도매를 하는 것이 지방 도매업자이다.

예를 들면, 전국적인 편의점 체인의 경우, 전국 어느 점포에서도 같은 샌드위치, 같은 도시락을 갖추고 있어야만 한다. 이런 경우는 전국으로 신속하게 상품을 배달하는 전국 도매업자가 힘을 발휘하게 된다.

한편, 특정 도시의 사람들만을 대상으로 한 컵라면이라든지 눈이 많이 내리는 지역용 차량용품 등의 경우에는 판매 가능한 지역이 한정되어 있다. 지방 도매업이나 지역 도매업은 활동하는 지역이 좁은 반면, 지역의 욕구를 잘 알고 있기 때문에 이러한 상품을 판매할 수 있는 것이다.

CHAPTER **3**

도매업자에는 어떤 종류가 있는가

도매상, 판매대리점·특약점, 판매회사, 브로커, 랙 자버

도매상

> 도매업자 중에서 판매회사, 중매업자, 판매대리점 이외의 것을 말한다.

　도매업자와 도매상이라는 말은 같이 사용되기 쉽지만, 엄밀히 따지면 의미가 다르다.

　도매업자 중에는 생산자가 자신의 회사 제품을 팔기 위해서 만들어 놓은 판매회사나 직접 매매에는 참가하지 않는 중매업자와 판매대리점이 있지만, 이들은 도매상에 포함되지 않는다.

　도매업자 중에서도 생산자 등으로부터 경영이 독립되어 있고, 상품의 매입·도매에 직접 관련되어 있는 것이 도매상(wholesaler)이다.

판매대리점 · 특약점

> 도매업자 중에서 생산자 등과 계약을 맺고 그 회사의 상품을 판매할 권리를 지닌 업자를 말한다.

모든 소매점이 생산자의 의도대로 상품을 판매해 주는 것은 아니다. 그래서 도매업자 중에서 생산자와 계약을 맺고, 소매점에게 상품 판매 지도를 하거나 신상품 정보를 전달해 주는 업자가 생겨난다. 이와 같은 업자를 판매대리점(distributor) 또는 특약점(special agent)이라고 한다.

생산자는 도매업자와 지역마다 이와 같은 계약을 체결하는 경우가

생산자와 판매대리점 · 특약점의 관계

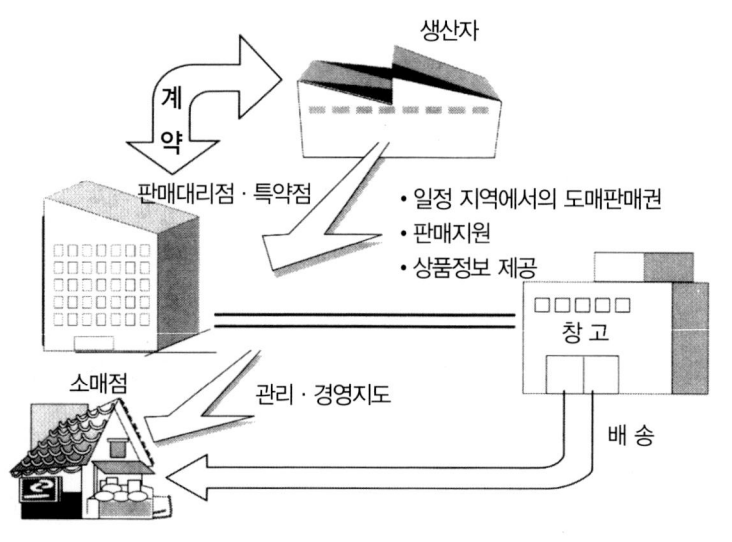

종종 있다. 예를 들어보자.

과자회사인 A사가 같은 지역의 B라는 도매업자와 계약을 맺었다고 가정해 보자. 그러면 B사 이외의 도매업자는 A사의 과자를 반드시 B사로부터 사지 않으면 안 되기 때문에 B사는 경영이 안정된다. A사도 많은 업자와 계약을 체결하고 판매지도를 하는 것보다 효율적이기 때문에 이와 같은 방법을 채택하는 것이다.

또 판매대리점과 특약점이라는 말은 업계에 따라 구별해서 사용하고 있지만, 엄밀하게 따지면 차이는 없고 거의 동의어라고 생각하는 것이 좋다.

판매회사

> 특정 생산자의 상품만을 전문적으로 취급하는 도매업자이며, 경영적으로도 생산자와 밀접한 관계를 지니고 있다.

일반적으로 도매업자는 복수 생산자의 상품을 취급하기 때문에 특정 생산자의 상품만을 주력하여 취급하지는 않는다. 그래서 생산자는 자사의 상품을 전문적으로 취급하는 판매회사를 만드는 경우가 있다.

판매회사는 화장품이나 가전제품, 자동차 분야에서 자주 볼 수 있는 도매업자로, 생산자의 영업 부문을 독립시켜서 만든 것이다. 기존의 도매업자에게 자본을 투자하는 등 여러 가지 형태가 있다. 이처럼 한 생산자의 상품을 전문적으로 취급하는 도매업자를 판매회사(dealer)라고 한다.

판매회사는 대리점·특약점의 경우와 마찬가지로 면밀한 판매지도를 할 수 있다. 그러나 판매회사를 많이 만들었다고 해서 상품을 반드시 많이 팔 수 있는 것은 아니며, 또한 판매회사는 판매원 교육이나 시설 면에서도 많은 비용이 들어간다.

따라서 최근에는 판매회사를 정리·통합하거나 대리점·특약점을 판매회사로 흡수하는 움직임도 있다. 또 상품의 수주와 발주를 위해서 온라인 발주 시스템(VAN→180페이지 참조)이나 POS 시스템을 도입함으로써 판매회사를 통한 유통계열화(26페이지 참조)를 실시하는 생산자도 있다.

브로커

> 생산자로부터 위임을 받고 생산자의 판매활동만을 하는 도매업자를 말한다. 미국 유통에서는 매우 중요한 존재이다.

생산자 등의 위탁을 받아서 판매활동을 하고 그 대가로 수수료를 받는 도매업자를 브로커(broker)라고 한다. 수주를 받는 것만 판매하기 때문에 대개 상품의 배송은 생산자가 한다.

우리나라 일본의 경우, 브로커는 '거래를 중개하여 수수료를 받는 업자'라는 부정적인 이미지로 보기 쉽지만, 미국에서는 브로커가 유통에 있어서 매우 중요한 존재가 되고 있다.

미국에는 지역마다 그리고 상품마다 브로커가 있고, 독자적인 정보망이나 판매 노하우를 구사하여 강력한 판매력을 발휘하고 있다. 생산자는 브로커에 의존하여 저렴한 비용으로 판매력을 높일 수도 있으며, 그중에는 상품 개발이나 매장의 레이아웃 등을 지도하는 브로커도 있다.

랙 자버

> 매장의 일부를 빌려서 판매에 관련된 모든 활동을 담당하는 도매업자를 말한다.

　슈퍼마켓 등에서 매장의 일부를 빌려서 상품 배치와 진열에서부터 가격 설정이나 판매촉진까지 실시하는 특수한 도매업자를 랙 자버(rack jobber)라고 하는데, 과자나 일용잡화 분야에서 많이 볼 수 있다.
　미국에서는 슈퍼마켓이 등장한 후 비식품 부분의 판매 노하우가 없는 슈퍼마켓의 경우에 랙 자버와 계약을 맺고 판매 전반을 위임하

랙 자버

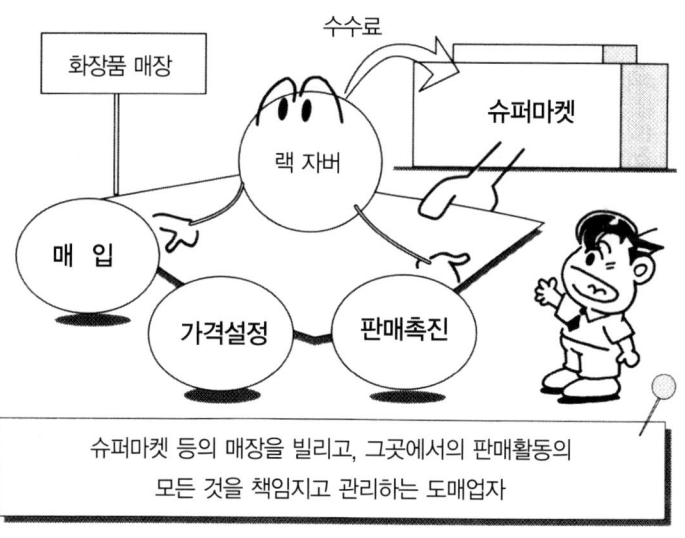

슈퍼마켓 등의 매장을 빌리고, 그곳에서의 판매활동의 모든 것을 책임지고 관리하는 도매업자

였다. 이들에게 업무를 위임함에 따라서 슈퍼마켓은 낮은 비용으로 폭넓은 상품의 판매력을 지닐 수 있게 된 것이다.

　독자적인 판매 노하우나 정보력을 발전시켜 나감으로써 서비스 머천다이저라고 불리게 된 랙 자버는, 단순히 상품을 도매하는 것뿐만 아니라 소매점에서의 판매 전반을 지원하고 있는 것이 큰 특징이다. 앞으로 도매업자가 지향하고자 하는 하나의 경영 형태로서 주목받고 있다.

CHAPTER **4**

상사회사는 어떤 역할을 담당하는가
국내 도매상 역할, 최근 입지 축소, 소매업에 적극 진출

상사회사

> 도매상의 역할을 국제적인 비즈니스 분야로 확장하여 담당하는 기업을 말하며, 우리나라와 일본의 독특한 도매업의 한 형태이다.

도매업자는 생산자와 소매점 사이에서 상담을 총괄하여 거래를 원활하게 하고, 제품의 수송이나 대금 결재를 의뢰받고, 소비자의 욕구 등 정보를 소매점으로부터 수집하여 생산자에게 전달하는 등 여러 가지 역할을 수행한다.

세계를 무대로 이 역할을 담당하고 있는 것이 상사회사(trading company)이다. 일반 도매업자는 국내 생산업체 및 소매점과 거래를 하지만, 상사회사는 세계 생산업체와 소매점을 상대로 거래를 하고 있다.

상사회사는 해외로부터의 상품 수입, 국내 제품의 수출이라는 무역 업무를 주로 하고 있다. 기존에는 해외로부터 수입한 원재료나 반제품을 생산자나 일반 도매업자에게 공급하는 업무를 중심으로 해왔지만, 최근에는 원재료의 해외 조달에서 수송, 보관, 국내 수송, 판매 채널의 구축까지 모든 것을 일괄 처리하고 있다.

또 최근에는 아시아를 중심 거점으로 삼아 도시 개발이나 리조트 개발 등 여러 가지 사업을 전개하고 있다.

종합 상사회사 · 전문 상사회사

> 다양한 상품을 취급하는 것을 종합 상사회사라 하고, 특정한 상품을 취급하는 것을 전문 상사회사라고 한다.

상사회사 중에서 종류에 구애받지 않고 다양한 상품을 취급하는 것을 종합 상사회사라고 부른다. 이들은 '라면에서 미사일까지'라고 할 정도로 취급하는 상품이 다양하다.

대표적인 상사로는 매출액 상위를 차지하고 있는 삼성물산, 현대종합상사, 미쯔이 물산(三井物産) 등을 들 수 있다. 종합 상사회사는 보통 많은 관련 회사를 갖고 있으며, 그룹 전체에 폭넓은 사업을 전개하고 있다.

한편 전문 상사회사는 식료품이면 식료품만, 철강이면 철강만 취급하는 것처럼 특정한 분야의 상품만을 전문적으로 취급하는 상사회사를 말한다.

상사회사가 줄어드는 시대

> 무역 분야에서도 중간거래 빼기 현상이 일어나서 상사회사를 빼고 직접 거래하는 경향이 늘고 있다.

일본의 상사회사들이 일본 GNP의 상당한 부분을 벌어들인다고 하지만, 현재는 존폐 위기에 처해 있다고 해도 과언이 아닐 것이다.

생산자가 도매업자를 빼고서 거래를 하게 된 것은(중간거래 빼기 현상) 일본에만 국한된 현상은 아니다. 힘을 축적한 생산자가 독자적으로 해외로부터 원재료를 수입하게 되어 상사회사는 무역 업무를 독점할 수 없게 되었다.

외국에 자회사를 설립하고, 그곳을 거점으로 외국의 소매점과 직접 거래를 하는 생산자도 나타나게 되었다.

또 상사회사는 예전부터 석유나 목재 등의 천연자원을 대량수입하는 것으로 큰 이익을 얻고 있었지만, 최근에는 경제의 소프트화가 추진되면서 이와 같은 자원을 사용하지 않는 비즈니스가 늘어나게 되었다. 상사회사에게는 이래저래 큰 손해가 되는 것이다.

이런 이유에서 최근에 상사회사는 생산자를 상대로 원재료를 판매할 뿐만 아니라, 소매점을 상대로 해외의 상품을 판매하는 데 주력하고 있다.

예를 들면, 일본의 가공식품 유통에서, 미쯔비시 상사는 료소쿠(菱食), 미쯔이 물산은 미쓰히로 식품(三洋食品)이라는 대규모 식품 도매상을 가지고 슈퍼마켓 등과의 거래를 늘리고 있으며, 소매점에 직접 공급하는 경우도 있다.

또한 스미모토 상사는 독자적으로 전액 출자하여 식품 슈퍼마켓을 설립하기도 하였다.

앞으로 상사회사는 살아남기 위한 일환으로 소매산업에 적극적으로 참여할 것으로 예상된다. 우리나라의 경우 삼성물산이 할인점인 홈플러스에 참여하고 있는 것도 그 좋은 예이다.

CHAPTER **5**

농수산물 도매시장은 어떤 곳인가
새롭고 신선한 농수산물을 모아서 소매점에 경매하는 장소

농수산물 도매시장

> 새롭고 신선한 농수산물을 소매점에게 판매할 때의 가격을 결정하기 위한 시장의 총칭이다. 그냥 도매시장이라고도 부른다.

 컴퓨터나 자동차 등의 공업제품은 생산자가 계획적으로 생산하여 출하하고, 상품의 판매 현황이 좋으면 생산량을 늘릴 수도 있다.
 그렇지만 야채나 생선, 꽃 등은 그렇게 할 수가 없다. 기후에 따라서 생산되는 양이 다르고, 출하량을 갑자기 늘릴 수도 없다. 수요와 공급의 균형이 항상 변화하기 때문에 그것에 맞춰서 가격을 조정할 필요가 있다. 또 살아 있는 것이므로 수급을 조정하는 데 시간이 걸리면 상하기가 쉽다.
 그래서 야채, 과일, 생선, 육류, 꽃 등의 상품가격을 조정·결정하는 장소로서 도매시장(wholesale market)이 마련된 것이다. 이곳에서는 경매나 입찰 등에 의해서 상품가격이 결정된다.

중앙 도매시장 · 지방 도매시장

> 인구 20만 명 이상의 도시에서 만들 수 있는 중앙 도매시장과 20만 명 이하의 도시에서 만들 수 있는 지방 도매시장이 있다.

도매시장은 지방 공공단체가 야채나 생선, 꽃 등의 제품의 유통을 원활하게 하기 위해서 '농수산물 유통 및 가격안정에 관한 법률(농안법)'을 토대로 만든 것이다.

중앙 도매시장은 특별시 또는 광역시가 개설한 농수산물 도매시장 중 당해 관할구역 및 그 인접 지역의 도매의 중심이 되는 농수산물 도매시장이며, 지방 도매시장은 중앙 도매시장 이외의 농수산물 도매시장을 말한다.

시장을 개설하기 위해서는 중앙 도매시장의 경우는 농림축산식품부 혹은 해양수산부 장관의 허가가, 지방 도매시장의 경우는 지방자치단체장의 허가가 필요하다.

경매

> 중매인이 경합하여 가격을 결정하는 것으로서, 도매시장의 독특한 판매 방법이다.

도매시장에서 도매업자가 중매인에게 상품을 판매할 때에는 경매라는 독특한 방법을 취한다. 경매는 구체적으로 다음과 같은 절차를 밟는다.

- 농업·어업 관계자가 도매시장에 상품을 운반한다.
- 관계자는 농림축산식품부 장관, 해양수산부 장관 또는 지방자치단체장으로부터 허가를 받은 도매업자에게 상품의 판매를 위임한다. 이 경우 도매업자는 관계자로부터 상품을 사서 도매하는 것이 아니라, 대리인의 자격으로 상품을 맡아서 가격을 결정하는 것이다.
- 도매업자는 중매인(중간 도매업자)을 상대로 상품 경매를 하고, 상품의 가격을 결정한다. 단, 야채와 과일의 경우에는 소매업자도 경매에 참가한다.
- 중매인은 구입한 상품을 도매시장 내의 자기 점포에 진열하여 소매업자를 상대로 판매한다.
- 소매업자는 중매인을 통해 구입한 상품을 소비자에게 판매한다.

경매는 팔고자 하는 사람이 사고자 하는 여러 사람에게 상품의 매입가격을 경쟁시키는 판매 방법이다.

경매는 우선 도매업자가 상품의 가격을 제시하게 된다. 그러면 해당 상품을 원하는 중매인은 그 가격을 토대로 하여 점점 높은 가격을 붙이고, 최종적으로 가장 높은 가격을 붙인 중매인이 해당 상품을 낙찰가격에 살 권리를 얻는 것이다.

낙찰가격은 상품의 수요와 공급의 균형에 의해서 결정되기 때문에, 공급된 상품의 양이 적고 원하는 사람이 많은 경우에는 가격이 매우 높아진다. 초여름 수확량이 적은 참외가 한 개에 1천원이라는 비싼 가격으로 도매되는 것은 바로 이 때문이다.

중매인(중간 도매업자)

> 도매시장에서 도매업자와 소매점 사이에서 매매하는 업자를 말하며, 신선하고 새로운 상품의 적정 가격을 확인하는 전문가라고 할 수 있다.

생선이나 농산물의 도매에서 활약하는 특수한 도매업자인 중매인은 도매업자와 소매점 사이에서 매매를 원활하게 하는 역할을 담당하고 있다.

도매시장에는 전국에서 거두어지는 많은 야채나 고기와 생선이 모이고, 그것을 매입하기 위해 많은 소매업자가 모여든다. 여기 모인 상품들은 상처 나기 쉬운 상품이므로 시장에 도착한 것을 재빨리 팔지 않으면 안 된다. 따라서 도매업자와 소매업자가 직접 거래해서는 매매가 효율적으로 진행되지 않을 것이다.

그래서 상품이 좋은지(신선도, 질 등), 각 소매업자가 요구하는 상품인지를 숙지한 경매 전문가인 중매인이 우선 도매업자에게서 상품을 매입하여 자신의 단골 고객인 소매업자에게 판매하는 것이다.

좋은 상품을 신속하게 확인하는 것과 소매점이 구입하기 쉽게 나누거나 패키지화하는 것 등이 중매인의 가장 큰 두 가지 역할이라고 할 수 있다.

도매시장의 구조

1 생산자가 상품을 운반한다.

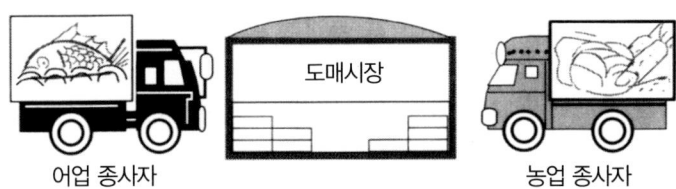

2 도매업자가 중매인을 상대로 경매한다.

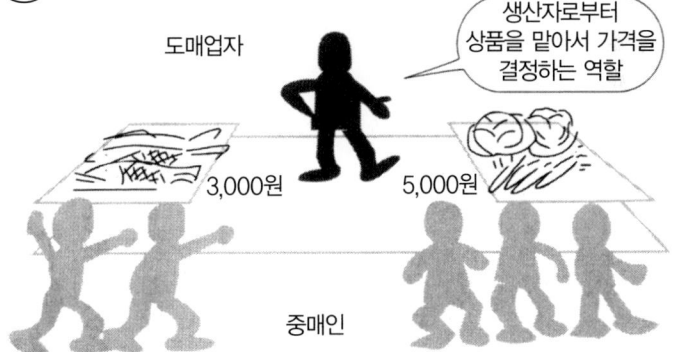

3 중매인이 소매업자를 상대로 판매한다.

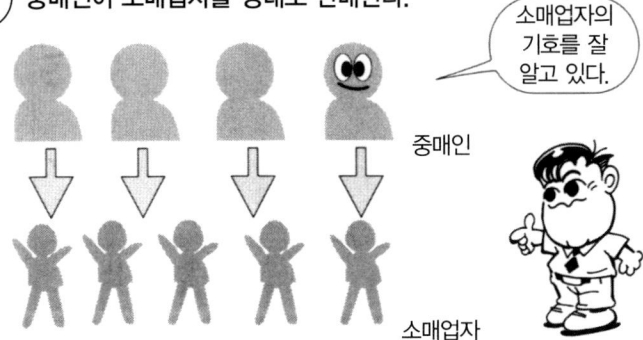

시장도매인

> 도매시장의 개설자로부터 지정을 받고 농수산물을 구입 또는 위탁받아 도매하거나 매매를 중개하는 영업을 하는 법인을 말한다. 기존에 있는 경매 위주의 도매시장법인과는 달리, 본격적으로 농수산물의 도매 기능을 수행하게 된다.

전반적으로 식료품 소비자들은 양질의 신선한 식품을 소량으로 구입하여 소비하는 행동 패턴을 보인다. 특히 육류, 채소류, 과일, 수산물 등 저장성이 낮은 품목은 신선도가 매우 중요하며, 이를 위해서는 출하자에서 소비자에 이르는 유통 기한을 최대한 단축시켜야 한다.

현재 농수산물의 도매 유통구조는 크게 공영 도매시장, 유사 도매시장, 농수산물 종합유통센터, 그리고 대규모 소매상의 직거래 등 네 가지 형태로 이루어지고 있다.

이 중에서 할인점, 슈퍼마켓 등 대규모 소매 본부들은 산지와의 직거래를 확대시키고 있는 실정이다. 이들은 양질의 신선한 상품을 저렴하게 구입하기 위하여 독자적인 유통망과 물류 시스템을 구축하고 있다. 현재 할인점이 급속도로 확대되고 있고, 주요 할인점별 물류센터의 설립이 잇따르고 있어 하나의 새로운 도매유통으로 농산물 유통혁신을 주도하고 있다.

이러한 상황에서 기존 도매시장의 문제점을 인식하고 이를 보완하기 위하여 시장도매인제가 도입되었다. 이 제도를 통해 기존 경매제도와 함께 수매·위탁·판매 등 다양한 영업활동을 구사하고, 출하자와 소매상 모두에게 부가가치를 창출함으로써 궁극적으로 소비자에게 양질의 신선한 식품을 저렴하게 제공하기 위한 것이다.

시장도매인제는 향후의 소비자 및 경쟁 여건에 부합되는 제도이지만, 이에 대한 체계적인 도입 전략과 인프라의 구축, 일관된 정책의 지와 지원 노력, 그리고 무엇보다도 구성원간의 신뢰·확신·열정이 선행되어야 할 것이다. 그렇지 않으면 유통채널간에 갈등과 혼란, 그리고 저효율이 야기될 것이다.

시장도매인제 도입과 관련하여 법적 근거를 살펴보면 다음과 같다.

- 2000년 1월 공포되어 6월부터 시행된 개정 '농수산물유통 및 가격안정에 관한 법률'(농안법)에 따르면, 시장 개설자는 도매시장의 시설 규모와 거래액 등을 고려하여 적정수의 기존 도매시장법인 또는 신설되는 시장도매인을 두어 도매시장을 운영하게 하여야 한다.
- 지방 도매시장은 농안법 시행일인 2000년 6월 1일부터 도입 가능하다. 도매시장법인만 두는 시장, 시장도매인만 두는 시장, 도매시장법인과 시장도매인을 함께 두는 시장의 경우가 법률적으로 가능해진다.
- 중앙 도매시장은 중앙 도매시장의 거래체계 및 시설의 정비상황과 지방 도매시장의 운영 실적 등을 고려하여 2004년 1월 1일부터 2년의 범위 내에서 대통령령이 정하는 날부터 도입 가능하다. 도매시장법인만 두는 시장, 도매시장법인과 시장도매인을 함께 두는 시장의 경우가 법률적으로 가능해진다.

CHAPTER **6**

소매점 지원활동은 어떻게 이루어지는가
소매업자에 대한 도매업자의 판매지원활동

소매점 지원활동

> 소매점의 점포 전략이나 진열 전략 등을 지원하는 도매업자의 컨설턴트적인 활동을 말한다.

 도매업자라고 하면 생산자로부터 소매점으로 제품을 넘기는 중매업자의 이미지가 강하다. 그런데 최근에는 도매업자의 역할이 바뀌고 있다. 중매의 역할이 없어진 것은 아니지만, 소매점에 대한 경영 컨설턴트의 역할이 중요시되었다. 이와 같이 도매업자가 소매점의 경영에 컨설팅하는 것을 소매점 지원활동(retailer support)이라고 한다.
 이제까지 도매업자와 소매점간의 거래에서는 도매업자 쪽이 강자의 입장이었다. 소매점에서는 그 만큼의 정보력이 없기 때문에 풍부한 정보를 지닌 도매업자의 의견에 따라서 상품을 구입한 것이다.
 하지만 최근에는 POS 시스템이 도입되어 소매점이 독자적으로 상품의 판매 상황을 객관적인 데이터로 보는 것이 가능하게 되었다. 소매점 스스로가 어느 상품을 매입하면 좋은지를 알게 되어 도매업자를 통하지 않고 잘 팔리는 상품을 생산자로부터 싸게 매입할 수 있으니, 단지 중개만 하는 도매업자는 필요없게 된 것이다.

그래서 도매업자는 소매점에 "이 상품이 잘 판매되고 있다", "상품을 이런 식으로 배치해 두면 잘 판매된다"라는 등의 점포 전략이나 진열 전략에 대해서까지 지원하게 되었다. 현재 도매업자의 대부분이 소매점 지원활동을 하고 있다.

진열·배치

> 소매점에서 보기 쉽고 집기 쉽게 상품을 효과적으로 진열장에 배치하는 것을 말한다.

소매점 지원활동의 대표적인 서비스 중의 하나가 진열·배치에 대한 제안이다.

소매점은 매입한 상품을 선반 등에 진열하지만, 어디에 진열하는가에 따라서 상품의 판매율이 바뀐다. 선반의 중앙에 위치한 상품은 소비자의 눈에 잘 띄기 때문에 좋고, 무거운 상품은 너무 높은 선반에 올려놓으면 내리기가 불편하다.

이처럼 상품을 선반의 어느 위치에 어떻게 진열하는가는 소매점은 물론, 상품을 도매하고 있는 도매업자에게 있어서도 매우 중요한 문제이다.

그러나 아무리 자신의 상품을 좋은 위치에 진열해 두었다고 해도 그 상점에 손님이 오지 않으면 의미가 없다. 도매업자는 소매점의 선반 전체가 소비자에게 매력적이기 때문에 다른 회사의 상품과 함께 소매점 전체의 진열·배치를 지원하게 된다.

최근에는 진열·배치에 컴퓨터를 사용하는 사례도 늘고 있다.

거래처 원조

> 생산자가 도매업자나 소매점에 대하여 경영 및 판매지원활동을 하는 것을 말한다.

거래처 원조(dealer helps)는 대략적으로 말하면, 생산자의 거래처에 대한 지원활동을 의미한다. 즉, 생산자가 도매업자나 소매점에 대해서 실시하고 있는 제반 지원활동인 것이다.

지원활동은 일반적으로 경영지도, 정보제공, 자금지원에 그치지 않는다. 도매업자나 소매점이 실시하는 상품의 캠페인에 협찬금을 내거나, 도매업자나 소매점의 패기를 살리기 위해서 판매 콘테스트를 개최하기도 하고, 성과가 좋은 도매업자나 소매점을 표창하는 등의 지원도 실시하고 있다.

CHAPTER **7**

물류에는 어떤 수단이 있을까
트럭 수송, 철도 수송, 해운 수송 등

트럭 수송

> 트럭을 사용한 수송은 물류에서 가장 중요한 위치를 차지하고 있으며, 전체 수송 수요의 상당 부분을 차지한다.

 국내의 물류 세계에서 물건에 대한 수송은 단연 트럭이 중심이 되며, 트럭으로 운반하는 경우가 전체 수송 수요의 상당 부분을 차지하고 있다.
 트럭으로 운반하는 최대의 이점은 철도나 비행기, 배와는 달리 복잡하고 어수선한 거리를 달릴 수 있다는 것이다. 선진국에서도 각지의 공장에서 대도시로 생활용품을 운반하거나, 지방 회사에서 본사로 물건을 운반하는 물류가 늘고 있다.
 트럭은 일반적으로 영업용 트럭과 자가용 트럭으로 분류된다. 영업용 트럭이란 물건을 운반하는 전문업자의 트럭을 말한다. 서울에서 광주까지, 광주에서 또 다른 곳까지 멀리 떨어진 장소로 운반하는 트럭도 있고, 어느 지역을 구심점으로 삼고 이곳저곳으로 물건을 운반하는 트럭도 있다.
 자가용 트럭은 각 기업이 자사에서 보유하고 있는 트럭을 말한다. 생산자나 소매점이 자가용 트럭으로 짐을 배송하는 경우도 적지 않다. 대체로 가까운 거리의 트럭 수송은 자가용 트럭이 담당한다. 그러나 최근에는 가까운 거리의 수송에도 영업용 트럭이 진출하고 있다.

철도 수송

> 무거운 것을 멀리까지 운반할 수 있는 장점을 지닌 수송 방법이다. 트럭 수송이 증가함에 따라 이용이 줄어들고 있다.

주로 무거운 짐을 원거리까지 수송하는 장점을 지닌 것이 철도 수송이다. 현재 철도 수송량은 그리 많지 않아, 중량을 환산하면 전체의 2% 정도에 지나지 않는다.

예전에는 철도가 수송의 절반 정도를 차지할 정도로 중요한 존재였다. 이는 고도 경제성장기에 있어 철강, 조선, 석유화학공업 등의 제2차 산업이 중심이 되었던 것이 큰 이유였다. 원재료로 사용되는 철강, 시멘트, 석유제품 등을 먼곳에서 대량으로 운반해야 할 필요가 있었고, 그 경우 특히 철도가 가장 운반하기 좋은 수송 수단이었던 것이다.

그러나 제3차 산업을 중심으로 산업구조가 바뀜에 따라서 철강이나 시멘트보다는 식품이나 사무기기, 가전제품, 생활용품 등을 전국으로 운반하는 경우가 더 많아졌다. 자연히 수송의 중심도 철도에서 트럭으로 이동하게 되었다.

현재 철도 수송은 회전이 나쁘다는 단점을 보완하면서 빠른 속도를 활용하는 방법으로서 화물을 쌓은 트럭을 열차에 싣고서 운반하는 피기백 시스템(176페이지 참조) 등에 주력하고 있다. 그러나 이것 역시 철도 수송을 부활시킬 정도의 위력은 아니어서 심각한 위기에 직면하고 있다.

해운 수송

국내 장거리 수송의 주역이며, 트럭과의 연계가 과제이다.

철강, 시멘트, 석유제품, 곡물, 건축자재 등 무거운 것(벌크 카고)을 장거리로 운반할 때는 배가 자주 사용된다.

앞으로 기대되는 것은 트럭 수송과의 연계이다. 트럭 수송이 지나치게 늘어나면 대기오염이나 에너지 문제, 교통문제 등이 야기된다. 장거리 해운 수송과 회전율이 좋은 트럭이 연결될 수 있다면 이런 문제를 줄이면서 효과적인 수송이 가능해진다.

현재 꽤 보급되고 있는 것이 장거리 페리보트의 이용이다. 장거리 수송일 경우에, 장거리 페리보트라면 짐을 실은 트럭을 그대로 배에 싣고 이동할 수 있다. 이런 수송 방법을 빨리 활용하는 것이 향후 해운 수송의 과제로 남아 있다.

벌크 카고

> 해운 수송 화물의 중심으로서 철강이나 시멘트, 석유제품 등 대형·대중량의 화물을 말한다.

철강이나 시멘트, 석유제품 등 제품의 원료가 되는 것으로, 중량이 큰 화물을 벌크 카고(bulk cargo)라고 한다. 이들은 대개 패키지화되지 않고 그대로 수송기에 실을 수 있다. 벌크 카고를 운반하는 전용선은 벌크 캐리어라고 불린다.

벌크 카고 중에서 특히 석유 관련 수송은 대부분 해운을 통해 이루어지고 있다.

CHAPTER **8**

새로운 물류구조에는 어떤 것이 있을까
제품의 생산 · 매입 · 판매에까지 확대되는 로지스틱스의 기능

로지스틱스

> 원재료의 조달에서 완성품의 배송, 판매에 이르기까지의 흐름을 효율적이고 효과적으로 하기 위한 활동을 말한다.

로지스틱스(logistics)란 '원재료를 매입하고 나서 완성품이 배송될 때까지의 흐름을 가능한 한 빠르고 효율적으로 하기 위한 사고방식이나 구조'를 말한다.

로지스틱스는 원래 제2차 세계대전 중에 미국 육군에서 사용되던 군사용어이다. 국내의 병참부가 담당하고 있던 역할로, 전쟁터의 후방에서 얼마나 빨리 얼마나 효율적으로 무기나 군수품, 정보를 최전선의 부대로 옮길 것인가의 작전을 가리킨다.

미국에서는 로지스틱스 사고방식이 1960년경부터 비즈니스 세계에 도입되었다. 그후 우리나라와 일본에도 도입되어 특히 물류를 '비즈니스 로지스틱스'라고 부르는 경우가 늘고 있다(단순히 로지스틱스라고도 한다).

현재 유통업에 종사하는 기업의 대부분은 컴퓨터나 정보 시스템을 사용하여 재고를 파악하고, 수주 · 발주 작업을 간략화하거나(289페이지 참조), 수송 비용을 최소로 억제하는 방법을 강구하고 있다.

로지스틱의 메커니즘

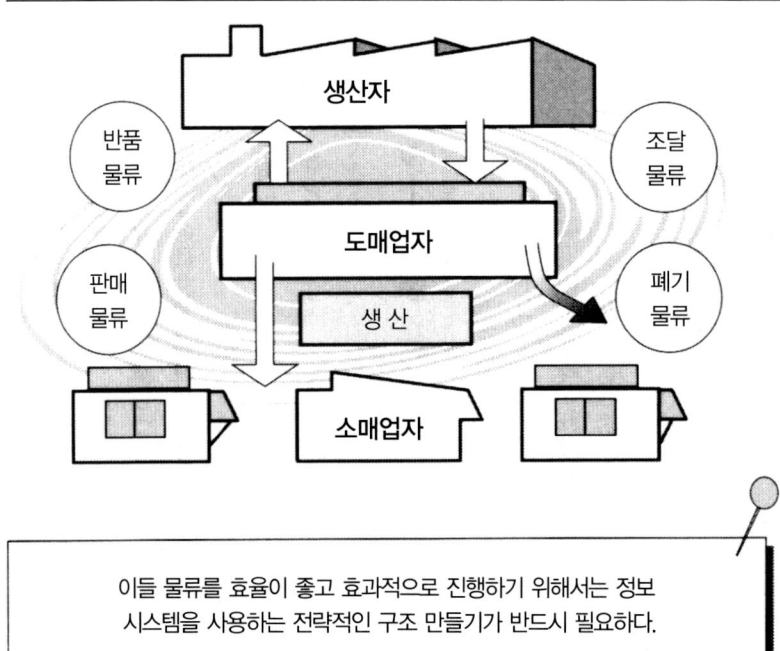

이들 물류를 효율이 좋고 효과적으로 진행하기 위해서는 정보 시스템을 사용하는 전략적인 구조 만들기가 반드시 필요하다.

또 상품의 흐름뿐만 아니라 제품을 만드는 과정에도 로지스틱스 사고방식을 도입하는 등 생산자, 도매업자, 소매점이 협력하여 보다 효율적으로 소비자에게 상품을 전달하기 위한 시스템이 진행되고 있다.

물류의 시스템화

> 슈퍼마켓나 편의점 등에서는 소량 배송을 효율화하기 위한 배송체제가 요구되고 있다.

상품이 소매점의 매장에 진열되기까지는 여러 가지 물류 거점을 통한다. 예를 들면, 편의점에서 파는 도시락은 적어도 생산자→도매업자(도매업자의 창고)→편의점이라는 경로를 통한다.

도시락의 경우 24시간 내내 품절되어서는 안 되고, 항상 새로운 것이어야 한다. 또 창고에서 출발한 트럭은 몇 개의 편의점을 들러야 하므로 계획적인 배송을 하지 않으면 정해진 시간 내에 상품을 진열할 수 없는 사태가 발생한다.

따라서 유통업계는 수주·발주의 간략화, 재고관리의 전산화, 그리고 '물류의 시스템화'가 가장 큰 과제로 대두되고 있다.

배송의 빈도가 높으면 항상 신선한 상품을 구비할 수 있지만, 그 부분에 대한 비용도 역시 높아진다. 역으로 비용을 줄이기 위해서 빈도를 줄이면 신선도가 좋은 상품을 갖출 수가 없게 된다. 비용을 삭감하면서 소비자가 원하는 상품을 제공하기란 어려운 일이다.

이것을 가능하게 하기 위해서 최근에는 물류센터의 활용이나 동종업계에 의한 공동배송 등을 통해서 보다 저렴하게 여러 번 물품을 받을 수 있는 방안을 연구하고 있다.

물류센터 · 유통센터

> 창고는 포장, 분할, 가공 기능을 지닌 물류센터나 유통센터로 변화해 가고 있다.

생산자로부터 도매업자에게 인도된 상품은 창고에 일단 납품되어 소매점으로 배송될 때까지 보관된다. 이것이 지금까지의 창고의 역할이며, 상품을 보관하고 배송하는 일이 주업무였기 때문에 배송센터라고 부르기도 하였다.

그러나 유통업계 전체의 효율화를 도모하기 위해 이러한 창고 · 배송센터에도 새로운 역할이 요구되었다. 오늘날은 단순히 상품을 보관할 뿐만 아니라 창고 안에서 상품 포장과 분할 등도 이루어진다. 또 상품 가공의 일부를 의뢰받거나, 이제까지 소매점의 업무였던 가격표 부착을 대행하는 창고업자도 나타났다. 이와 같이 새로운 물류의 거점이 되는 창고를 물류센터(distribution center)라고 부른다.

물류센터는 현재 기계화와 전산화가 활발하게 추진되고 있다. 제품의 입고에서 상품의 출하까지가 컴퓨터로 관리되어 수주 · 발주에 신속하게 대응할 수 있고, 각 작업마다 최신 기계가 도입되어 인건비도 들어가지 않는다.

이와 같이 물류에 한정되지 않고 폭넓은 기능을 지니고 있기 때문에 유통센터(commercial distribution center)라고 부르기도 한다.

물류의 효율화

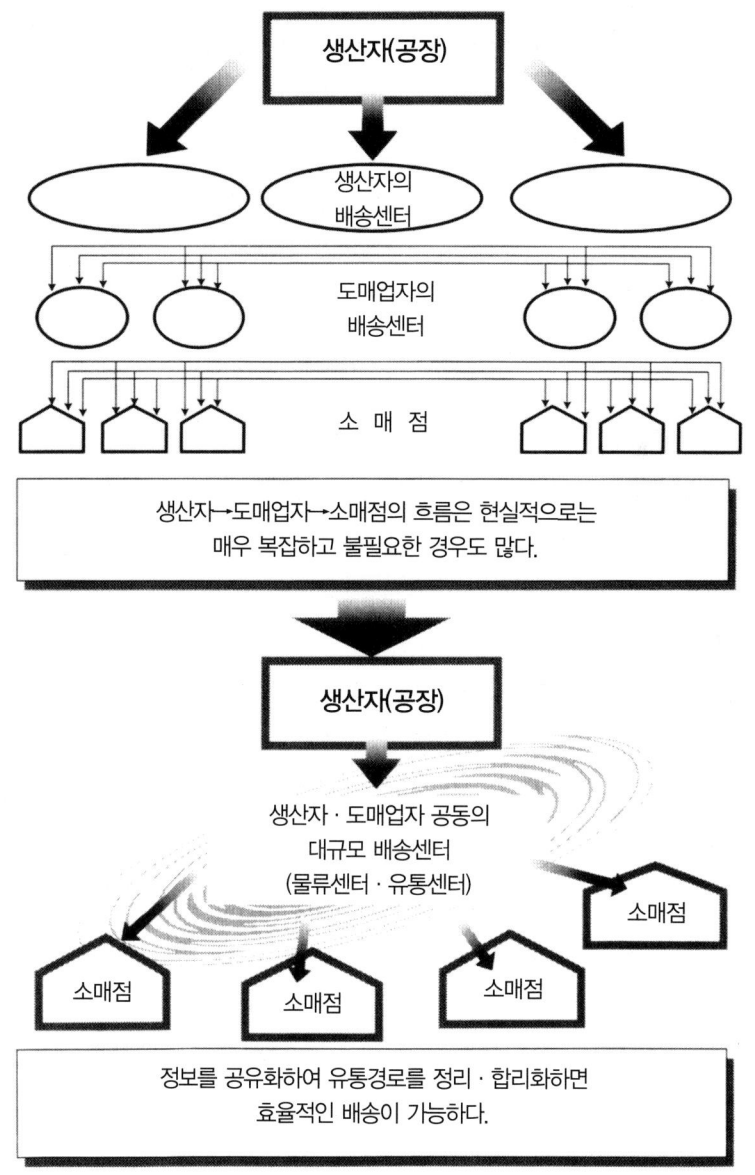

CHAPTER 9

배송의 효율화는 어떻게 일어나는가
적시배송, 공동배송, 유니트 로드 배송, 다이어그램 배송

JIT 시스템(적시배송 시스템)

> 필요할 때에, 필요한 상품을, 필요한 양만큼 소매점으로 배송하는 시스템을 말한다.

JIT 시스템(just in time system)이란 '필요할 때에, 필요한 상품을, 필요한 양만큼' 도매업자가 소매점에 배송하는 구조를 말하며, 적시배송 시스템이라고도 한다.

우리가 자주 이용하는 편의점에서는 불과 얼마 안 되는 작은 점포 안에서 도시락이나 샌드위치, 음료수, 일용품, 잡화 등 3천 종이 넘는 상품을 진열해 놓고 있다.

이와 같이 진열한 상품의 수가 많으면 하나의 상품에 할당된 공간이 작아지게 된다. 많은 상품을 구비하는 대신에 김밥은 한 종류 다섯 개씩, 샌드위치는 두 개씩이라는 식으로 조금씩 진열해 둘 수밖에 없다. 그러므로 판매 상황을 중간중간 점검하면서 상품을 여러 번 보충해 놓지 않으면 상품이 품절되어 기회손실(210페이지 참조)이 발생한다.

그래서 생겨난 것이 다빈도 소량배송 시스템인 JIT 시스템이다. 그

렇다고 김밥이 한 개 팔린 시점에서 김밥을 하나 더 주문하여 점포 내에 보충분을 비치해 두지 않더라도 기회손실은 일어나지 않는다. 일반적으로 편의점에서는 하루에 세 차례 필요한 상품을 보충할 수 있도록 되어 있기 때문이다.

한편 JIT 시스템을 도입하면 배송 횟수는 늘어나고 트럭 이용량이 많아지게 된다. 이렇게 되면 배송 비용이 늘어 도매업자의 부담이 가중되는 것 외에도, 배기가스에 의한 환경문제가 심각하게 나타날 가능성이 있다.

캔번 방식

> 도요타의 부품 납입 시스템으로, 재고를 비축하지 않고 필요할 때에 부품 생산자에게 납입하게 하는 방식이다.

캔번 방식(kanban system)은 도요타자동차가 채용하고 있는 부품 납입 시스템으로, JIT 시스템의 선구자 격이라고 할 수 있다. 이것은 부품을 재고로 비축하지 않고 부품 생산자로 하여금 필요할 때 필요한 부품을 들여오게 하는 방식이다. 이 방식은 재고 유지의 비용이 들어가지 않으며 매우 합리적이다.

그러나 실천하는 데 있어 관련 계열의 부품 생산자가 이 방식을 충분히 파악하여 대응하지 않으면 안 된다. 게다가 매회 주문된 수만큼 납품해야 하기 때문에 부품 생산자로서는 납품 비용이 들어간다. 따라서 부품 생산자의 부담만 크게 증가하는 것 아니냐는 의견도 있다.

공동배송

> 하나의 수송 수단에 다른 소유자의 상품을 같이 싣고서 운반하는 방법이다.

공동배송이란 도매업자가 다른 업자와 공동으로 상품을 배송·납품하는 시스템을 말한다. 이를 통해 다른 회사의 상품도 한 대의 트럭에 모아서 효율적으로 많은 상품을 실을 수 있고, 트럭이 왕래하는 횟수도 줄일 수 있다.

이제까지 기업은 제품의 기밀이 새어나갈까 우려하여 좀처럼 공동배송의 용단을 내리지 못했었다. 그러나 JIT 시스템이 도입됨에 따

공동배송

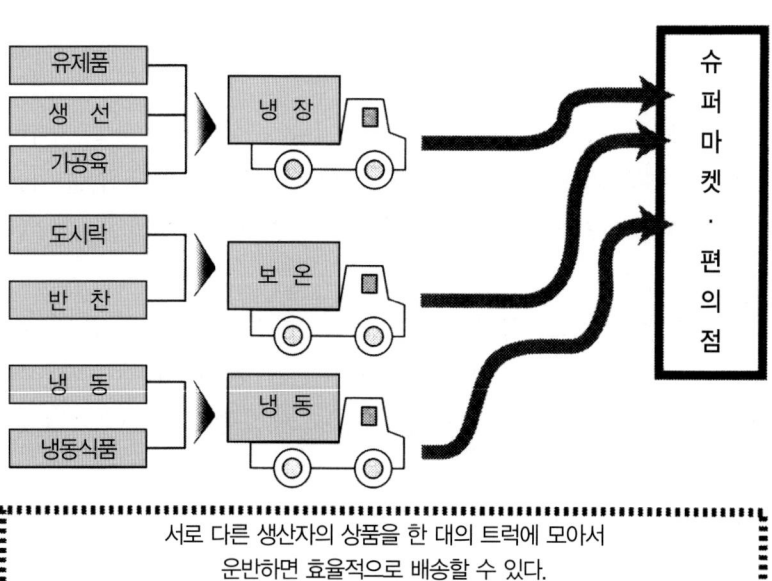

서로 다른 생산자의 상품을 한 대의 트럭에 모아서
운반하면 효율적으로 배송할 수 있다.

라서 배송 비용이 대폭적으로 상승한 것뿐만 아니라, 트럭의 배기가스가 대기오염을 야기시킨다는 비판이 거세지고 있어서, 최근에는 공동배송이 활발하게 늘고 있다. 도매업자뿐만 아니라 생산자도 공동배송 방식을 채택하는 경향이 늘고 있다.

모달 시프트

> 트럭 수송은 줄이고 해운 수송과 철도 수송을 늘리는 시책을 말한다.

현재 물류 수단의 중심은 트럭 수송이지만, 이것은 에너지 문제나 교통정체, 대기오염을 일으키는 큰 요인이 된다. 이를 해결하기 위해 물류에 사용되는 교통수단을 트럭에서 선박과 철도로 옮기려는 시책이 모달 시프트(modal shift)이다.

구체적으로는 수송 설비나 수송 터미널 시설의 정비를 자금 면에서 지원하거나 수송 설비에 들어가는 세금을 줄이는 방법을 채택하는 것이다. 또 장거리 페리를 이용하거나 철도와 트럭의 장점을 이용하는 피기백 수송도 모달 시프트를 도모하는 방법 중의 하나라고 할 수 있다.

그러나 현실적으로 그다지 효과를 기대하기는 어렵다. 장거리 수송은 철도나 선박이 주로 이용되지만, 한 도시 안에서 이곳저곳을 돌아다니면서 물품을 배달하는 소량 배송은 트럭을 이용하지 않으면 안 된다.

철도나 선박을 활용하는 것도 중요하지만 이와 병행하여 트럭 수송 자체의 효율화를 검토할 필요도 있다.

피기백 시스템

> 철도에 트럭을 싣고서 운반하는 수송 방법으로, 모달 시프트 수단 중 하나이다.

피기백이란 원래 합승이라는 말로, 피기백 시스템(piggyback system)은 화물철도에 여러 대의 트럭을 싣고서 운반하는 수송 방법을 의미한다. 이 시스템은 50여 년 전에 미국에서 생겨난 방법이며, 일본에서도 1980년대에 즈음하여 도입되었다.

이 방법으로 운송을 하면 철도에 실려가는 동안에는 운전자가 필요없기 때문에 경비가 적게 들고, 트럭 한 대 한 대가 긴 거리를 이동하는 데 비해서 에너지 면에서나 배기가스 삭감 면에서도 매우 효과적이다.

유니트 로드 시스템

> 화물을 옮겨 실을 때 컨테이너나 팔레트를 사용하여 화물 형태가 바뀌지 않게 효율적으로 수송하는 것을 말한다.

물류에서는 하나의 수송 수단만으로 끝나기보다는, 피기백 시스템 등과 같이 철도에서 트럭으로, 다시 트럭에서 선박으로 수송 절차를 연계시켜서 상품을 운반하고 있다. 그러므로 화물을 쌓는 시간을 단축하는 것이 신속하게 운반하기 위한 최대의 포인트가 된다.

화물이 하나하나 흩어져서 제각기 쌓이게 되면 수송중에 상품이 손상될 우려가 있고 시간적 손실도 크다. 그래서 화물을 효율적으로 정리하기 위해서 컨테이너리제이션과 팔레티제이션 방법을 채택하고 있다.

컨테이너리제이션(containerization)은 복수의 화물을 한 개로 패키지하기 위해서 컨테이너라고 불리는 큰 상자 형태의 용기를 사용하는 것을 말한다. 이는 화물 수송 분야에서 전세계적으로 보급되고 있는 방법이다.

팔레티제이션(palletization)은 화물을 실을 때 팔레트라고 불리는 큰 화물대(포크 리프트 등으로 들어올리고 내리기 쉬운 평평한 판자 상태를 말한다)를 사용하는 것을 말한다.

이와 같이 효율적인 화물 수송을 위해서 화물을 한번에 정리하여 운반하는 구조가 유니트 로드 시스템(unit load system)이다.

화물의 단위가 표준화된 유니트 로드 시스템의 도입은 자동화된 물류 시스템 구축의 대전제라고 할 수 있다.

다이어그램 배송

> 수송 경로나 납품 일정을 면밀하게 계획하고, 여러 곳에 산재한 배송처에 효율적으로 상품을 배송하는 방법이다.

어느 공장에서 A사, B사, C사에 상품을 배달할 경우, 우선 A사에 배달하고 일단 공장으로 되돌아와서 다시 화물을 싣고서 B사로 이동하고 공장으로 되돌아오는 식으로 수차례 왕복하면 시간과 인건비, 연료비에서 손해를 보게 된다(이것을 피스톤 배송이라고 한다).

이보다는 A사→B사→C사를 순서대로 돌면서 화물을 배달하는 편이 훨씬 효율적이다. 이와 같이 효율적인 수송 경로를 정하고 계획적으로 운반하는 것을 다이어그램 배송(diagram delivery)이라고 한다. 다이어그램이란 철도의 시각표 등을 의미하는 말이다.

다이어그램 배송은 배송 시각, 운반하는 양, 도로의 혼잡 정도 등 사전에 면밀한 조정이 필요하다. 배송처가 가깝게 밀집되어 있는 경우에는 다이어그램 배송이 더욱 효과를 올릴 수 있다.

피스톤 배송과 다이어그램 배송

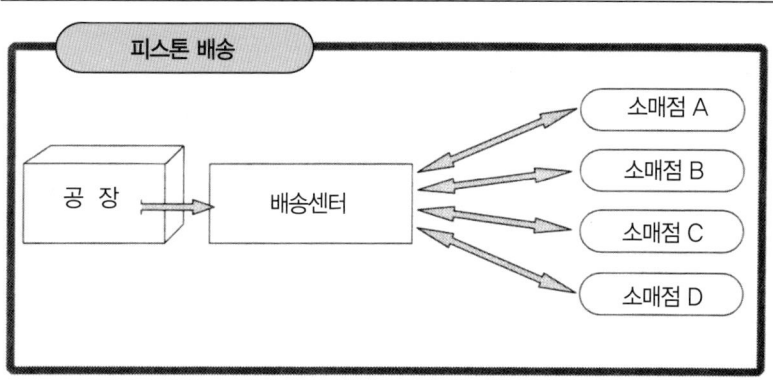

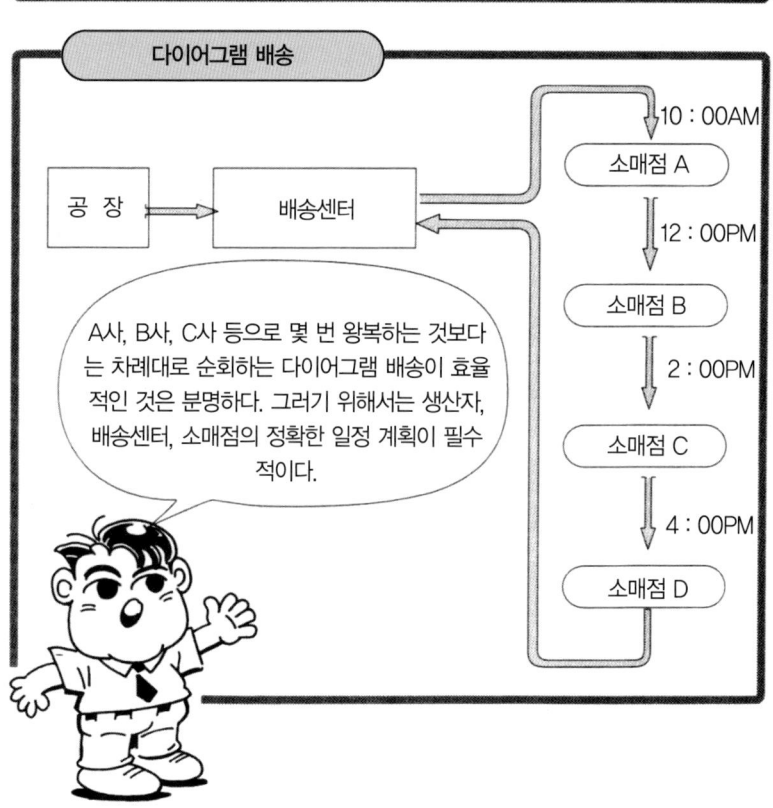

CHAPTER **10**

유통 VAN이란 무엇인가
생산자, 도·소매업자, 물류업자, 금융기관 등을 포함한 통신 네트워크

VAN(부가가치 통신망)

> 기종이 다른 컴퓨터끼리 정보를 주고받기 위한 통신 네트워크를 말한다.

최근 유통업계 사이에서도 정보화가 추진되면서 가장 문제로 떠오르고 있는 것이 다른 기종의 컴퓨터끼리 정보를 주고받는 것이다. 컴퓨터는 기종이 다를 경우는 물론이고, 사용하고 있는 소프트웨어나 송신의 수단이 다를 경우에도 주고받는 역할을 원활히 수행할 수 없다.

이때 다른 기종끼리 정보를 주고받는 것을 가능하게 하는 것이 부가가치 통신망이라고 번역되는 VAN(Value Added Network)이다. 이는 다른 기종의 컴퓨터와의 네크워크를 구축하는 통신처리 시스템 또는 정보처리 서비스를 가리킨다. 예를 들어보자.

VAN 회사는 A사로부터 일반 통신회로를 통해 보내져 온 정보를 호스트 컴퓨터에 일단 받아들인다. 그런 다음 A사의 정보를 통신처인 B사에 맞게 호환하여 송신한다. 이러한 과정을 통해서 다른 기종의 컴퓨터를 지닌 기업간에도 정보를 주고받는 것이 가능하게 된 것이다.

국내에서는 롯데백화점 등이 협력업체와 백화점간에 자동화된 수주·발주 및 매출·매입정보를 공유함으로써 결품을 줄이고 기회손실 발생을 방지하는 효과를 거두고 있다.

이와 같이 VAN 시스템의 보급과 VAN 회사의 탄생에 의해, 생산자에서부터 도매업자, 물류업자, 소매점 등 각 거래단계의 정보를 서로 주고받거나 수주와 발주 업무를 원활하게 함으로써 유통업계의 정보화가 비약적으로 추진되고 있다.

계열 VAN

생산자가 계열점과의 사이에서 만든 독자적인 정보 네트워크를 말한다.

VAN 회사를 통하지 않고 생산자 자신이 VAN 시스템을 이용하여 계열 소매점과의 사이에서 독자적인 네트워크를 만든 경우도 있다. 이것을 계열 VAN이라 한다.

생산자와 소매점 사이를 온라인 시스템의 정보 네트워크로 연결하면 수주와 발주 업무를 효율적으로 운용할 수 있고, 생산자는 점포 앞 가판대에서의 판매 동향을 파악하여 제품 계획에 즉시 반영할 수 있다. 특히 계열 VAN을 만들면 계열을 보다 강화할 수 있는 장점도 있다.

업계 VAN

> 생산자마다 각자 만든 VAN이 아니라, 동종업자 전체가 만든 VAN을 말한다.

어느 소매점이 A사와 B사라는 두 개의 생산자와 거래하고 있는 경우 계열 VAN을 도입한다고 하면, 이 소매점은 A사와 B사 각각을 잇는 VAN 단말이 필요하다. 이를 위해서는 두 배의 비용이 들기 때문에 고안해낸 것이 업계 VAN이다.

업계 VAN은 업계 전체에 VAN 네크워크를 구축하는 것이다. 업계 VAN을 통하면 소매점이 하나의 단말기로 VAN에 참가하고 있는 모든 생산자의 상품을 주문할 수 있다.

PART 4
마케팅과 유통의 관계를 파악한다

CHAPTER **1**

마케팅이란 무엇인가
소비자 욕구 파악과 상품판매 전략 세우기

마케팅

> 상품이 시장에서 확실하게 팔릴 수 있도록 제조, 배송, 판매 등의 단계에서 전략을 세우는 것이다.

마켓(market)이란 시장, 즉 물건을 파는 곳을 말한다. 한편 마케팅(marketing)이란 시장에서 물건을 팔 수 있도록 신상품의 아이디어를 만드는 단계, 제조 단계, 배송 단계, 판매 단계 등 각 단계마다의 전략을 세우는 것이다.

마케팅이라는 사고방식이 보급된 데는 두 가지의 큰 이유가 있다. 하나는 공업이 발달하여 세계 곳곳에 여러 가지 물건이 보급된 것을 들 수 있다. 물건이 적은 시대에는 식품이나 의복, 일용잡화, 가전제품 등은 만들면 반드시 팔린다. 특히 텔레비전이나 냉장고, 냉방장치 등은 50년 전만 해도 매우 획기적인 상품이었고, 누구든지 갖고 싶어 하는 상품이었다.

그런데 점점 물건이 증가하여 생활이 풍부해지면서 사정이 바뀌었다. 지금은 한 가정에 두 대 또는 세 대 정도의 텔레비전이 있는 시대이므로 평범한 텔레비전을 만들면 사람들은 거들떠보지도 않는다.

왜 마케팅이 필요한가

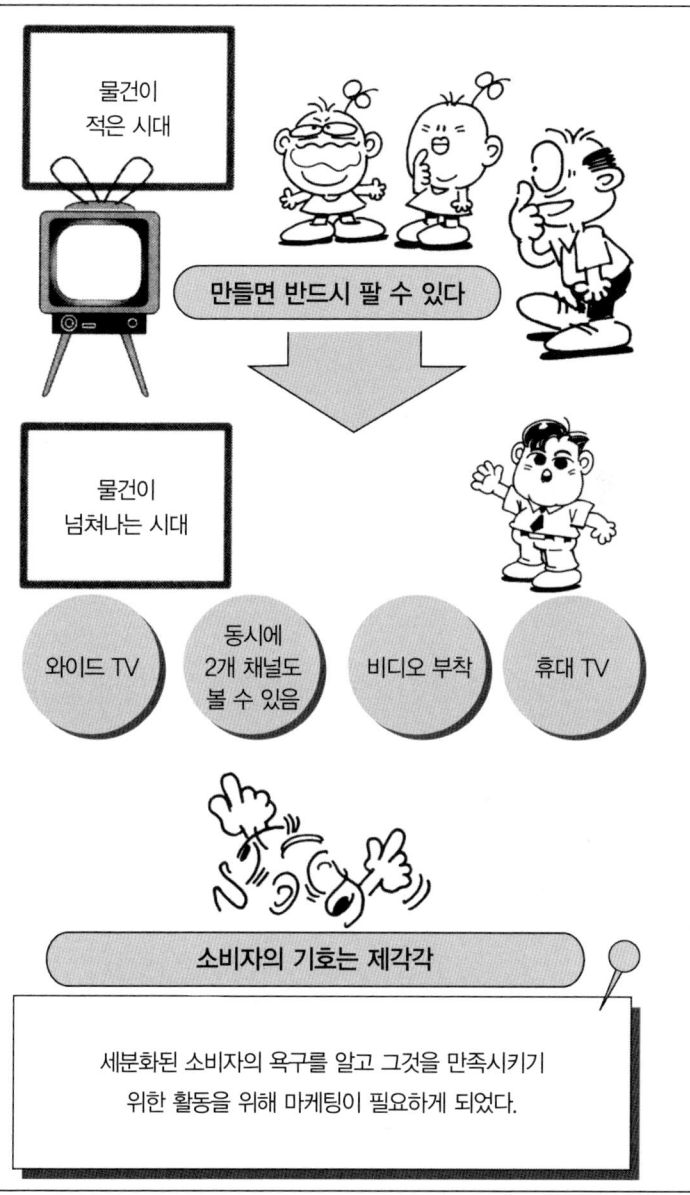

세분화된 소비자의 욕구를 알고 그것을 만족시키기 위한 활동을 위해 마케팅이 필요하게 되었다.

'비디오 내장', '와이드 화면', '고화질', '한 번에 두 개의 채널을 볼 수 있다'는 등의 새로운 아이디어가 필요해졌고, 광고나 애프터 서비스 등도 판매 현황을 크게 좌우하게 되었다.

이와 같은 상황에서 소비자가 어떤 상품을 원하는지를 먼저 생각하는 마케팅이라는 사고방식이 보급된 것이다.

또 유통지배가 진전된 것도 마케팅이 보급된 이유라고 할 수 있다. 지금까지 생산자는 상품을 만드는 것을 전문적으로 해왔고, 소매점은 파는 것을 전문적으로 해왔다. 하지만 이와 같이 제각기 생각하는 것보다는 만드는 단계와 파는 단계를 합쳐서 생각하는 편이 보다 좋은 아이디어를 창출해낼 가능성이 높다.

유통지배가 진전되어 상품을 만들어서 팔기까지를 한 회사가 도맡아서 한 덕분에 그것이 가능하게 되었다.

4P

> 마케팅의 4요소, 즉 제품 전략, 촉진 전략, 유통 전략, 가격 전략 등을 말한다.

마케팅이란 구체적으로 다음과 같은 네 가지의 요소를 효율적으로 구성하는 것이다.

첫째, 제품 전략(product)이다. 어떤 상품을 만들 것인지, 포장과 상표는 어떻게 할 것인지 등을 검토한다.

둘째, 촉진 전략(promotion)이다. 어디에 어떤 광고를 게재할 것인지, 점포 앞에서는 어떤 전단지나 간판을 내세울 것인지 등을 검토한다.

셋째, 유통 전략(place)이다. 백화점에서 팔 것인지 아니면 전철역의 매점에서 팔 것인지, 트럭으로 운반할 것인지 아니면 철도로 운반할 것인지 등의 유통경로(23페이지 참조), 물류 수단(163페이지 참조)을 검토한다.

넷째, 가격 전략(price)이다. 투자한 비용이나 유사품의 가격 등을 고려하여 가격을 결정한다.

이 네 가지 요소의 머리글자를 따서 4P라고 부른다.

전략적 마케팅

> 한정된 경영자원을 활용하여 얼마나 효과적으로 4P를 실천할 것인지를 생각하는 마케팅이다.

현실적으로 마케팅을 할 때에 단순히 4P를 실천하는 것으로 충분한 것은 아니다. 어떤 업무를 할 경우에도 자금과 인력(경영자원)과 시간이 필요하다.

'자금이 있지만 좋은 인재가 없다'는 기업도 있고, '인재는 있지만 자금과 시간이 없다'는 기업도 있다. 그래서 기업은 대개 여러 가지 상품을 취급하고 있기 때문에 어떤 상품의 마케팅에 주력할 것인지를 생각할 필요가 있다.

이와 같이 기업의 이익을 가능한 한 늘릴 수 있도록 한정된 경영자원을 어떻게 배분할 것인지를 검토하는 마케팅을 전략적 마케팅(strategic marketing)이라고 한다.

라이프 사이클

> 제품의 일생, 즉 제품수명주기를 의미한다. 도입기, 성장기, 성숙기, 쇠퇴기라는 네 단계가 있다.

생물이 태어나서 죽을 때까지의 과정을 '상품'에 적용하여, 새로운 상품이 개발되고 나서 판매 상황이 쇠퇴할 때까지의 흐름을 나타내는 것이 라이프 사이클(life cycle)이다.

보통 제품수명주기는 4단계로 구분할 수 있다.

- 도입기 : 발매된 시기
- 성장기 : 판매 상황이 신장되는 시기
- 성숙기 : 판매 상황이 절정에 머물러 안정된 시기
- 쇠퇴기 : 판매 상황이 내려가는 시기

예를 들면, 레코드는 19세기 말에 에디슨이 발명하여 20세기 초에 음악을 기록하는 도구로서 보급된 상품이다(도입기→성장기).

원래 보급된 것은 30분 정도의 음악을 기록할 수 있는 LP레코드이며, 일본에서는 1976년에 오요게타이야키군이 443만 장이라는 판매량을 기록한 바 있다(성숙기).

이 레코드의 매출도 1978년을 고비로 하강하게 되었고, 총생산량(LP)은 1978년에 9,314만 장이었던 것이 약 10년 뒤인 1987년에는 2,775만 장으로 대폭 떨어졌다(쇠퇴기).

원인은 몇 가지를 들 수 있지만, 가장 큰 것은 CD의 보급이었다. 1980년대 초에 CD가 급속하게 보급되어, 1980년대 후반에는 LP레코드를 추월하였던 것이다. 현재는 일부 마니아를 제외하면 레코드를

상품의 라이프 사이클

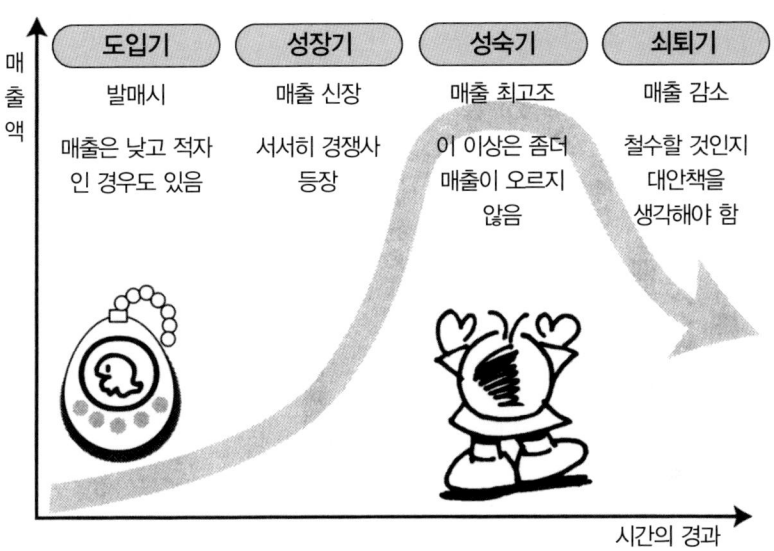

듣는 사람은 거의 없을 것이다.

 이와 같이 상품에도 수명이 있다. 이것은 마케팅을 실시하는 데 있어서 매우 중요한 사항이다. 지금 자기 회사에서 취급하고 있는 상품이 라이프 사이클의 어느 단계에 있는지를 이해하지 않고서는 적절한 마케팅을 할 수 없다.

고객만족

> 고객이 만족하는 것을 최대의 목표로 삼고, 고객이 원하는 것을 상품이나 서비스에 포함시키는 것을 말한다.

고객만족(customer satisfaction)이란 기업이 마케팅을 실시할 때의 기본적인 사고방식이며, 간단하게 말하면 '손님이 가능한 한 만족할 수 있도록 상품을 만들자'는 것이다.

물건이 넘치고 있는 현대에는 단순히 '새로운 기술로 만든 상품'만으로는 물건을 팔 수 없다. 새로운 기술이 소비자에게 기쁨을 줄 수 있는지, 또 어떤 서비스를 추가하면 좋을지를 세심하게 고려해야 한다.

예를 들면, 최근 소비자는 자동차의 스타일이나 승차감뿐만 아니라 안전성도 요구하는 경향이 있다. 그래서 에어백이나 ABS(급브레이크를 밟아도 차가 미끄러지지 않는 장치) 장치를 설치한 차가 급증하고 있으며, 텔레비전 광고에서도 소비자의 욕구에 어필하기 위해 주행실험을 하는 장면을 내보내기도 한다.

소비자의 욕구가 다양해지고 있는 시점에서 고객만족의 실현은 기업에 있어서 커다란 과제가 되고 있다.

수직적 마케팅 시스템

> 생산자, 도매업자, 소매점이 팀을 구성하여 종합적인 마케팅에 참여하는 것을 말한다.

최근 들어 보다 효율적으로 좋은 상품을 팔기 위해서 생산자, 도매업자, 소매점이 팀을 구성하여 협력하는 사례가 늘고 있다. 이러한 협력체제를 수직적 마케팅 시스템이라고 한다.

수직적 마케팅 시스템에는 다음과 같이 세 가지가 있다.

1) 기업형

하나의 기업이 생산에서 도매, 소매까지를 전부 담당하는 시스템이다. 도자기 생산업체인 한국도자기가 자사에서 만든 그릇을 자사의 직영점을 통해서 판매하는 경우나, 롯데 마그넷이 프라이빗 브랜드 제품을 자사의 공장에서 만드는 경우 등이 여기에 속한다.

2) 계약형

각각 독립된 생산자, 도매업자, 소매점이 서로 계약을 체결하고 머천다이징을 실시한다. 대표적인 것이 패스트푸드점이나 편의점에서 채용하고 있는 프랜차이즈 체인방식이다. 프랜차이즈 본부와 가맹점이 계약을 체결하면, 본부는 가맹점에게 상호를 사용할 수 있는 권리나 판매 노하우를 제공해주는 대신, 가맹점에서는 매출액의 일부를 본부에게 지불한다.

3) 관리형

특별한 계약은 하지 않지만, 생산자가 도매업자나 소매점에게 판매 노하우를 지도하거나 자금 원조를 하는 것이다.

이와 같이 생산자와 도매업자, 소매점이 협력체제를 유지하면 상품을 보다 효율적으로 유통시킬 수 있다. 또 소매점이 얻은 고객 정보가 생산자에게 직접 전달되어 제품 개발에 도움이 되는 등의 장점도 있다.

CHAPTER **2**

소비자 욕구와 마케팅은 어떤 관계인가
소비자 욕구의 다양화, 시장세분화, 타겟 마케팅, 원투원 마케팅

소비자 욕구의 다양화

> 물건이 널리 보급되면서 소비자의 기호는 보다 세밀해지고, 한 사람 한 사람의 기호의 차이도 커지고 있다.

 신제품이 시장에 등장하면 사람들은 우선 그것을 시험해 보고 싶어하는 욕구를 지니고 있다. 비디오의 경우를 생각해 보자. 가정용 비디오의 등장은 매우 획기적인 일이었다. 녹화해 두었다가 나중에 다시 볼 수 있는 비디오의 기능에 소비자는 크게 흥미를 가졌다.
 하지만 제품이 각 가정에 보급됨에 따라 이러한 흥미는 당연히 사라져갔다. 비디오에 방송을 녹화·재생할 수 있는 것은 당연시되어 단지 녹화와 재생 성능만을 지닌 제품은 더 이상 팔리지 않게 되었다. 그래서 생산자는 비디오를 보다 소형화하거나 화질을 향상시킴으로써 소비자가 구입하고자 하는 욕구가 생기도록 연구를 하게 되었다.
 각 회사의 비디오가 소형화·고성능화되면 소비자는 디자인이나 가격, 부수적인 기능, 특히 소매점에서의 상품 설명이나 애프터서비스의 충실도 등으로 상품을 비교하게 된다. '디자인이 좋은 것', '가

격이 저렴한 것', '다기능의 것', '애프터서비스가 좋은 것', '특전이 있는 것' 등 각각 다른 관점에서 상품을 선택하게 된 것이다.

이와 같이 제품에 대한 소비자의 욕구는 서서히 상승하여 다양화·세분화하는 경향이 있다. 따라서 생산자나 유통업자에게 있어서 마케팅의 중요성은 점점 높아져간다고 말할 수 있는 것이다.

시장세분화

> 마케팅 작업 중의 하나이며, 마케팅 전략을 수립할 때에 성별이나 연령, 지역 등을 고려하여 소비자를 분류하는 것이다.

소비자를 일정한 기준에 의거해서 그룹으로 나누는 것을 시장세분화(market segmentation)라고 한다.

남성과 여성, 20대와 50대, 북부 사람과 남부 사람은 옷이나 맛의 기호에서 차이가 있다. 그래서 시장세분화를 통해 사회적 요인, 지리적 요인, 심리적 요인 등을 중심으로 소비자를 분류하여 각각의 욕구를 충족시키는 것이다.

시장세분화를 실시할 때에 가장 기본이 되는 것이 사회적 요인이다. 이것은 연령이나 성별, 직업, 교육수준, 소득수준, 가족구성 등의 그룹으로 분류하는 방법이다. 옷을 예로 든다면 숙녀복, 신사복, 아동복, 유아복으로 구분하는 것이 이에 해당한다.

지리적 요인은 생활하는 지역에 따라 소비자를 세분화하는 방법이다. 지역이 다르면 문화나 기후, 생활양식도 차이가 있기 때문에 당연히 다른 욕구가 생기게 된다.

심리적 요인이란 소비자가 물건을 살 때의 동기나 제품에 대한 가

시장세분화

사회적 요인

성 별	남성, 여성
연 령	유년, 소년, 청년, 장년, 노년
직 업	학생, 회사원, 주부, 자영업자
교육수준	중졸, 고졸, 대졸, 기타
소득수준	월 300만원 이하, 300만~500만원, 500만원 이상

지리적 요인

지 역	호남지역, 영남지역, 충청지역 등
도시환경	대도시권, 지방도시, 농촌지역

심리적 요인

쇼핑습관	전문적 쇼핑고객, 편의적 쇼핑고객 등
사용빈도	자주 사용, 정기적으로 사용, 가끔 사용 등

▼

이와 같은 방식으로, 어느 계층에 대한 상품을
만들 것인지(팔 것인지)를 좁혀가는 것을 말한다.

치 기준을 말한다. 자동차를 살 경우, 자동차를 통근할 때 사용할 것인지 아니면 주말에 레저용으로 사용할 것인지에 따라서 소비자의 차종 선택이 달라지게 된다. 또 차의 기능성을 중시할 것인지, 안전성을 중시할 것인지, 가격을 중시할 것인지 등 상품에 대한 요구가 사람마다 차이가 있다.

이와 같이 시장을 세분화하여 그룹으로 분류하면 어떤 소비자에게 타겟을 맞춰서 어떤 상품을 팔면 좋을지가 보이게 된다. 타겟 마케팅이 주류를 이루고 있는 오늘날, 시장세분화는 간과해서는 안 될 중요한 작업 중의 하나라고 할 수 있다.

타겟 마케팅(표적 마케팅)

> 소비자 욕구의 다양화에 맞춰서 지금까지의 타겟을 보다 좁힌 마케팅을 말한다.

소비자의 다양한 욕구를 모두 상품에 반영해 간다는 것은 어려운 일이다. 맥주 하나에 대해서도 20대와 50대, 남성과 여성의 기호가 다르기 때문에 모든 사람의 욕구를 충족시킬 수 있는 맥주를 만든다는 것 자체가 불가능한 일이다.

그래서 기업은 특정한 소비자를 선택하고, 그 소비자에게 맞춰서 상품을 개발·판매하게 된다. 즉, 타겟을 좁혀서 소비자의 욕구를 확실하게 파악하여 소비자에게 보다 충분한 만족을 느낄 수 있도록 하는 것이다.

이와 같이 특정 소비자만을 대상으로 하는 마케팅을 타겟 마케팅(target marketing) 또는 표적 마케팅이라고 한다.

타겟 마케팅의 성공 사례로 일본 아사히 맥주회사의 슈퍼드라이를 들 수 있다. 1987년에 발매된 슈퍼드라이는 아사히 맥주회사가 10년 후에 맥주를 마시게 되는 초등학생을 타겟으로 개발한 상품이다.

아사히 맥주회사는 이전에는 업무용 맥주 판매가 주종을 이루었으며, 가정용 맥주의 개발에서는 타사에 뒤져 있었다. 그래서 새로운 타겟으로 '지금은 마실 수 없지만 언젠가는 맥주 소비자가 될' 10대에 초점을 맞춰서 가정용 맥주의 개발에 착수하게 되었다.

초등학교의 급식을 철저하게 조사하여 '모든 음식에서 담백한 맛을 좋아하는' 것을 알아내서 그 기호에 맞는 슈퍼드라이를 개발한 것이다.

아사히 맥주회사의 타겟 마케팅은 훌륭하게 성공하였고, 개발 당시에 초등학생이었던 학생들이 스무 살이 되어 맥주의 수요층에 가세함에 따라서 아사히 맥주회사의 시장점유율은 확실하게 신장되었다.

 이 세대는 이후 20~30년에 걸쳐서 맥주의 최대 수요층이 되기 때문에 아사히 맥주회사의 시장점유율은 더욱 신장될 것으로 전망할 수 있다.

 이와 같이 타겟을 좁혀서 제품을 개발·판매하면, 그 타겟층에서 확실하게 지지받는 성공적인 제품이 나올 가능성이 높아진다.

다이렉트 마케팅(직접 마케팅)

> 생산자와 소비자가 직접 정보를 교환함으로써 욕구를 충족시키는 마케팅 방법이다.

　생산자가 유통업자를 통하지 않고 고객에게 직접 접근하는 것을 전제로 한 마케팅을 다이렉트 마케팅(direct marketing)이라고 한다.
　일반적으로 생산자는 도매업자나 소매점에서 주문을 받고, 상품을 발송하는 상대도 도매업자나 소매점이다. 당연히 생산자가 직접 소비자에게 파는 것보다 유통부분 가격은 높아지게 된다. 게다가 생산자는 소비자와 직접 얼굴을 맞대고 있지 않기 때문에 소비자가 정말로 그 상품에 만족하는지에 대해서도 알 수 없다.
　그래서 생산자는 가능한 한 소비자의 목소리를 모으면서 마케팅을 하기 위해 다이렉트 메일이나 신문, 잡지, CATV 등을 이용하여 소비자와 직접 상호작용하거나, 소비자의 과거 주문 내용이나 설문조사 결과 등을 자료화하여 제품 개발이나 프로모션, 애프터서비스 등에 활용해 가는 것이다.
　생산자는 소비자를 보다 만족시키기 위해 '20~30세의 비즈니스맨' 이나 '대도시에 살고 있는 40세 전후의 주부' 라는 구체적인 타겟으로 좁혀서 그들에게 어울리는 상품을 개발하고 있다(타겟 마케팅). 그러나 아무리 타겟을 좁혀도 소비자의 소리를 직접 들을 수 없다면 정말 만족할 만한 상품을 만들 수 없을 것이다.
　다이렉트 마케팅은 다양화된 소비자의 욕구에 대응하는 새로운 사고방식의 마케팅이라고 할 수 있다.

원투원 마케팅

> 소비자로부터 직접 요구를 받아들이고, 한 사람 한 사람에 대해서 실시하는 마케팅을 말한다. 정보통신의 발달로 인해 실현 가능해진 마케팅 방법이다.

다이렉트 마케팅의 사고방식을 좀더 발전시켜 정보통신기술을 이용하여 생산자와 소비자가 일대일로 주고받는 마케팅 방식이 원투원 마케팅(one to one marketing), 즉 일대일 마케팅이다.

'소비자의 소리를 듣는다'는 것이 말로는 간단하지만, 현실적으로 소비자 한 사람 한 사람의 기호나 상품에 대한 요구를 듣는다는 것은 매우 어려운 일이다.

상점 앞에서의 설문조사나 전화로는 소비자의 본심을 들추어내기 어렵고, 다이렉트 메일은 답장이 오지 않을지도 모르며, 수집된 자료의 집계를 내는 것도 쉽지 않다. 고객의 소리를 듣고 나서 상품에 반영하기까지 시간도 많이 걸린다. 다이렉트 마케팅은 이것이 단점이었다.

그러던 중 갑자기 주목을 받게 된 것이 컴퓨터 통신과 인터넷이다. 각 가정에 컴퓨터 통신이 보급되면서 이것을 통해 주문을 받을 수도 있고, 더구나 한번에 많은 정보를 주고받을 수 있게 되었다. 컴퓨터를 사용하기 때문에 고객의 정보를 자료화하는 데에도 무리가 없다. 정보통신기술의 발전이 다이렉트 마케팅을 비약적으로 향상시켰다고 말할 수 있다.

이 방식이 발달하면 통신을 사용하여 소비자 한 사람 한 사람으로부터 세밀하게 상품 주문을 받고, 각각에 대한 상품을 만들어서 발송하는 것도 가능해진다. 즉, 다양한 분야의 상품을 주문한 대로 제조·판매할 수 있는 것이다.

CHAPTER 3

머천다이징이란 무엇인가
매입 정책에서 상품 구색, 판매활동에 걸친 상품화 계획

머천다이징(상품화 계획)

> 공장에서 만들어진 '제품'을 소비자에게 팔리는 '상품'으로 바꿔가는 유통·판매계획을 말한다.

머천다이징(merchandising)이란 영어로 상품을 의미하며, 만들어진 '제품'을 소비자에게 파는 '상품'으로 바꿔가는 것이다. 통상적으로 상품화 계획이라고 번역되는 머천다이징은 마케팅의 한 요소라고 생각해도 좋다.

생산자와 유통업자 모두 머천다이징을 실천하고 있지만 각각의 내용은 명확하게 다르다.

생산자는 제품을 생산해 내는 현장에 있기 때문에 새로운 제품을 만드는 기술의 개발이나 소비자의 욕구 조사, 그리고 특히 유통경로의 확보 등이 머천다이징이 된다. 즉, 생산자의 경우 질이 좋은 제품, 소비자의 욕구에 맞는 제품을 만드는 것이 상품화로 연결되는 것이다(제품계획이라고 불리는 경우가 많다).

한편 유통업자는 제품을 만드는 것은 아니다. 얼마나 좋은 제품을 매입할 것인지, 어떻게 매력적인 매장을 만들 것인지 등과 같은 것들이 제품을 상품으로 바꿀 수 있는 포인트가 된다. 이들에게 있어서

머천다이징

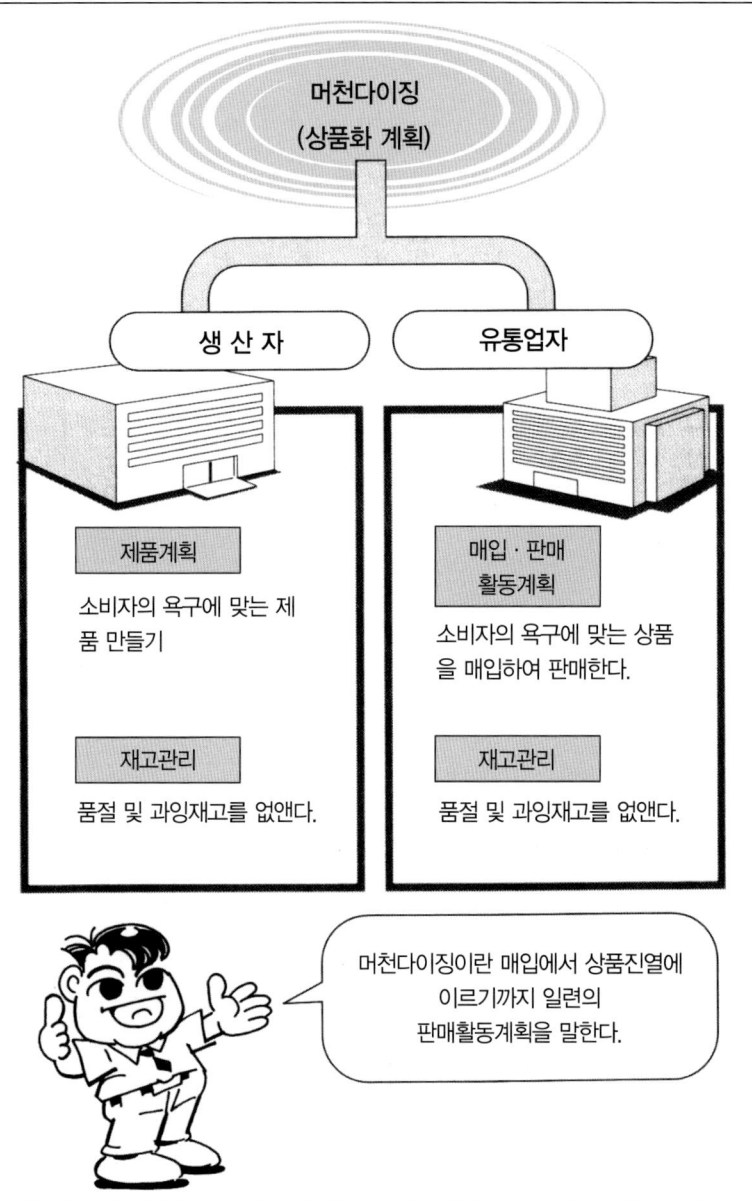

머천다이징은 매입정책, 재고관리, 판매활동(상품 진열, 가격정책 등) 등을 가리킨다.

제품 계획

> 소비자의 욕구에 맞춰 잘 팔리는 상품을 만들기 위한 일련의 계획을 말한다.

생산자가 소비자의 욕구에 맞춰서 제품을 만드는 것을 제품 계획(product planning)이라고 한다. 넓은 의미에서 보면 머천다이징의 하나라고 할 수 있다.

일반적으로 제품 계획의 흐름은 다음과 같다.

- 아이디어의 수집
- 스크리닝(아이디어의 취사선택)
- 제품 컨셉의 결정
- 제품 개발·시작품 만들기
- 테스트 마케팅
- 제품의 상품화

예를 들면, 게임 소프트 제작사인 아틀라스가 세가, 소니와 공동으로 개발한 프린트클럽은 여고생들 사이에 친구와 사진찍는 붐을 일으키면서 주목받았다.

프린트클럽에 특별히 다른 '새로운 기술'이 사용된 것은 아니다. 다만 이제까지 주목받지 못한 곳에서 소비자의 욕구를 발견하고 상품을 개발한 것이 히트와 연결되었다고 말할 수 있다.

매입 정책

> 상품을 보다 효율적으로 많이 팔 수 있도록 매입처나 매입 시기, 수량 등을 검토하는 것을 말한다.

도매업자나 소매점이 소비자를 만족시키기 위해서 '적당한 상품을, 적당한 매입처로부터, 적당한 수량만큼, 적당한 시기에, 적당한 가격으로 매입하는 것'을 매입 정책(buying policy)이라고 한다.

위의 조건은 당연한 것으로 보이지만, 현실적으로 이 다섯 가지를 모두 깨끗하게 처리하는 것은 간단하지 않다. 상품의 매입이 성공할 것인지 못할 것인지에 따라서 상품의 진열이나 재고관리에도 큰 영향을 미치기 때문에, 매입 정책은 머천다이징의 중요한 단계라고 할 수 있다.

매입 정책의 다섯 가지 요소는 구체적으로 다음과 같다.

- 적당한 상품 : 소비자가 원하는 상품을 정확하게 파악한다.
- 적당한 매입처 : 좋은 품질, 저렴한 가격, 신속한 납품 요구를 만족시키는 매입처와 유통경로를 선택한다.
- 적당한 수량 : 재고량을 고려하여 투매손실, 기회손실(210페이지 참조)을 일으키지 않는 수량을 매입한다.
- 적당한 시기 : 소비자가 원할 때에 상품을 제공할 수 있도록 시기를 예측하여 매입한다.
- 적당한 가격 : 소비자에게 제공하기 쉬운 가격이 실현될 수 있도

록 매입한다.

다섯 가지의 적당한(Right) 요건은 머리글자를 따서 5R이라고 한다. 점포의 입지 조건이나 고객층, 그리고 유행에 따라서도 5R은 자주 바뀌기 때문에 자기 상점에 맞는 매입 정책을 결정하는 것이 매우 중요하다.

상품 구색

> 그 상점에 있는 상품의 품목, 종류, 수량 등을 가리킨다.

상품 구색(merchandise assortment)이란 소매점이 '어떤 상품을 매입하여 판매할 것인지'를 의미한다. 이것은 머천다이징의 하나이며, 소비자의 욕구에 직접 좌우되는 것이라고도 할 수 있다. 구체적으로는 다음과 같다.

- 상품 구색의 폭 : 어느 종류의 상품을 취급할 것인가?(의료품 전반인지, 여성용에 한정하는지, 브랜드 제품만 취급할 것인지 등)
- 상품 구색의 양 : 한 종류의 상품을 어느 정도의 숫자만큼 진열할 것인가?
- 상품 구색의 깊이 : 한 종류의 상품에 어느 정도 변화를 줄 것인가?(색깔·무늬·사이즈 등)

상품 구색을 생각할 때 소매점은 '무엇을 팔 것인가'가 아니라 '소비자가 무엇을 사고 싶어하는가'를 토대로 하여 계획을 세워야 한다.

백화점에서는 고급 제품을 원하는 고객이 많기 때문에 백화점의 과일 코너에는 고가품의 선물용 과일 등을 몇 종류 정도 구비하는 것이 좋을 것이다. 한편, 상점가의 과일가게에서는 가장 맛있고 가격이 저렴한 과일로 상품을 구비하는 편이 소비자의 욕구를 충족시킬 수 있을 것이다.

이와 같이 반드시 많은 종류의 상품을 다량으로 구비하는 것이 좋은 상품 구색이라고는 할 수 없다. 소비자가 그 점포에서 무엇을 사고 싶어하는지를 생각하여 상품을 구비하는 것이 무엇보다 중요하다.

크로스 머천다이징

> 부문에 구애받지 않고 관련 상품을 병행하여 진열함으로써 판매 상황을 증가시키는 판매 방법을 말한다.

매장의 구성이나 진열장의 진열을 생각할 때, 부문별로 진열하기보다는 관련성이 있는 상품을 함께 진열·판매하는 편이 좋은 경우가 있다. 이러한 판매 방법을 크로스 머천다이징(cross merchandising)이라고 한다.

예를 들면, 슈퍼마켓에서는 스파게티 면이 면 종류 부문에, 캔 스파게티 소스가 캔 부문에, 병에 들어 있는 소스가 조미료 부문에, 치즈는 유제품 부문에 놓여 있는 경우가 일반적이었다. 그러나 최근에는 스파게티 소스를 특별히 면제품 코너 부문 옆에 두는 상점도 늘어나고 있다. 이것도 크로스 머천다이징의 일종이라고 할 수 있다.

글로벌 머천다이징

> 세계적인 시각에서 제품의 개발 및 매입에 도전하는 머천다이징을 말한다.

　글로벌이란 지구 규모 또는 세계적인 규모라는 의미이며, 글로벌 머천다이징(global merchandising)은 문자 그대로 세계적인 시각에서 제품 계획과 매입 정책을 실시하는 것을 말한다.
　저렴한 상품을 매입할 경우 물가나 인건비가 싼 나라에서 수입하는 경우가 있는데, 이것도 글로벌 머천다이징의 일종이다. 그러나 '가끔 그 나라의 제품이 싸기 때문에' 그 나라에서 매입하였다면 그것은 머천다이징이라고 말할 수 없다.
　그 나라는 원재료가 풍부한지, 질은 좋은지, 공장의 기술은 확실한지, 안정된 가격으로 만들 수 있는지 등을 사전에 면밀히 검토하여 가장 좋은 조건을 지닌 나라의 생산자에게 상품을 만들게 하고, 거기에서 매입하는 것이 글로벌 머천다이징이다(유통의 국제화→278페이지 참조).

팀 머천다이징

> 복수의 업자가 팀을 구성하여 정보를 제공하고, 제품 개발·판매 전략에 몰두하는 것을 말한다.

　폴로셔츠 한 장이 제조되고 나서 점포에서 팔릴 때까지는 원료인 옷감 선택에서 디자인, 봉제, 착색, 품질관리, 배송, 판매와 같은 여러 가지 업무가 있다. 이처럼 다양한 공정이 각 전문업자에 의해 이루어진다.

한편 머천다이징을 위해서 복수의 업자가 정보를 서로 제공하여 팀을 구성하는 경우도 있다. 이와 같은 머천다이징을 팀 머천다이징(team merchandising)이라고 한다. 이 방식은 소비자의 욕구에 맞는 제품을 만드는 것은 물론, 주문에 재빠르게 대응을 할 수 있다는 것이 특징이다.

보통 소매점은 판매 현황을 판단하고 나서 생산자에게 주문한다. 그러면 생산자는 물건을 발송하고, 재고가 부족하지 않은 시점에서 생산을 한다. 그런데 이러한 방식은 예상외로 판매가 폭발적으로 신장할 경우에는 생산자의 생산이 부족하게 될 수도 있다.

그런데 팀 머천다이징에서는 생산자도 소매점도 하나의 팀이므로 그 상품에 관한 정보를 자주 주고받으며, 사전에 생산자가 바로 생산을 증가시킬 수 있는 체제를 정비해 둘 수 있다.

현재 할인점이나 슈퍼마켓, 편의점 등을 중심으로 팀 머천다이징을 활용하는 업자가 늘어나고 있다.

CHAPTER **4**

재고관리란 무엇인가
투매손실과 기회손실을 막기 위한 적정 재고량 유지

재고관리

> 소비자의 주문에 항상 적절하게 대응할 수 있도록 재고를 최적의 양으로 유지하는 것이다.

　소비자가 원할 때에 상품을 제공하기 위해서 소매점은 항상 적정량의 재고를 보유할 필요가 있다. 재고가 너무 적으면 제때에 상품을 제공할 수 없을지도 모르고, 반대로 재고가 너무 많으면 팔고 남은 재고품이 생길지도 모른다. 이것은 소매점에 따라 큰 손실이 될 수 있다.
　이런 사태가 일어나지 않도록 하기 위해서는 주변의 재고량을 조절하여 상품의 과부족이 생기지 않도록 해야 된다. 이것을 재고관리(inventory control)라고 한다.
　유통업자에게 있어 재고관리는 상품 매입과 더불어 매우 중요한 요소이다.

재고관리가 필요한 이유

┌─ **재고가 너무 많은 경우** ─┐
- 상품을 팔았는데도 남거나, 상품가격을 인하시켜서 판매하기 때문에 투매손실이 발생한다.
- 자금을 묶어놓게 되는 것이다.
- 재고의 보관비용이 들어간다.

┌─ **재고가 너무 적은 경우** ─┐
- 소비자의 수요에 대응할 수 없는 기회손실이 발생한다.
- 품절이 발생하기 쉽다.
- 상품이 적기 때문에 소비자에게 상품 구색 면에서 빈약하다는 느낌을 준다.

투매손실 · 기회손실

> 투매손실은 팔고 남은 재고와 그것을 처분하기 위해서 생기는 손실을 말하며, 기회손실은 재고가 부족하여 매출을 올릴 수 있는 기회를 놓치는 것을 말한다.

재고량이 적당하지 않아서 생기는 손실에는 투매손실(mark down loss)과 기회손실(chance loss)이 있다.

투매손실은 재고가 너무 많은 경우에 발생한다. 팔린다고 생각하여 상품을 대량으로 매입했는데 그다지 팔리지 않는 경우, 남은 상품은 적당한 시기에 처분해야 한다. 처분하는 데는 일반적으로 가격인하→폐기처분이라는 절차를 밟는다.

예를 들면, 날짜가 지난 생선 등은 사전에 판매할 기일이나 시각을 결정해 두고, 그 시일이나 시각이 지난 단계에서는 가격을 인하하여 판매한다. 그래도 팔리지 않는 것에 대해서는 폐기처분한다. 이처럼 가격인하와 폐기처분에 따라서 생기는 손실이 투매손실이다.

한편 기회손실이란 매출을 올릴 수 있는 기회를 재고 부족으로 인하여 잃어버리는 것을 말한다. 상품이 예상외로 잘 팔릴 경우, 재고가 너무 적으면 상품을 적절하게 보충할 수 없게 된다. 그래서 그 상품을 원하는 고객이 와도 팔 수 없게 되는 것이다. 재고가 있으면 올릴 수 있는 매상을 재고가 없기 때문에 팔지 못하는 것이다.

상품회전율

> '상품을 매입한다→판다→다시 매입한다'라는 회전의 빈도를 나타내는 자료이다.

상품회전율(stock turnover)이란 연간 재고 상품의 회전수를 나타내는 것이다.

소매점은 우선 상품을 매입하게 된다. 매입한 상품을 판매하여 돈이 들어오면, 소매점은 그 돈으로 다시 상품을 매입한다. 즉, 매입에 사용된 돈은 상품을 팔면 다시 매입할 자금이 되며, 이 회전이 빠른 만큼 매입한 상품을 더 많이 팔 수 있게 된다.

매입 자금이 다시 매입 자금이 될 때까지를 1회 회전이라고 보고, 이것을 숫자로 나타낸 것이 상품회전율이다. 상품회전율이 크다는 것은 상품이 그만큼 잘 팔린다는 것을 의미한다.

보통 상품회전율은 그 상품의 연간 매출액을 평균 재고액으로 나눠서 구한다. 예를 들면, 1천원짜리 상품의 평균 재고가 50개 정도이고, 이 상품으로 연간 1백만 원의 매출을 올린다면, 상품회전율은 다음과 같이 구할 수 있다.

$$\text{상품회전율} = \frac{\text{연간 매출액}}{\text{평균 재고액}} = \frac{\text{1백만원}}{\text{1천원} \times \text{50개}} = 20\text{회}$$

표준재고 · 최고재고 · 최저재고

> 표준재고란 연간 매출액과 상품회전율에서 산출해낸 이상적인 재고의 양을 말한다.

투매손실이나 기회손실이 생기지 않도록 하기 위해서는 항상 적정량의 재고를 유지하는 것이 매우 중요하다. 이러한 적정 재고량을 표준재고라고 한다.

일반적으로 표준재고는 그 해의 목표가 되는 연간 매출액을 전년의 상품회전율로 나눠서 계산한다.

예를 들면, 그 해의 목표가 되는 매출액이 3천5백만원이고 전년도 상품회전율이 8회였다고 하면, 표준재고는 437만 5천원이 된다(3천5백원÷8회). 즉, 437만 5천원분의 재고가 적당한 재고량이 되는 것이다.

다만, 상품의 판매 현황을 예측할 수 없기 때문에 표준재고가 부족하게 되는 경우도 있다. 그래서 보통은 표준재고를 토대로 손실이 생기지 않는 재고의 상한과 하한을 계산하고, 재고가 항상 그 사이에서

상품회전율과 표준재고액

$$\text{상품회전율} = \frac{\text{연간 매출액}}{\text{평균 재고액}}$$

연간을 통해 재고상품의 회전수를 나타내는 것으로, 이 수치가 높으면 상품의 판매 효율이 좋아진다.

$$\text{표준재고액} = \frac{\text{연간매출 목표액}}{\text{상품회전율}}$$

금년의 매출 목표액은 3천5백만원으로 상품회전율이 8회인 경우,

$$\text{표준재고액} = \frac{\text{3천5백만원}}{\text{8회}} = 437\text{만} 5\text{천원}$$

마케팅과 유통의 관계를 파악한다 213

유지되도록 관리한다. 이때 재고의 상한이 최고재고이고, 하한이 최저재고이다.

정량 발주법

> 재고량이 줄어든 시점에서 주문하는 방법이다. 품절은 막을 수 있지만 재고 관리에 대한 노고가 들어간다.

정량 발주법(quantitative ordering)이란 대략적으로 말하면, 먼저 '재고가 이 수치가 되면 상품을 이 정도만 주문하겠다'라고 결정해 두고 발주하는 방법이다. 최고재고와 최저재고를 결정한 후에 재고가 최저재고로 떨어진 단계에서 매회 같은 수의 상품을 발주하는 것이다.

예를 들어, 최고재고의 수가 80개, 최저재고의 수가 20개라고 하자. 이 상품이 매주 평균 10개 팔린다고 하면 6주째에는 최저재고량이 20이 된다. 이 상품을 발주하고 나서 들어올 때까지는 1주일 정도 시간이 걸릴 우려가 있다. 그래서 5주째의 재고량이 30개가 되는 시점(발주점)에서 60개를 주문한다. 이렇게 하면 최저재고량인 20개를 유지할 수 있고, 품절은 발생하지 않을 것이다.

다만, 상품이 항상 매주 10개씩 팔린다고 단정지을 수는 없다. 언제 재고가 발주점이 될지 모르기 때문에 상품 하나 하나의 판매 현황이나 재고량을 항상 체크할 필요가 있다. 정량 발주법의 경우는 이러한 재고관리가 중요한 포인트이다.

최근 들어서는 컴퓨터에 의해서 재고를 관리하는 기업도 늘어나고 있다.

최고재고 · 최저재고에 따른 정량 발주법

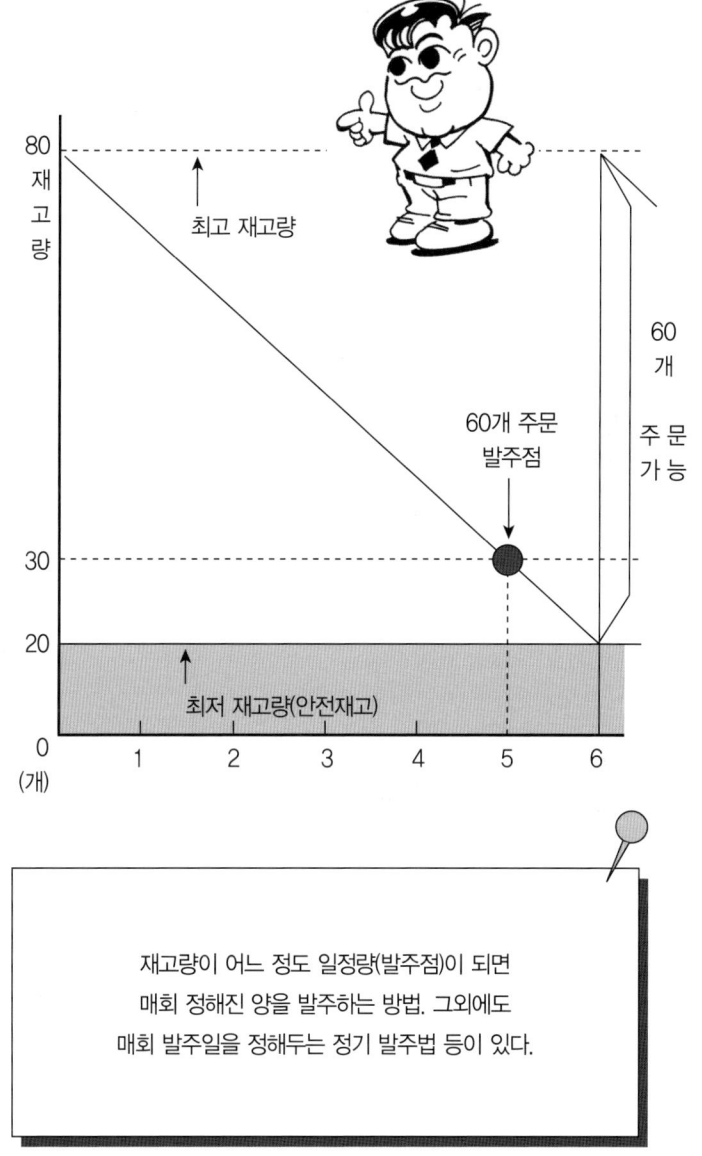

재고량이 어느 정도 일정량(발주점)이 되면
매회 정해진 양을 발주하는 방법. 그외에도
매회 발주일을 정해두는 정기 발주법 등이 있다.

정기 발주법

> 재고량에 상관없이 정기적으로 주문하는 방법이다. 힘은 별로 들지 않지만 품절이 생길 가능성이 있다.

정기 발주법(regular ordering)이란 발주 시간을 정하여 정기적으로 필요량을 보충하는 방법이다. 신제품 등 과거의 데이터가 없어 최고재고와 최저재고를 결정하기 어려운 경우나, 취급하고 있는 상품의 종류가 많은 경우에 자주 사용된다.

이 방법은 결정된 시간에만 재고를 조사하여 발주하면 되기 때문에, 상품의 판매 현황을 보고 재고를 매일 체크할 필요는 없다. 하지만 어느 상품이 예상외로 잘 팔리게 되면 사전에 결정된 시기까지는 주문할 수 없어서 품절이 될 가능성도 있다.

상황 발주법

> 소비자가 상품을 필요로 할 때 주문하는 방법이다. 별로 팔릴 가능성은 없지만 취급하지 않으면 안 되는 상품을 취급하는 방법이다.

소비자의 주문을 받고 나서 그 상황에 상품을 발주하는 것을 상황 발주법이라고 한다. 별로 팔릴 가능성은 없지만 취급하지 않으면 안 되는 상품이나 주요 주문처 상품 등의 경우에 사용되는 발주법이다.

CHAPTER 5

유통업자 브랜드란 무엇인가
유통업자가 독자적으로 개발한 상품 브랜드

브랜드(상표)

> 상품이나 상품군에 붙여지는 고유의 이름, 품질, 디자인 등에 대한 평가가 이루어지면 이것을 브랜드 혹은 상표라고 부른다.

　브랜드(brand)란 간단하게 말하면, 어떤 상품 또는 상품군에 붙여진 상품(상품군) 고유의 이름이고, 일반적으로 기업명이나 로고 등을 함축하여 브랜드 마크로 나타낸다. 따라서 그 상품에 대한 기업의 명성, 상품의 품질, 디자인 등이 소비자에게 종합적으로 평가되어 비로소 브랜드가 된다.
　브랜드는 소비자가 상품을 선택할 때에 결정적인 영향력을 지닌다. 가령 브랜드 제품이면 가격이 비싸도 구매하고 싶다고 생각하는 소비자들이 있다. 이 경우 소비자가 그 브랜드를 선택한다는 것은 '안심'이나 '신뢰'를 구매하는 것이라고 할 수 있다.
　이제까지 유명 생산업체들은 자사의 제품을 브랜드화해 왔는데, 이와 같이 생산자가 붙인 브랜드를 내셔널 브랜드(National Brand, NB)라고 한다. 일반적으로 브랜드라면 내셔널 브랜드가 주류를 이루지만, 최근에는 소매점이 독자적인 브랜드 상품을 사용하여 판매하기 시작하는 경향도 눈에 띄게 많아졌다.

유통업자 브랜드

> 소매점이 생산업체와 제휴하여 만든 독자적인 브랜드를 말하며, 가격이 저렴하다는 것이 특징이다.

　일반적으로 상품의 브랜드는 생산자가 붙인 것이지만, 대규모 슈퍼마켓이나 편의점 등의 소매점이 상품에 자기의 독자적인 브랜드를 붙여서 판매하는 경우가 있다. 이런 상품을 유통업자 브랜드 혹은 프라이빗 브랜드(private brand, PB)라고 한다.
　고객과 직접 접촉할 기회가 많은 소매점은 최근 소비자의 욕구에 대한 정보를 가지고 있다. 이제까지는 이 정보가 도매업자를 통하여 생산자에게 전달되고, 그것을 토대로 생산자가 제품을 개발했지만, 이런 방식은 시간이 많이 소요되고, 급속히 변하는 욕구에 부응하는 상품 개발에 활용할 수가 없었다.
　그래서 슈퍼마켓이나 편의점에서 독자적으로 제품 개발에 적극 참여하게 되었다. 상점에서 얻은 정보를 토대로 상품을 기획하고, 자사의 공장에서 생산하거나 생산업체에 제조를 의뢰하기도 한다. 이렇게 해서 유통업자 상표가 생겨난 것이다.
　유통업자 상표에는 소비자의 현재 욕구가 반영되어 있으며, 소매점이 대량생산하여 전제품을 매입하는 방식을 채택하고 있기 때문에 매입 비용을 낮출 수 있다는 장점이 있다.
　그중에는 내셔널 브랜드의 절반 가격으로 상품을 판매할 수도 있고, 슈퍼마켓이나 편의점의 기획상품이 되는 경우도 있다.

PB상품 개발의 구조

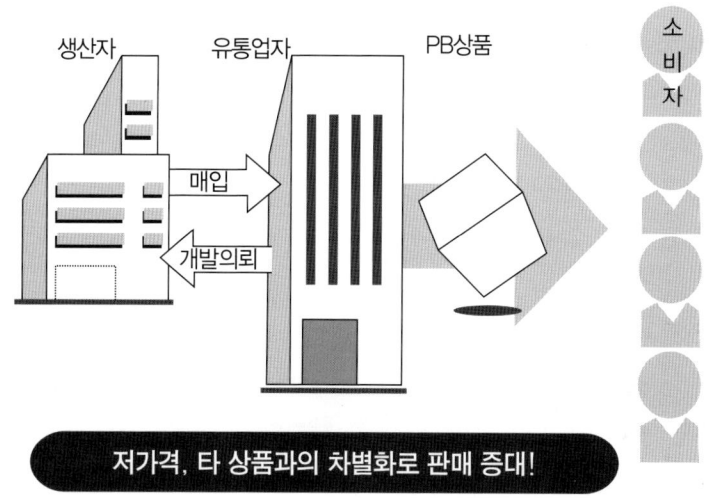

저가격, 타 상품과의 차별화로 판매 증대!

스토어 브랜드

> 대규모 슈퍼마켓이나 백화점 등이 독자적으로 기획·개발한 상품에 붙여진 브랜드이다. 유통업자 상표의 다른 이름이기도 하다.

　스토어 브랜드(store brand, SB)는 대규모 슈퍼마켓이 자사의 유통업자 상표에 붙인 다른 이름이기도 하다. 내셔널 브랜드와 구별하기 위해서 붙여진 것으로, 미국에서 소매점이 최초로 유통업자 브랜드를 만들었기 때문에 스토어라는 명칭을 얻게 된 것이다.
　스토어 브랜드는 상점의 이미지와 상품을 연결하여 연상하게 하는 의도 외에도, 상점이 그 제품의 품질에 대해서 100% 보증한다는 것을 홍보함으로써 소비자가 안심하고 상품을 구매할 수 있도록 유도한다.

그러나 역사적으로 보면 스토어 브랜드(유통업자 브랜드)가 항상 소비자의 지지를 받은 것은 아니다. 이것은 내셔널 브랜드가 변화하는 소비자의 욕구에 따라 상품의 변경이나 발달을 위해 끊임없이 노력하고 있는데 비해서, 스토어 브랜드는 그렇게까지 대응할 힘이 없기 때문이라고 할 수 있다.

노브랜드

> 상품명을 붙이지 않고 심플한 패키지로 판매하는 상품을 말한다. 세이유의 무인양품(無印良品)이 유명하다.

브랜드명, 컬러 인쇄물, 사진 등이 전혀 붙어 있지 않고, 그 상품의 일반 명칭(예를 들면, 마요네즈, 포테이토칩 등)과 용량, 법률로 정해진 사항만을 기재한 상품을 노브랜드 상품(no-brand/generic product)이라고 한다.

노브랜드는 대규모 슈퍼마켓의 유통업자 브랜드의 일종이다. 예를 들면, 일본의 세이유는 양복, 문구, 식료품 등을 자사에서 기획하고 개발하여 무인양품(無印良品)이라고 이름 붙인 노브랜드 상품으로 판매하고 있다.

노브랜드는 품질을 높이는 노력을 하는 한편, 쓸모없는 장식이나 포장, 광고 등은 일체 생략하고 가격을 낮추는 데 중점을 둔다. 따라서 품질이나 사용상의 편리함 등은 내셔널 브랜드와 차이가 없으며, 유통업자 브랜드보다 10~20% 정도 가격을 저렴하게 하는 경우도 많아서 소비자에게 좋은 반응을 얻고 있다.

공장 없는 생산자

> 일본 다이에의 나카우치 회장이 거론한 유통업자 브랜드 개발에 대한 슬로건이다.

　일본 슈퍼마켓 중에서 최대 규모인 다이에의 나카우치 회장이 1980년대에 거론한 슬로건이 '공장 없는 생산자'이다.
　1970년대 다이에는 유통업자 브랜드로서 초저가격의 텔레비전을 판매하기 위해 중견 전기생산업체인 브라운을 인수하였다. 그런데 기대했던 제품들의 판매부진과 노사문제 등으로 인해 브라운을 정리하였다.
　이후 나카우치 회장은 생산자를 인수하는 것을 그만두고, 외부의 생산자에게 세밀한 '제품사양서'를 작성해서 의뢰하는 방식을 채택하였다. 이렇게 사내에서 직접 생산에 종사하는 부문을 만들지 않고 유통업자 브랜드를 만드는 방식을 '공장 없는 생산자'라고 부르게 되었다.

더블 춉

> 생산자와 소매점 양쪽의 브랜드가 붙여진 상품을 말한다.

　소매점이 자사의 유통업자 브랜드에 생산자의 이름을 병행하여 기재하는 등 생산자와 소매점 양쪽 모두의 브랜드를 붙인 상품을 더블 촙(double chop)이라고 한다.

소매점이 자사보다 이름 가치가 있는 생산업체의 브랜드명을 이용하기 위해서 병행하여 기재하는 경우와 책임 소재를 분명하게 하기 위해서 제조원인 생산자의 이름을 기재하는 경우 등 두 가지가 있다.

CHAPTER **6**

가격 결정의 기본 메커니즘은 무엇인가

상품의 가격은 수요와 공급의 관계에 의해서 결정

가격 결정

> 상품의 가격을 결정하는 것으로서, 상품의 판매량에 결정적인 역할을 한다.

 상품의 가격은 소비자들이 그 상품을 구매할지 말지를 결정하게 하는 주요한 요인이 된다. 상품의 가격을 얼마로 하느냐에 따라서 상품의 판매량이 크게 바뀌기 때문에, 기업에게 있어서 가격은 어떤 제품을 만들까를 생각하는 것만큼이나 중요한 문제이다.
 높은 가격을 책정한다고 해서 기업이 돈을 벌 수 있는 것은 아니다. 가격이 너무 비싸면 소비자가 그 상품을 구매하지 않게 되므로 이익이 올라가지 않는다. 또 너무 저렴하게 책정하면 상품이 많이 팔려도 좀처럼 이익이 생기지 않고, 심지어 적자가 되는 경우가 있다. 또 브랜드 상품의 경우에는 가격을 내리는 것이 브랜드의 가치를 하락시켜서 판매를 감소시킬 가능성도 있다.
 그러므로 생산자나 소매점은 상품의 성격이나 시장의 환경 등을 고려하여 신중하게 가격을 책정할 필요가 있다. 이러한 행위를 가격 결정(pricing)이라고 한다.

수요곡선 · 공급곡선

> 경제학적 사고이며, 상품의 가격을 결정하는 두 가지 그래프이다. 가격은 수요와 공급의 관계에 의해서 결정된다.

상품의 가격은 기본적으로는 수요와 공급의 관계에 의해서 결정된다. 수요는 많은데 공급이 적은 상황, 즉 사고 싶어하는 사람은 많은데 상품이 적은 경우에는 상품의 가격은 상승한다. 반대로 수요는 적은데 공급이 많은 경우에는 가격이 하락한다.

가격과 수요 · 공급의 관계를 그래프로 나타내면 다음 그림과 같다. 세로축이 가격, 가로축이 수요 · 공급의 양이다.

가격 결정의 메커니즘

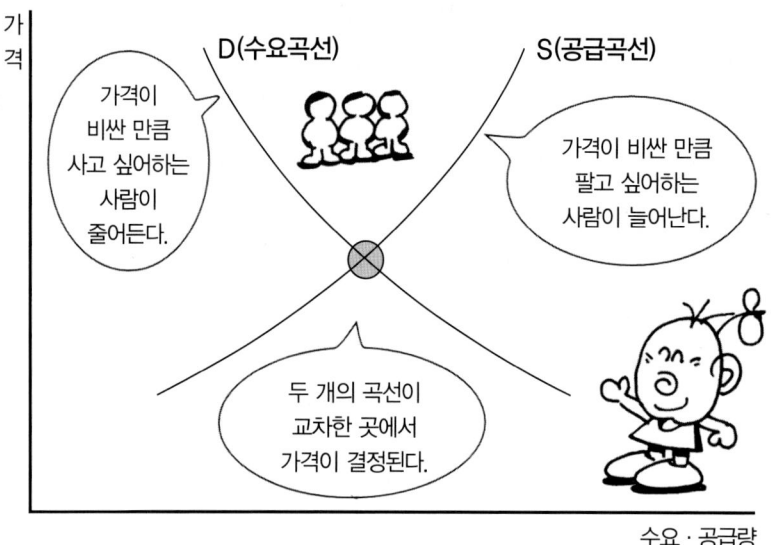

가격과 수요의 관계를 나타내는 것이 수요곡선(demand curve)이다. 가격이 낮으면 상품을 사고 싶어하는 사람이 많아지고, 가격이 높으면 상품을 사고 싶어하는 사람이 적어지기 때문에 수요곡선은 오른쪽 아래로 내려가게 된다.

반대로, 가격과 공급의 관계를 나타내는 공급곡선(supply curve)은 오른쪽 위로 올라가게 된다. 가격이 낮으면 팔려고 하는 사람이 적어지고, 가격이 높으면 팔려고 하는 사람이 많아지게 되기 때문이다.

일반적으로 수요곡선과 공급곡선이 교차하는 지점에서 가격이 결정된다. 수요와 공급의 양은 항상 변동하기 때문에 가격도 항상 변동하게 된다.

가격담합

> 동종업자간의 가격경쟁을 방지하기 위해서 판매가격의 최저선을 합의하는 것을 말한다.

판매가격의 최저선을 동종업자끼리 서로 결정하는 것을 가격담합(price fixing)이라고 한다.

같은 종류의 상품을 판매하는 기업끼리는 일반적으로 상품의 품질이나 기능 면에서 타사의 상품과 차이를 두게 된다. 품질이나 기능 면에서 그다지 차이가 나지 않는 상품이라면 소비자는 저렴한 쪽을 선택하기 마련이다.

따라서 기업은 원재료를 절감하거나 유통 경비를 절감하여 상품을 조금이라도 저렴하게 제공하려고 노력할 것이다.

하지만 경쟁 기업끼리 가격담합에 의해서 가격의 최저선을 책정하면, 기업은 가격 면에서 경쟁할 필요가 없어진다. 이렇게 되면 기업은 당연히 상품을 저렴하게 하려는 노력을 하지 않게 될 것이다. 따라서 상대적으로 소비자만 손해를 보게 된다.

이 때문에 가격담합은 독점금지법에 의해서 금지되어 있다. 다만 예외적으로 상품이 시장에 많이 남아서 가격을 내리게 되었을 경우에 한해서 가격담합이 인정된다. 이것을 불황담합이라고 한다.

판매가격

> 생산자가 도매업자에게, 도매업자가 소매점에, 소매점이 소비자에게 상품을 팔 때의 가격을 말한다.

판매가격이란 다음과 같은 상황에서의 가격을 말한다.

- 생산자가 제품을 도매업자에게 판매한다.
- 도매업자가 매입한 상품을 소매점에 판매한다.
- 소매점이 매입한 상품을 소비자에게 판매한다.

생산자가 도매업자에게 판매하는 가격을 생산자 가격이라 하고, 도매업자가 소매점에 판매할 경우 이를 도매가격이라고 한다. 또 소매점이 소비자에게 판매할 때의 가격을 소매가격이라고 한다.

종래에 기업은 매입원가(생산자의 경우는 제조원가)에 그 상품을 인도할 때까지 들어가는 비용(광고선전비, 인건비 등)과 자사의 이익 부분을 더하여 판매가격을 산출하는 방법을 택해 왔다.

경제가 성장할 때는 이와 같은 방법이 통용되지만, 경제가 성숙기에 접어들어 경쟁이 치열해지면, 기업의 이익추구 관점만으로 가격을 결정해서는 상품을 판매할 수 없다. 따라서 최근에는 소비자의 욕구나 타사의 가격 결정 상황을 염두에 두고 판매가격을 산출하는 기업이 늘어나고 있다.

코스트 플러스법(원가가산법)

> 상품의 원가를 토대로 판매가격을 결정하는 방법으로, 계산은 간단하지만 소비자의 욕구에 맞지 않는 경우도 있다.

원가가산법이라고도 불리는 코스트 플러스법은 매입원가(생산자의 경우는 제조원가)에 그 상품을 인도할 때까지 들어간 비용(광고선전비, 인건비 등)과 자사의 이익을 더하여 판매가격을 산출하는 방법이다. 이때 상품을 인도할 때까지 들어간 비용과 자사의 이익을 합쳐서 마진이라고 한다.

예를 들면, 도매업자가 생산자로부터 어떤 상품 백 개를, 1백원에 매입하였다고 하자. 이 상품에 들어간 비용 등을 고려하여 도매업자는 마진을 판매가격의 20%로 설정하였다. 상품 한 개당 수입원가는 1만원이다. 그러면 '판매가격=수입원가÷(1-마진율)'이기 때문에 판매가격은 1만 2,500원이며, 이것이 코스트 플러스법으로 계산한 도매업자의 판매가격이 된다.

이 방법으로 간단하게 가격을 결정할 수 있고, 생산자는 제조원가에, 도매업자와 소매점은 매입원가에 일정한 마진을 더하기 때문에 기업은 안정된 이익을 확보할 수 있다. 따라서 종래에는 이 방법이 일반적으로 사용되어 왔다.

그러나 유통과정에서 단계별로 참여 기업이 증가하면 참여 기업의 마진이 추가되기 때문에 소비자가 원하는 가격에 맞지 않는 가격이 되기 쉽다.

판매가 마이너스법

> 소비자나 경쟁사의 판매가격을 감안하여 우선 판매가격을 책정하고 나서 매입원가와 제조원가를 결정하는 방법이다.

판매가 마이너스법이란 전략적으로 판매가격을 먼저 책정하고, 책정된 판매가격에서 매입원가와 제조원가를 나눠서 결정하는 방법이다. 코스트 플러스법이 원가에 마진이 추가되어 판매가격을 결정하는 방법임에 비해서, 판매가 마이너스법은 판매가격을 우선 결정하는 방법이다.

소매점의 경우, 해당 상품을 소비자가 얼마면 살 것인지를 고려하여 소매가격을 결정한다. 그리고 이 가격에서 마진 부분을 빼고, 얼마에 매입하면 좋을지 매입원가를 산출하고, 어떻게 하면 매입원가로 상품을 매입할 수 있을지를 생각하는 것이다.

생산자의 경우, 소비자가 싸게 사고 싶어하는 상품이라면 싼 가격에 판매가격을 책정하고 제조 비용을 줄이는 노력을 한다. 반대로 비싸도 소비자가 납득하고 사려고 하는 상품이 있으면 판매가격을 비싸게 책정하여 그만큼 제조에 충분한 돈을 투자한다.

이 방법은 소비자의 의식이 상품의 가격에 반영되기 쉽기 때문에 수요에 맞는 가격으로 상품을 제공할 수 있게 한다.

판매가격의 결정 방법

판매가격의 구성

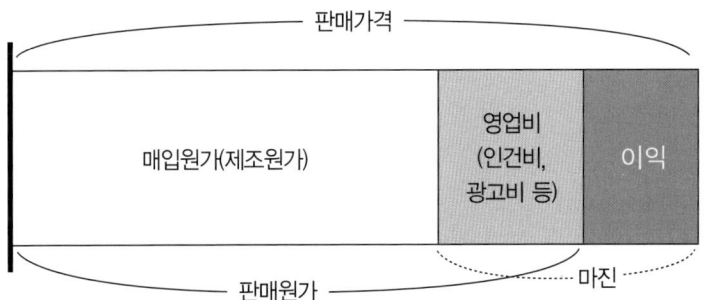

코스트 플러스법

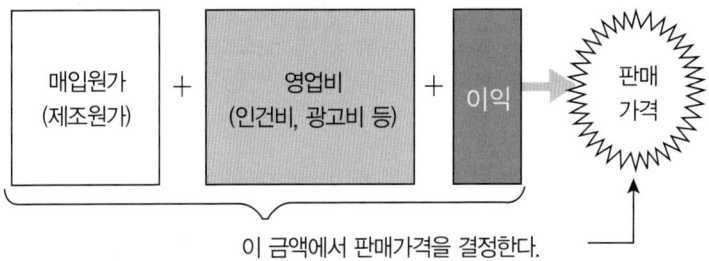

판매가격 마이너스법

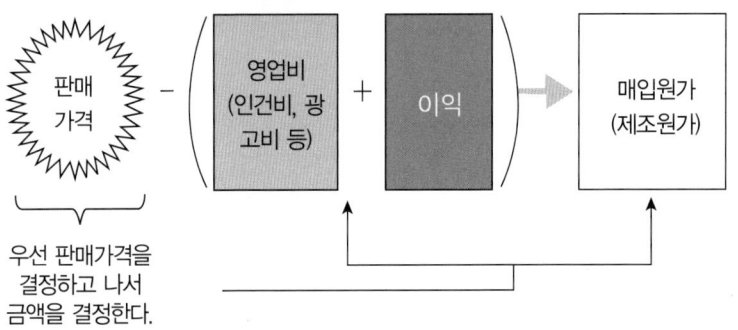

가격경쟁

> 같은 종류의 상품을 팔고 있는 기업이, 가격을 저렴하게 해서 파는 경쟁을 말한다.

몇 개의 기업이 같은 상품을 취급하고 있는 경우, 상품의 가격을 타사보다 인하하여 자신의 상품을 선택하도록 하는 가격경쟁(price competition)이 전개되는 경우도 있다. 이런 경우는 타사가 얼마에 상품을 제공하고 있는지를 염두에 두고 상품의 판매가격을 책정하지 않으면 안 된다.

또 새로운 상품을 시장에 도입하려고 할 때도 타사의 판매가격을 체크할 필요가 있다. 이미 A사와 B사가 같은 상품을 1만원에 판매하고 있는데 후발업체인 C사가 똑같이 1만원으로 상품을 판매하면 소비자의 흥미를 유발시킬 수 없다. 이럴 경우에는 판매가격을 타사보다 낮게 책정할 필요가 있다.

이와 같이 타사와의 경쟁에 의해서 판매가격이 결정되는 경우도 있다.

CHAPTER **7**

가격 정책에는 어떤 것이 있는가
소비자의 심리를 고려한 전략적인 판매가격 결정

가격 정책

> 소비자의 심리 효과 등에 입각하여 전략적으로 가격을 결정하는 방법을 말한다.

　코스트 플러스법 등에서 기본적인 판매가격을 이끌어낸 후에 기업은 소비자에게 부여하는 심리적인 효과 등을 고려하고, 최종적으로 그 상품을 출시하여 얼마에 판매할 것인지를 결정한다. 이것을 가격 정책이라고 한다.
　코스트 플러스법을 통해서 산악자전거의 소매가격을 50만원 전후로 책정해야 한다는 결과가 나왔다고 하자. 이때 이 산악자전거를 그대로 에누리 없이 50만원으로 할 것인지, 약간 싸게 49만 5천원으로 할 것인지를 결정하는 일은 매우 중요한 문제이다. 가격의 차이는 겨우 5천원이지만, 소비자에게 50만원이라고 하면 비싼 느낌이 들고 40만원대라고 하면 싼 느낌을 줄 수도 있다.
　또 산악자전거로 유명한 브랜드의 이름이 들어가 있으면, 가령 60만원 이상의 가격이라도 사겠다거나 사고 싶다고 생각하는 사람이 많을 것이다.

유통업자는 이와 같은 소비자의 심리나 여러 가지 요인을 생각하여 판매가격을 결정해야 한다.

단수가격 정책

> 980원, 1,980원과 같이 단수가 있는 가격을 붙이는 것을 말한다. 실제보다도 싸게 보이는 심리적인 효과가 있다.

980원의 휴지, 1,980원의 티셔츠 등 슈퍼마켓나 할인점 등에서는 단수가 붙은 가격을 자주 보게 된다. 이와 같이 상품에 1천원, 2천원이 붙는 가격이 아니라 980원, 1,980원과 같이 단수가 붙은 가격을 단수가격(odd price policy)이라고 한다.

소비자는 9나 8이라는 숫자에 대해 '최대한 인하된 가격'이라는 이미지를 지니고 있다. 2천원과 1,980원이라는 가격의 차이는 불과 20원밖에 되지 않지만, 그 상품이 2천원대인지 1천원대인지에 의하여 소비자가 받는 인상은 매우 다르다. 단수가격 정책에서는 실제의 차액보다도 싼 느낌을 주는 효과가 있는 것이다.

명성가격 정책

> 소비자의 신용을 얻기 위해서 가격을 비싸게 붙이는 것을 말한다. 고급 보석품, 시계 등에 많다.

가격은 소비자가 상품의 품질을 판단하는 기준의 하나가 된다.

'비싼 것이 품질이 좋은 것', '싼게 비지떡'이라고 판단하는 것이다. 그래서 품질이 좋은 상품이나 사회적인 신분이 있는 소비자에게 호소하기 위해서 일부러 가격을 비싸게 책정한다. 이것이 명성가격 정책(prestige price policy)이다.

보석 등은 가격이 비싼 것만큼 품질이 좋다고 판단되는 경향이 있다. 그러므로 어느 정도의 수준 이하로 가격을 낮춰버리면 소비자는 품질이 좋지 않을 것이라고 불안해하기 때문에 오히려 팔리지 않게 된다.

명성가격 정책은 고급 보석품이나 시계, 모피 등을 살 기회가 적은 소비자가 품질을 판단하기 어려울 때, 그것을 구입함으로써 자신의 생활도 고급스러워진다고 느끼는 만족감을 얻을 수 있는 상품에 많이 이용된다.

관습가격 정책

> '주스 한 잔에 1천원' 등과 같이 오랫동안 소비자에게 정착되어 있는 가격을 말한다.

캔음료나 껌 등은 오랫동안 모든 생산자가 같은 가격을 지속적으로 유지하기 때문에 소비자가 그 가격을 당연하게 받아들이게 된다. 이 가격을 관습가격(customary price)이라고 한다.

관습가격이 형성되어버린 상품은 그보다 가격을 낮게 붙여도 그다지 매출이 신장되지 않는다. 반대로 가격을 높게 붙이면 매출이 심하게 떨어져버린다.

예를 들면, 한 잔에 800원의 이미지가 강한 캔주스에 750원의 가격을 붙여도 폭발적으로 팔리지 않고, 아무리 맛있는 주스라도 1,200원의 가격을 붙이면 전혀 팔리지 않게 된다는 것이다.

그러므로 관습가격이 정해진 상품의 경우, 원재료비가 올라서 생산 비용이 전보다 더 들어간다고 해도, 내용물의 양을 줄이는 등의 노력을 통해서 가격을 일정하게 유지하려고 노력해야 한다.

단계가격 정책

> 상품의 질에 맞춰서 가격을 단계적으로 결정해 두는 것을 말한다. 고객이 상품을 선택하기 쉽다는 이점이 있다.

단계가격 정책(price lining)은 1만원, 3만원, 5만원과 같이 상품의 가격을 단계적으로 책정하는 방법이다. 이 방법은 넥타이나 손수건, 지갑 등과 같이 소비자가 사고 싶어하는 가격대가 몇 단계인지를 추정할 수 있는 상품에 이용된다.

단계가격 정책에서는 상품을 일정한 기준에 따라서 일반품 · 중품 · 고급품과 같이 단계별로 구분하여 가격을 책정한다. 예를 들어, 첫 번째는 1만~2만원, 두 번째는 3만~4만원, 세 번째는 5만~6만원으로 가격대가 분류되어 있는 남성용 넥타이가 있다. 이 경우 첫 번째를 1만 5천원, 두 번째를 3만 5천원, 세 번째를 5만 5천원으로 가격을 붙여버린다.

이 방법은 소비자가 상품을 사기 전에 어느 단계의 것을 선택할 것인지를 결정하고 난 뒤에, 가격에 상관없이 자신이 원하는 상품이나 디자인을 선택할 수 있다.

여러 가지 가격 정책

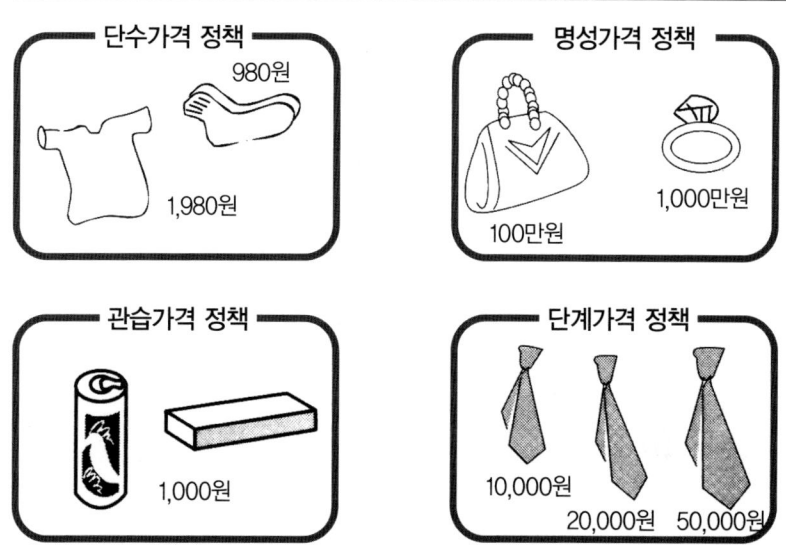

균일가격 정책

> 종류가 다른 상품의 가격을 일률적으로 결정하는 것으로, 슈퍼마켓의 '1만 원 균일판매' 등을 말한다.

 원가나 품질, 디자인이 다른 상품에 같은 가격을 붙이는 방법을 균일가격 정책이라고 한다. 슈퍼마켓이나 백화점 등에서 볼 수 있는 '1만원 균일 세일' 등이 이것이다. 소비자에게 전체적으로 저렴하다는 인상을 줄 수가 있다.

특가 정책

> 고객을 모으기 위해서 일부 상품의 가격을 대폭 내리는 것을 말한다. 보통 '세일 정책'이나 '세일가격 정책'이라고도 불린다.

특정 상품을 아주 저렴한 가격으로 판매하는 방법이 특가(sale price) 정책이다. 특가 정책은 파격적으로 가격을 저렴하게 책정하기 때문에 그 상품의 매출만을 생각하면 수지가 맞지 않는 경우가 많다. 하지만 이 상품을 사기 위해서 상점을 찾은 고객이 다른 상품도 구입할지 모른다는 착안에서 나온 정책이다.

이렇게 되면 상품 단독으로는 수지가 맞지 않아도 점포 전체로서는 매출이 올라가게 된다. 특가 정책은 이런 상승 효과를 기대한 것이다.

한편 이렇게 저렴하게 판매하는 상품을 미끼상품 또는 특가상품이라고 말한다.

CHAPTER **8**

오픈가격은 왜 바람직한가
생산자의 희망소매가격이 아닌 유통업자 스스로의 가격 결정

생산자 희망소매가격

> 통상적으로 말하는 '정가'로서, 생산자가 결정한 것이지만 소매점이 그것을 준수할 법적 의무는 없다.

생산자가 '이 가격으로 팔고 싶다'고 희망하는 것이 희망소매가격이다. 이전에는 정가, 표준소매가격 등으로 불리었다. 생산자의 희망소매가격은 소매점에 있어서는 어디까지나 참고가격일 뿐이고 강제력은 없다.

그러나 전통적으로 생산자의 힘이 강해서 가격 결정권도 실질적으로는 생산자에게 있기 때문에, 소매점은 생산자가 희망한 생산자 희망소매가격을 그대로 소매가격에 반영시켜 왔다.

매매기준 가격제도

생산자가 도매 단계와 소매 단계의 가격을 결정하는 것을 말한다.

　매매기준 가격제도(quotations)란 생산자가 유통의 각 단계에서의 판매가격을 결정하는 구조이다.
　이제까지 대부분의 경우 생산자는 희망소매가격을 소매가격의 목표로 책정할 뿐만 아니라, 생산자로부터 도매업자, 도매업자로부터 소매점에 이르는 판매가격(구분가격이라고 말한다)도 결정하였다.
　이 경우 대부분 먼저 희망소매가격을 책정하고 나서 역산하여 도매업자가 소매점에 도매할 때의 가격을 결정하고, 또 거기에서 역산하여 생산자가 도매업자에게 출하할 때의 가격을 계산한다.
　이렇게 함으로써 상품을 너무 저렴하게 판매하는 것을 억제할 수 있고, 생산자의 브랜드 이미지도 유지할 수 있게 된다. 또 과도한 경쟁을 피할 수 있기 때문에 생산자뿐만 아니라 도매업자와 소매점도 안정된 이익을 얻을 수 있다.
　매매기준 가격제도를 유지해 가기 위해서는 어느 단계에 있어서나 매매기준이 일괄적으로 유지될 필요가 있다. 만약 어느 단계에서 업자가 남보다 앞질러서 상품을 싸게 도매하면 매매기준 가격제도는 잘 시행되지 않는다. 그래서 이제까지 생산자는 매매기준을 지켜준 예의로써 각 단계의 업자에게 지원 자금을 지불하는 등 매매기준 가격제도의 유지에 노력해 왔다.
　그러나 할인점의 인기에서도 알 수 있듯이, 오늘날의 소비자는 생산자나 유통업자가 결정한 가격에는 상품을 매입하지 않는다. 따라서 매매기준 가격제도에서 오픈가격으로 옮겨가는 생산자가 늘고 있다.

마크업

> 매입원가나 경비, 시장 동향 등을 감안하여 소매점이 판매가격을 결정하는 것을 말한다.

매매기준 가격제도하에서는 판매가격이 희망소매가격으로서 결정되고, 매입원가와 희망소매가격과의 차액이 소매점의 이익이 된다.

이에 비해서 생산자의 지시로 가격을 결정하는 것이 아니라 매입원가와 경비, 동종업자의 동향 등을 감안하여 소매점 스스로가 판매가격을 결정하는 것을 마크업(mark up)이라고 한다.

미국에서는 이전부터 이 방법이 확산되었으며, 각 소매점은 적극적으로 비용을 절감하여 다른 상점보다 저렴한 가격으로 판매하면서도 이익을 획득하려고 노력하고 있다.

국내에서도 오픈가격이 도입됨에 따라 마크업의 발상이 서서히 확대되고 있다.

오픈가격

> 생산자가 결정한 소매가격이 아니라, 소매점에서 자유롭게 결정한 가격을 말한다.

할인점과 같이 상품을 저렴하게 판매하는 점포가 두각을 나타내면서, 다른 소매점들도 생산자가 결정한 가격대로 판매하다가는 소비자를 끌어들일 수 없게 되었다. 따라서 독자적인 판단으로 상품가격을 인하하는 소매점이 급증하게 되었다. 생산자 희망소매가격을 빨

간색으로 지워버리고, 인하한 가격을 다른 종이에 써붙여서 파는 점포가 등장한 것이다.

이와 같이 시장에 있어서 실제가격과 생산자 희망소매가격의 차이가 너무 크면 이중가격 문제가 발생하게 된다.

이런 상황에서 탄생한 것이 오픈가격(open price)이다. 오픈가격 제도에서는 생산자가 소매가격의 책정에 일체 관여하지 않고, 소매점이 자유롭게 소매가격을 결정할 수 있다.

'소매가격이 있어도 지켜주지 않는다. 희망소매가격을 폐지하고 소매점이 소매가격의 결정을 책임지게 하자'고 하여 생산자가 오픈가격으로 옮기는 경우가 눈에 띄게 늘고 있다.

여러 가지 가격결정 방법

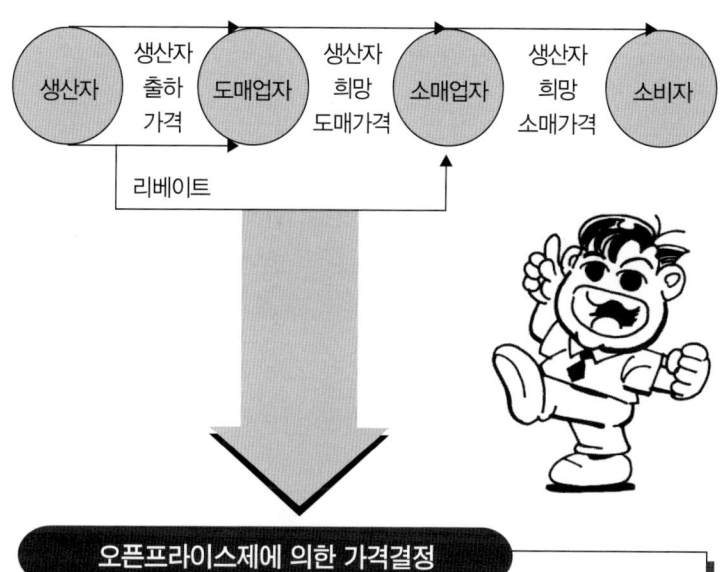

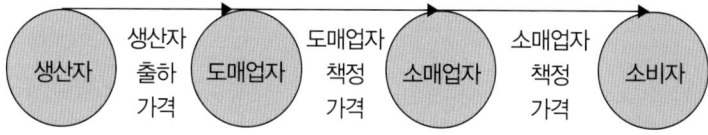

마케팅과 유통의 관계를 파악한다

CHAPTER **9**

촉진활동은 어떻게 이루어지는가
생산자나 유통업자의 상품 어필을 위한 다양한 활동

촉진

> 소비자를 자극하여 상품을 구입하게 하는 활동을 말한다.

　많은 상품들 가운데에서 소비자에게 자신의 상품을 판매하기 위해서는 우선 상품의 존재를 알려야 한다. 그래서 상표는 물론이고, 기능이나 특징 등을 이해시키기 위해서 여러 가지 방법으로 소비자에게 상품의 정보를 전달해 준다.
　생산자나 소매점은 광고, 퍼블리시티, 판매원 판매활동, 판매촉진활동 등을 통해서 소비자를 유도하여야 한다. 이처럼 생산자나 소매업자가 소비자에게 자신의 회사 상품을 구입하게 하는 활동을 촉진(promotion)이라고 한다.
　촉진의 구체적인 방법으로는 다음과 같이 네 가지가 있다.

1) 광고
　인쇄물이나 전파 등의 매체를 유료로 이용하여 소비자에게 상품의 정보를 전달하는 촉진 수단이다. 텔레비전, 라디오, 신문, 잡지 등의 매스컴이나 간판, 전단지 등이 이용된다. 특히 매스컴을 이용한 광고에서는 한번에 많은 소비자에게 상품정보를 전달할 수 있다.

2) 퍼블리시티(제품홍보)

기업이 신문이나 텔레비전 등의 매스컴에 자사의 상품 정보를 전달하고, 그 정보를 기사나 뉴스로서 보도되도록 하는 광고활동을 말한다. 기업은 정보를 전달하기만 하고, 보도가 될지 안 될지를 결정하는 것은 방송국이나 신문사이다. 일단 보도가 되면 텔레비전 광고나 신문 광고와 마찬가지로 한번에 많은 소비자에게 정보를 전달할 수 있다.

3) 판매원 판매(인적 판매)

판매원이 고객과 직접 접촉하면서 상품을 파는 촉진 수단이다. 백화점의 점원과 같이 매장을 찾아온 고객에 대응하는 판매원과 가정을 가가호호 방문하여 상품을 판매하는 방문 판매원이 있다. 소수의 고객에게 대응하기 때문에 개별적인 욕구에 맞는 세밀한 촉진활동을 수행할 수 있다.

4) 판매촉진

광고, 퍼블리시티, 판매원 판매에 의한 촉진활동을 보조하고, 상품의 구입에 직접 연결되는 판매 방법이다. 여기에는 경품부착 상품, 시제품의 배포, 실연판매 등이 있다.

인적 판매 · 비인적 판매

> 촉진에는 사람에 의해서 실시되는 인적 판매와 사람의 손을 거치지 않고 실시되는 비인적 판매가 있다.

　촉진은 사람에 의해서 실시되는지 그렇지 않은지에 따라서 두 가지로 분류된다. 판매원 판매와 같이 사람에 의해서 실시되는 촉진을 인적 판매(personal promotion)라 하고, 퍼블리시티 등 사람을 사용하지 않고 실시되는 것을 비인적 판매(nonpersonal promotion)라고 한다.
　인적 판매는 판매원이 한 사람 또는 소수의 고객에게 대응하기 위한 것으로, 고객과의 상호 커뮤니케이션이 가능하다. 따라서 개별적인 고객의 욕구에 맞춰서 상품을 권할 수 있다.
　반면에 비인적 판매는 고객과 커뮤니케이션을 할 수는 없지만, 한 번에 많은 사람들에게 상품의 정보를 전달할 수 있다.
　컴퓨터와 같이 실제로 사용해 보지 않으면 좋은지 나쁜지를 잘 모르는 상품의 경우 상표와 대략적인 기능은 광고에서 정보를 얻고, 자세한 사용법 설명은 상점에서 판매원이 전달하도록 하는 것이 효과적이다.
　촉진활동을 구별하여 정보를 전달하는 것은 매우 중요하다. 각 촉진 수단의 장점만을 살려서 이를 조합함으로써 보다 효과적인 촉진활동을 수행할 수 있는 것이다. 이것을 '촉진 믹스'라고 한다.

CHAPTER **10**

광고를 통해 무엇을 얻을 수 있는가
상품정보 전달과 브랜드 이미지 구축, 매출 증대

광고 효과

> 광고의 내용이 소비자에게 전달되고, 투자된 광고 비용에 대비하여 상품이 팔리는 상황을 의미한다.

생산자나 소매업자가 광고를 하는 것은 상품의 정보를 소비자에게 전달하고, 그 상품을 보다 많이 구입하게 하기 위한 것이다. 그러므로 광고의 효과가 있는지 없는지에 대해서는, 광고가 소비자에게 전달되었는지 또는 광고에 들어간 비용 이상으로 매출이 올라갔는지라는 두 가지의 관점에서 측정할 수 있다.

광고가 소비자에게 어느 정도 전달되었는지를 예측하는 지표로서 GRP(Gross Rating Point)가 있다. 이것은 소비자 중에서 광고를 보거나 들은 사람의 비율을 나타낸 수치로 텔레비전 시청률, 라디오 청취율 등을 말한다. 텔레비전 광고를 했는데도 시청률이 제로라면 그 광고를 본 사람이 없다는 뜻이다. 그러므로 광고의 효과 역시 제로가 되는 것이다.

한편 광고를 하는 데는 제작비나 광고료 등 여러 가지 비용이 들어간다. 방대한 비용을 들였는데도 매출액이 투자된 비용 이하라면 광고한 의미가 없는 것이다.

그러므로 기업은 이 두 가지 관점에서 항상 광고 효과를 체크할 필요가 있다.

광고매체

> 광고를 하기 위한 중개 역할을 담당하는 것을 말한다. 불특정 다수의 소비자에게 전달하는 매스컴과 소비자를 한정하는 매체들이 있다.

광고를 하기 위해서 사용되는 매체를 광고매체라고 한다. 대표적인 광고매체로는 텔레비전, 라디오, 신문, 잡지(매스컴의 4대 매체)가 있으며, 이들 매체를 통하여 불특정 다수의 소비자에게 정보를 전달하는 것이 가능하다.

이외에도 전단지, 버스나 지하철의 교통광고, 간판, 다이렉트 메일, POP 광고(256페이지 참조) 등이 있다. 이들 매체는 정보가 전달되는 사람을 한정하고 있는 것이 특징이다.

예를 들어, 교통광고는 버스나 지하철을 이용하는 사람들에게만 정보를 전달한다. 간판 역시 그 간판이 있는 장소를 통행하는 사람들만 볼 수 있다.

어떤 광고매체를 사용할지는 상품의 특성이나 상점의 주고객층 등에 따라서 다르다. 전국에서 판매되는 상품이라면 텔레비전을 이용하여 불특정 다수의 사람들에게 상품정보를 전달하는 방법이 가장 효과적이다. 반면에 지역 사람들을 상대로 판매를 하고 있는 야채가게라면 신문에 끼워 넣는 전단지로도 충분한 광고 효과를 얻을 수 있다.

광고 효과를 높이기 위해서 하나의 매체만이 아니라 복수의 매체를 조합하여 광고 효과를 높이는 경우도 있다(미디어 믹스→251페이지 참조).

풀 시스템

> 광고에서 소비자에게 권유하여, 구입하기 전에 구입할 상품을 결정하게 하는 판매촉진법이다.

광고를 이용하여 상품의 정보를 전달하고, 소비자로 하여금 그 상품을 사고 싶게 만들며, 그 상품을 구입하기 위해서 상점에 가도록 유도하는 것을 풀 시스템(pull system) 혹은 풀 전략(pull strategy)이라고 한다.

이 방법은 소비자가 상점에 가서 여러 가지 상품을 비교하여 구입할 상품을 결정하는 것과는 달리, 상점에 가기 전부터 구입할 상품을 결정하기 때문에 상품이 확실하게 팔리는 촉진활동이다.

풀 시스템에 의한 촉진의 포인트는 상품의 정보를 전달하는 것과 그 상품을 필요하다고 생각하게 만드는 것이다. 예를 들어보자. 빅히트 상품인 모공의 오염을 없애주는 팩이 있었다. 생산자는 이 상품의 광고에서 "모공은 더러워져 있다. 그것은 비위생적이고 미용상으로도 좋지 않다. 따라서 이 상품을 사용하면 효과적으로 모공의 오염을 깨끗이 없앨 수 있다"라는 정보를 소비자에게 전달하였다.

이 광고에 의해서 지금까지 모공의 오염에 대해서는 신경을 쓰지 않았던 사람들도 신경을 쓰게 되어 모공의 오염 성분을 반드시 없애지 않으면 안 된다고 생각하게 되는 것이다. 이 광고를 보거나 들은

풀 시스템

소비자에게 그 상품을 구매하게 하기 위해서 점포까지 가도록 만드는 것이 광고의 목적이다.

소비자가 '나는 이 제품을 원한다'라는 강한 의지가 생기면, 이 상품을 구매하기 위해서 상점에 갈 것이다.

이와 같이 텔레비전이나 신문 등의 광고에서 상품정보를 10분 정도 내보내면, 그것만으로도 소비자는 구입할 상품을 결정하게 된다. 상점에 가서 판매원에게 상품의 설명을 듣거나 상품을 비교할 필요가 없어지기 때문이다.

또 고객이 "○○회사의 ××제품 주세요"라고 요구하듯이, 광고에서 보고 들은 상품은 소매점에서도 민감하게 반응하여 많은 양을 매입하기 때문에, 구입할 상품을 결정하지 않은 소비자의 눈에도 그 상품이 보이게 된다.

촉진의 제1단계는 상품의 존재를 소비자에게 알리는 것이다. 풀 시스템이 성공하면 이를 바탕으로 보다 많은 상품을 판매하기 위한 환경을 만들어야 할 것이다.

지명구입

> 소비자가 생산자나 상표를 지정하여 사는 것을 말하며, 브랜드 이미지가 관건이 된다.

상품 또는 기업의 이름이나 통합된 상품 그룹의 이름을 브랜드라고 하는데, 지명구입이란 소비자가 브랜드를 지정하여 구입하는 것을 가리킨다. 버터를 구입하려고 하는 소비자가 상점에 가서 단순히 "버터 주세요"라고 말하는 것은 지명구입이 아니다. "A버터 주세요" 또는 "B버터 주세요"라고 상품명을 지정하여 구입하는 것이 지명구입이다.

소비자가 지명구입을 하는 것은 그 상품이 좋다는 것을 구입하기 전부터 확신하고 있기 때문이다. 보통은 실제로 구입해 보지 않으면 좋은지 나쁜지를 모르는 불안감 속에서 구입하지만, 지명구입에서는 그런 불안감이 없다.

그러므로 'OO상품에는 ××브랜드'라고 결정하는 소비자는 그 브랜드의 상품이 조금 비싸더라도 구입하게 된다. 또 한번 브랜드가 결정되면 좀처럼 브랜드를 바꾸지 않으려는 경향이 있다.

이와 같이 힘이 있는 브랜드를 유지하면 가격을 낮추지 않고서도 상품을 안정되게 판매할 수 있다. 생산자나 소매업자에 따라서 판매할 수 있는 브랜드를 얼마나 만들 수 있는지가 중요한 문제가 되는 것이다.

하나의 브랜드를 만들기 위해서는 상품 자체의 품질은 물론, 이미지 구축이 큰 관건이 된다. 브랜드라고 하면 고급 이미지를 떠올리기 쉽지만, 친숙함을 느끼게 하는 브랜드가 있는가 하면 아직은 이미지가 약한 브랜드 등 여러 가지가 있다.

이와 같은 브랜드의 이미지 구축에 큰 역할을 하는 것이 광고이다.

예를 들면, 화장품업체인 아모레퍼시픽의 설화수 브랜드에는 고급 이미지가 있다. 이것은 상품 자체의 디자인에 의한 것도 있지만, 텔레비전 광고나 잡지 등의 광고에서 고급스러움을 연출하고 있는 것도 큰 영향을 미쳤다.

광고에서 계획한 대로 이미지가 느껴지면 그 브랜드는 이미지 구축에 있어서 절반 이상은 성공한 셈이다.

CHAPTER 11

효과적인 광고란 어떤 것인가
적절한 미디어 믹스와 다이렉트 메일이나 구매시점 광고의 활용

미디어 믹스

> 광고의 효과를 높이기 위해서 복수의 광고매체를 이용하는 것을 말한다.

광고에는 텔레비전, 신문 등의 매스컴이나 전단지, 간판 등 여러 가지 매체가 이용되고 있는데, 이들은 각각 장단점이 있다. 광고의 효과를 높이기 위해서 매체의 장점을 살려서 복수의 광고매체를 조합하는 것을 미디어 믹스(media mix)라고 한다.

텔레비전 광고에서는 한번에 많은 소비자에게 정보를 전달할 수 있지만, 1회의 방송 시간은 수십 초에 불과하기 때문에 상품을 자세히 설명할 수 없다. 한편 신문이나 잡지는 텔레비전에 비해서는 정보를 전달받을 수 있는 사람이 한정되어 있지만, 문장으로 상품 정보를 자세히 전달할 수 있다.

신상품을 런칭할 경우 우선 텔레비전 광고로 상품의 존재를 알리고 나서 신문이나 잡지를 통해 상품을 자세하게 설명하는 등 광고매체를 분류하여 연결하면 광고가 더욱 효과적일 수 있다.

🛜 미디어 믹스

가정에서

옥외에서

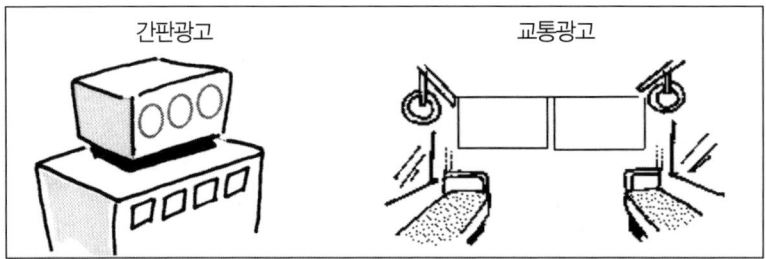

점포 앞에서

이들 광고매체를 조합하여 보다 높은 광고 효과를
겨냥하는 광고 방법을 미디어 믹스라고 한다.

전송매체

> 라디오와 같은 것으로, 소비자가 작업을 하면서 장시간 듣기 때문에 상품정보를 전달하기가 쉽다.

전송매체는 광고매체 중의 하나로, 대표적으로 라디오를 들 수 있다. 라디오는 '듣는' 매체이므로, 사람들은 공부를 하거나 업무, 가사 등을 하면서 라디오를 듣게 된다. 이처럼 '전송되는 성격'이 라디오에 있기 때문에, 매스컴의 4대 매체(텔레비전, 라디오, 신문, 잡지) 중에서 특히 주목을 받고 있는 것이다.

라디오 청취자는 프로그램을 한정해서 듣기보다는 무언가를 만들거나 작업을 하면서 장시간 듣는 사람이 많다. 그러므로 라디오에 광고를 하면 그 정보는 전달될 확률이 매우 높아지게 된다.

또 라디오 프로그램의 경우 낮시간대는 주부를 대상으로, 밤시간대는 젊은층이나 운전자를 대상으로 하여 비교적 정해진 청취자층이 있다. 따라서 광고를 내보내는 프로그램을 정확하게 선택하면 상품의 정보를 전달하고 싶은 소비자층에게 전달할 수 있다.

다른 매체와 비교하여 광고료가 저렴하다는 점도 스폰서에 따라서는 매력적인 요소가 된다. 라디오는 비교적 비용이 적게 들어가면서도 효과적인 광고를 할 수 있는 광고매체이다.

비교 광고

> 타사 상품과 비교하여 자사 상품의 우위성을 소구하는 광고를 말한다.

 자사의 상품과 타사의 상품을 비교하여 자사의 상품이 뛰어나다는 것을 소구하는 광고를 비교 광고(comparative advertising)라고 한다. 타사 상품보다 뛰어나다는 점을 즉각적으로 전달하는 점에서 비교 광고는 매우 효과적이다.
 예를 들어, A사가 오렌지 주스의 비교 광고를 만든다고 하자. A사는 그 광고에 자사의 상품과 함께 경쟁사인 B사의 오렌지 주스를 내보낸다. 그런 다음 "100명의 사람에게 눈을 가리고 시음하게 한 결과, 90명이 A사의 주스가 맛있다고 했다"라고 하면서 A사의 상품이 B사 것보다 맛있다고 호소하는 것이다.
 미국에서는 라이벌 관계인 회사의 회사명이나 상표명을 내보내는 공격적인 비교 광고를 흔히 볼 수 있다. 이에 비해서 우리나라와 일본에서는 기업이 명예훼손으로 고소당하는 등의 우려가 있어서 상대방의 회사명이나 상표명을 확실하게 내세워서 비교하는 광고는 매우 드물다.

다이렉트 메일

> 개인 앞으로 보내지는 광고의 일종으로, 발송처를 어느 정도로 선별할 수 있는지가 중요하다.

누구에게나 백화점의 개최 모임을 알리거나 전문점의 바겐세일 안내가 개인 이름으로 발송되어 온 경우가 있을 것이다. 이와 같이 기업이 개인 앞으로 또는 가정으로 우편발송하는 팸플릿이나 안내장을 다이렉트 메일(direct mail)이라고 한다. 다이렉트 메일은 다이렉트 마케팅 방법 중의 하나이다.

다이렉트 메일은 상품을 구입하려는 사람을 선택하여, 구입 가능성이 있는 고객층을 대상으로 직접 광고를 발송하기 때문에 꽤 많은 효과를 기대할 수 있다. 따라서 백화점이나 통신판매 회사를 중심으로 현재 활발하게 이용되고 있다.

다만 이 경우 예상 고객의 선택이 매우 중요하다. 운전면허가 없는 사람이라면 신차 발표회에 참석할 필요가 없고, 어린아이가 없는 가정에는 아동복 바겐세일을 알리는 광고문이 발송된다고 해도 의미가 없다. 아무리 많은 비용을 들여서 다이렉트 메일을 발송하더라도, 예상 고객 선정이 잘못되면 아무런 소용이 없게 되는 것이다.

따라서 고객 데이터베이스(304페이지 참조)를 얼마나 잘 활용하여 상품을 구입하려고 하는 예상 고객을 얼마나 잘 선정하는지가 다이렉트 메일을 성공시키는 중요한 열쇠가 된다.

POP 광고(구매시점 광고)

> 소비자가 상품의 구입에 있어서 결단력 있게 구입할 수 있도록 점포 안이나 상점 앞에 광고를 걸어두는 것을 말한다.

　POP는 point of purchase(구매시점)의 머리글자를 딴 것으로, 소비자가 상품을 구입할 시점에서 눈으로 보는 광고가 POP 광고이다. 이것은 주로 점포 안이나 상점 앞에 걸린다.
　POP 광고의 목적은 점포 안에 있는 고객이나 점포 앞을 지나다니는 사람의 시선을 끌어서 상품을 구입하도록 만드는 것이다.
　내용은 여러 가지가 있지만, 일반적으로 상품이 놓인 곳이나 가격을 알려주고, 상품의 특징이나 상품에 관련된 정보를 전달하기도 한다. 예를 들면, 점포 안이나 상점 앞에서 "오늘에 한해서만 아주 싼 가격으로 판매합니다"라고 쓰여진 광고를 눈으로 보게 되면, 무의식적으로 '사지 않으면 손해를 볼 것만 같다'는 생각을 하게 된다.
　POP 광고는 광고를 걸어 놓은 그 장소에서 바로 상품이 팔리기 때문에 효과가 가장 빨리 나타나는 광고라고 할 수 있다.

비주얼 머천다이징

> 소매점의 독자적인 컨셉을 토대로 매장을 연출하는 것을 말한다.

　상품의 진열이나 장식을 연구하여 매장을 연출하고, 소비자에게 시각적으로 어필하는 것을 비주얼 머천다이징(visual merchandising)이라고 한다. 이것은 인스토어 머천다이징 방법 중의 하나이다.

예를 들면, 꽃은 관혼상제에 이용되지만 가정에서도 장식으로 사용된다. 만약 어느 꽃집의 컨셉이 '꽃이 있는 일상생활'이라면, 점포 안을 일반 가정의 거실풍으로 연출하여 상품인 꽃을 진열할 수도 있다. 소비자에게 '나도 저런 식으로 방을 장식하고 싶다'라는 욕구를 갖게 할 수 있으며, 상품의 판매 증진에 크게 공헌하게 된다.

비주얼 머천다이징에서 가장 중요한 것은 매장의 연출이 너무 지나쳐서 소비자의 실제 생활과 동떨어지지 않도록 해야 한다는 것이다. 상품을 구입하게 하기 위해서는 소비자가 실현 가능한 범위 내에서 연출하는 것이 중요하다. 또 꽃이 진열되어 있는 거실이 너무 좁아 보이면 소비자의 구매 의욕이 떨어진다.

인스토어 머천다이징

> 소매점이 독자적인 컨셉을 토대로 상품을 갖추고 판매하는 것이다.

상품은 각각 생산자의 목적이나 사고를 토대로 하여 만들어진 것이다. 예를 들면, 같은 양복 생산업체라 해도 품질이 싼 상품을 만드는 업체와 비싸지만 품질이 좋은 상품을 만드는 업체가 있다. 양복 소매점이 이들 생산자의 상품을 그대로 매입한다면 한정된 점포 안에서는 어느 쪽의 상품도 불충분하게 구비될 것이다. 저가격을 원하는 소비자의 욕구와 품질이 좋은 상품을 원하는 소비자의 욕구 중 어느 쪽도 만족시킬 수 없는 것이다.

그러나 소매점이 "우리 상점은 비싸도 품질이 좋은 상품을 파는 상점으로 하자"라고 결정하고 그와 같은 상품을 구비하여 판매하면 고객은 찾아오게 되어 있다.

이와 같이 소매점이 어떤 상품을 어떻게 팔고 싶어하는지 자신의 독자적인 컨셉을 토대로 하여 상품을 갖추고 판매하는 것을 인스토어 머천다이징(instore merchandising)이라고 한다.

　같은 크기, 같은 입지의 상점이라도 상품 구비나 진열 방법이 다르면 매출이 크게 차이가 난다. 어떤 컨셉으로 상품을 판매할 것인지는 소매점 각각의 노하우에 따라 차이가 있다.

CHAPTER **12**

퍼블리시티란 무엇인가
매스컴을 통한 자사 상품의 홍보활동

퍼블리시티(제품홍보)

> 기업이 자사의 제품을 보도하기 위해서 매스컴에 제품관련 정보를 제공하는 것을 말하며, 제품홍보라고도 한다.

퍼블리시티(publicity)는 기업이 자사의 제품을 보도하기 위해서 신문이나 텔레비전 등의 매스컴에 기업의 정보를 제공하는 것이다. 새롭게 오픈한 점포에 대한 정보나 신상품의 런칭 등 주로 상품에 관한 정보를 광고가 아닌 뉴스로서 보도하는 것이다.

기업은 광고를 통해 자사의 정보를 소비자에게 전달할 수도 있다. 그러나 퍼블리시티는 광고와는 또 다른 효과가 있다. 우선 보도가 되면 비용을 들이지 않고도 광고와 마찬가지의 효과를 얻을 수 있다. 또 광고에서 자사의 상품을 좋게 표현하는 것은 당연하지만, 퍼블리시티는 당사자뿐만 아니라 제3자가 기업의 정보를 전달하기 때문에 소비자는 객관적인 보도로서 받아들이게 된다.

그러나 퍼블리시티에도 단점은 있다. 보도기관의 상황에 따라서 정보의 취급이 결정된다는 것이다. 즉, 보도를 할지 안할지를 결정하는 것은 기업이 아니라 보도기관이라는 것이다. 또 그 내용이 기

퍼블리시티

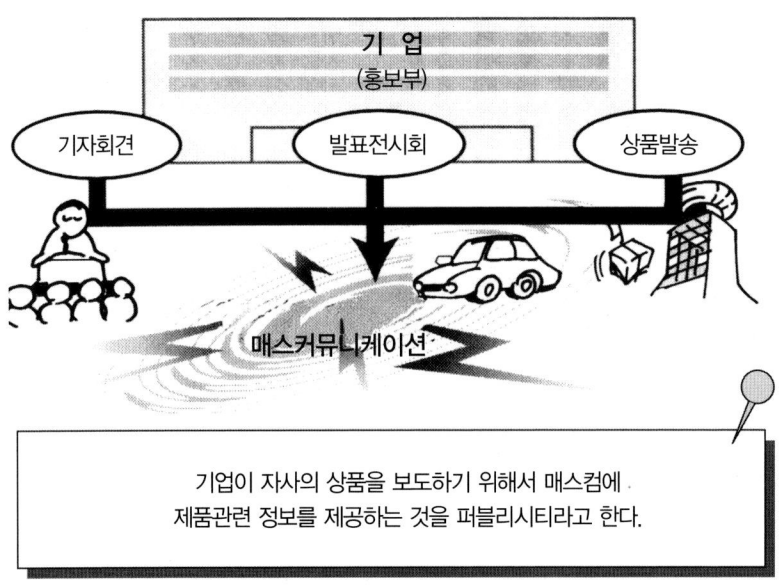

기업이 자사의 상품을 보도하기 위해서 매스컴에 제품관련 정보를 제공하는 것을 퍼블리시티라고 한다.

업의 생각대로 보도된다는 것은 한계가 있다. 퍼블리시티에서 기업이 할 수 있는 것은 자사의 정보를 보도기관에 전달하는 것뿐이다.

퍼블릭 릴레이션즈

기업의 광고활동을 말하며, 기업의 경영방침이나 사업활동, 상품에 관한 것 등의 전달을 의미한다.

퍼블릭 릴레이션즈(public relations)는 소위 말하는 PR로, 기업의 정보를 널리 전달하는 광고활동 전반에 대한 것을 말한다.

퍼블릭 릴레이션즈에서는 기업의 경영방침이나 활동 내용 또는 상품에 관한 정보 등을 전달한다. 이는 기업의 지명도를 높이고, 기업의 이미지를 상승시키며, 자사 상품의 판매를 촉진하는 것이 목적이다. 기업 자체의 정보를 전달하는 것이므로 개별적인 상품을 선전하는 상품 광고와는 구별된다.

정보를 전달하는 상대는 소비자가 아니라 거래처, 매스컴, 정부, 지방자치제 등이다. 구체적인 활동 내용은 다음과 같다.

- 퍼블리시티 : 보도기관에 제품정보 제공
- PR지 : 하우스 올갠 등의 발행
- 오픈하우스 : 공장견학이나 시설의 무료 체험 등
- 필랜스로피 : 사회공헌활동
- 메세나 : 문화사업의 지원활동
- 기업광고 : 기업의 광고를 광고매체를 통해서 전달

하우스 올갠

> 기업의 정보를 전달하는 기관지를 말한다. 종업원을 대상으로 한 사보와 소비자를 대상으로 한 PR지가 있다.

하우스 올갠(house organ)은 기업이 종업원이나 소비자 등을 대상으로 발행하는 기관지를 말한다. 일반적으로 종업원을 대상으로 하는 것은 사보라 하고, 소비자를 대상으로 발행되는 것은 PR지라고 부른다.

종업원을 대상으로 한 하우스 올갠의 목적은 기업 전체에 공통체의식을 갖게 하고, 종업원끼리 일체감을 지니게 하는 데에 그 목적이 있다.

소비자를 대상으로 발행된 하우스 올갠의 목적은 기업의 경영방침이나 사업활동을 이해시키고 기업의 이미지를 높이는 데 그 목적이 있다. 예를 들면 '환경을 파괴하지 않는 상품 만들기'를 하고 있는 기업이라면 그것을 하우스 올갠에서 호소하는 것이다. 소비자가 이 경영방침에 공감하여 기업에 호감을 가지면 그 기업의 상품을 사고자 하는 마음이 생기게 된다.

하우스 올갠 자체는 개별적인 상품을 팔려고 하는 것은 아니다. 그러나 하우스 올갠에서 전해진 기업의 경영방침에 소비자가 좋은 이미지를 지니게 되면, 결과적으로 상품의 촉진활동과 연결된다.

오픈하우스

> 기업의 시설을 일반에게 공개하고, 소비자에게 견학이나 체험을 하게 하는 것을 말한다.

오픈하우스(open house)는 기업의 광고활동 중의 하나로, 공장 등 자사의 시설을 일반 소비자에게 공개하여 견학하게 하는 것이다. 맥주나 와인공장 견학은 오픈하우스의 대표적인 예이다.

기업의 시설을 일반에 공개함으로써 기업의 이름과 상품을 알릴 수 있다. 실제로 생산 현장을 직접 보면 소비자는 상품에 대해서 신뢰감을 가지게 되고, 기업의 이미지도 높아지게 된다. 결과적으로 그 기업의 상품 촉진과도 연결되는 것이다.

공장견학 이외에 회원제 스포츠클럽이나 실버타운 무료 일일체험 등도 오픈하우스의 일종이다.

필랜스로피(사회봉사활동)

> 기업이 사회에 공헌하기 위해서 행하는 활동을 말한다. 기업도 일반 시민으로서 책임이 요구되는 것이다.

　기업도 사회의 일원이기 때문에 단지 이익만 올리면 되는 것은 아닙니다. 한 사람 한 사람이 사회의 일원으로서 각각 최선을 다해야 할 책임과 역할이 있다. 필랜스로피(philanthropy)는 '박애' 또는 '자선'을 의미하는 말이지만, 일반적으로 기업의 사회공헌활동이나 자선사업을 가리킨다.

　구체적인 활동으로는 기부활동이나 사무실 주변 도로나 공원을 정기적으로 청소하는 등의 봉사활동이 있다. 최근에는 사원에게 봉사휴가를 주는 기업도 늘어나고 있다.

　이런 기업의 활동이 퍼블리시티 등에서 적극적으로 공표되면 소비자가 호의적으로 받아들이기 때문에 기업의 이미지 향상과도 긴밀하게 연결된다.

메세나(문화예술 지원활동)

> 문화예술을 지원하는 기업활동을 말한다.

　메세나(mecenat)는 '학문·예술의 옹호'를 의미하는 프랑스어로, 특히 기업의 문화예술활동 지원을 가리킨다.

　지원 방법으로는 자금이나 물품의 원조, 장소 제공, 인력 제공 등이 있다. 기업은 콘서트뿐만 아니라 스포츠 대회나 이벤트, 심포지

엄 등 여러 가지 형태로 메세나를 실시하고 있다.

　기업의 문화활동은 사회공헌이라는 면도 있지만, 기업광고의 역할도 크다. 기업이 지원하는 사업에서는 기업명이 발표되기 때문에 기업의 존재를 널리 알릴 수도 있고, 기업의 이미지 상승에도 도움이 된다.

CHAPTER **13**

판매원 판매활동은 어떻게 하는 것인가
고객의 심리상태 파악과 각 심리단계에 따른 적절한 대응

판매원 판매활동

> 판매원이 고객 한 사람 한 사람에게 세밀하게 대응하는 촉진활동이다.

　판매원 판매활동은 판매원 인건비가 들어가고 한번에 많은 고객을 상대할 수 없다는 단점이 있기 때문에 합리적인 촉진활동이라고는 말할 수 없다. 그러나 광고나 퍼블리시티는 기업이 소비자를 대상으로 정보를 전달하는 일방통행인데 비해서, 판매원의 활동을 통해 판매원과 소비자가 서로 정보를 주고받을 수 있다.
　소비자는 판매원이 권유한 상품이 마음에 들지 않으면 "좀더 이런 물건을 원한다"라고 말할 것이다. 그럴 경우에 판매원은 즉각 소비자가 원하는 물건을 알 수 있기 때문에 그에 맞는 상품을 추천할 수 있다. 이처럼 한 사람 또는 소수의 고객을 상대하기 때문에 매우 세밀하게 대응할 수 있으므로 구입과 연결될 확률이 매우 높아지게 된다.
　이런 판매원 활동의 장점을 살려서 효과적인 판매촉진을 하기 위해서는 풍부한 상품지식을 지니고, 인품도 좋고, 고객의 욕구를 정확하게 파악할 수 있는 능력을 지닌 판매원이 필요하다.

지속구매자 · 평생고객

> 사고자 하는 상품이나 상점을 결정해 두고 지속적으로 구입하는 고객을 말한다.

쇼핑을 하는 상점이나 상품을 결정해 두고 지속적으로 구입하는 고객을 가리켜서 지속구매자(repeater)라고 한다. 한편, 평생 같은 상점이나 같은 생산자의 상품을 지속적으로 구입하는 고객을 평생고객이라고 한다.

상품촉진의 효과를 올리기 위해서는 많은 소비자에게 상품을 사게 하는 것도 중요하지만, 상품을 반복하여 지속적으로 구입해 주는 고정 고객을 지니는 것도 매우 중요하다. 고정 고객이 늘어나면 그만큼 매출은 안정된다. 또 반복해서 구입하는 고객은 주변 사람에게 그 상점이나 상품의 장점을 전달해 주기 때문에 입소문에 따라서 고객을 늘리는 효과도 있다.

아이드마의 법칙

> 상품을 구입할 때까지의 소비자의 심리적 과정을 말한다. 심리 단계에 따른 대응이 판매원 활동의 포인트이다.

상품을 알고 나서 구입을 결정하기까지 소비자의 심리적인 과정의 법칙을 아이드마의 법칙(AIDMA's rule)이라고 한다. 판매원이 고객에 대응할 때의 고객에 대한 기본 자세는 고객의 심리 상태에 따라서 정확하게 접근하는 것이다. 이것이 가능하면 상품의 구입과 연결될 수도 있다.

아이드마는 주의(Attention), 흥미(Interest), 욕구(Desire), 기억(Memory), 행동(Action)을 뜻하는 영문 머리글자를 따서 만든 단어이다. 이 단어들은 각각 상품을 구입할 때까지의 고객의 심리 상태를 나타낸다(이 과정들은 그림으로 나타내면 다음 페이지와 같다.).

고객은 우선 상품에 시선을 모으고(주의), 그 상품에 관심을 갖는다(흥미). 그리고 원한다고 생각하여(욕구) 산다(행동). 원한다고 생각하고 나서 실제로 사기까지의 사이에서 망설이는 기간이 있으면 그 사이에는 상품을 생각하는 것이 된다(기억).

판매원은 고객의 이런 심리를 민감하게 파악하고, 심리 상태에 따라서 대응할 수 있으면 좋을 것이다.

예를 들면, 점포 내에서 어떤 상품을 보고 있는 고객이 있다면 우선 말을 걸고 상품에 대한 설명을 한다. 고객이 관심을 나타내면 더욱 그 상품을 사고 싶다고 할 정도로 접근해간다. 옷의 경우라면 "매우 잘 어울린다" 또는 "올해 유행하는 디자인이다" 등과 같은 말을 하면 효과적이다. 이 단계에서 고객이 사고 싶다고 원하면 바로 상품을 구입하게 된다.

실제 매장에서는 상품의 성질이나 고객의 성격이 각양각색이어서 구매 심리가 반드시 이 법칙대로 진행되지는 않는다. 그래도 역시 판매원이 일방적으로 권하여 판매하기보다는 고객의 심리 상태를 관찰하고 그에 따라서 대응하는 것이 중요하다.

아이드마의 법칙

① 눈여겨 본다.   **A**ttention (주의)

② 관심을 갖는다.   **I**nterest (흥미)

③ 바란다고 생각한다.   **D**esire (욕구)

④ 마음에 남겨둔다.   **M**emory (기억)

⑤ 구매한다.   **A**ction (행동)

인사이드 세일즈맨

> 사무실 안에서 전화로 고객에게 상품을 팔고 주문을 받는 세일즈맨을 말한다.

사무실 안에서 전화로 고객에게 상품을 팔고 주문을 받는 세일즈맨을 인사이드 세일즈맨(inside salesman)이라고 한다.

이들은 일반 가정이나 직장을 방문하는 세일즈맨에 비해서 이동시간이 필요없기 때문에 영업시간이 길고, 많은 고객과 접촉할 수도 있다. 대개 방문 세일즈의 약 10배에 해당하는 고객에게 세일즈할 수 있다고 한다.

전화로 주고받는 것은 서로 얼굴을 볼 수 없기 때문에 고객이 경계심을 갖고 있는 경우도 있다. 따라서 인사이드 세일즈에 종사하는 판매원은 성별을 보면 여성이 많다.

아웃사이드 세일즈맨

> 일반 가정이나 직장을 방문하면서 상품을 판매하는 세일즈맨을 가리킨다.

사무실 밖으로 나가서 일반 가정이나 직장을 방문하면서 상품을 판매하는 세일즈맨을 아웃사이드 세일즈맨(outside salesman) 또는 외판원이라고 한다.

아웃사이드 세일즈맨은 한 가정이나 한 직장의 고객을 일일이 방문하기 때문에, 인사이드 세일즈맨과 같이 많은 고객과 접촉할 수는 없다.

그러나 고객과 직접 만나서 서로의 태도나 표정에서 심리 상태를 관찰할 수 있기 때문에 상대의 상태에 맞춰서 효과적인 세일즈를 할 수 있다.

또 아웃사이드 세일즈맨의 경우, 고객과 신뢰관계를 구축함으로 인해 계약이 성립되는 경향이 있다. 따라서 한번 구입한 고객은 다음에도 또다시 구입할 확률이 매우 높다.

CHAPTER 14

판매촉진활동에는 어떤 것이 있는가
경품부착 판매, 샘플링, 시식판매, 애프터서비스, 회원카드 등

경품부착 판매

> 상품에 경품을 붙여서 소비자를 끌어들인다. 구입자 전원에게 제공하는 경우와 추첨을 통해서 제공하는 경우가 있다.

경품부착 판매(premium sale)란 상품에 경품을 붙이고, 그 경품으로 소비자를 끌어들여서 구입하게 만드는 판매촉진 방법이다.

경품은 구입자 전원에게 제공되는 경우와 추첨을 통해서 당첨자에게만 제공되는 경우가 있다. 구입자 전원에게 제공되는 경품에는 시제품을 붙인 상품이나 수량을 보통 판매 때보다 늘린 보너스팩 등이 있다. 추첨을 통해서 제공되는 경품에는 사은품이나 상금이 있다.

어떤 경품을 붙이더라도 소비자에게 매력적인 경품이 아니면 판매촉진의 효과는 기대할 수 없다.

샘플링

> 상품을 실제로 써보게 하기 위해서 제작된 시제품을 무료로 배포하는 것을 말한다.

생산자나 소매점이 소비자의 시제품을 무료로 배포하는 것을 샘플링(sampling)이라고 한다. 소비자에게 상품을 실제로 사용하게 하여 품질을 확실하게 인정받고, 구입과 연결시키는 데 그 목적이 있다.

이 방법은 신제품을 소비자에게 소개할 때에 유효한 수단이지만 많은 비용이 소요된다.

샘플링 제품을 배포하는 주요 방법으로는 집집마다 배포하는 것과 다이렉트 메일로 우송하는 방법, 또 상점 앞에서 건네주는 방법 등이 있다.

실연판매

> 상점 앞이나 상점 안에서 실제로 상품을 사용해 보이는 판매 방법이다. 소비자가 쉽게 써볼 수 있거나 사용 방법을 실제로 눈으로 확인할 수 있다.

실연판매(demonstration sales)란 상점 앞이나 상점 안에서 실제로 상품을 사용해 보이는 것이다. 소비자에게 상품의 사용 방법이나 장점을 알리는 것이 목적이며, 소비자는 구입하기 전에 상품을 사용해볼 수 있는 편리함이 있고 품질 등을 눈으로 확인할 수 있다.

화장품이나 건강기기, 신상품에서 자주 사용되는 판매 방법이다.

시식판매

> 상품을 시식하게 하고 나서 판매하는 방법으로, 소비자는 안심하고 구입할 수 있다.

　시식판매는 상점 앞이나 상점 안에서 고객에게 상품을 시식하게 하여 구입하기 전에 상품의 맛 등을 확인하게 하는 판매 방법이다. 소비자 입장에서 구입한 제품의 맛이 없을 경우 후회하는 일을 없게 하기 위해 안심하고 구입할 수 있는 시식판매를 선호하는 경향이 있다.
　백화점의 식품매장이나 식품전문점 등에서 자주 사용된다.

애프터서비스

> 소비자를 안심시켜 판매를 촉진하기 위해서 판매 후에 여러 가지 서비스를 제공하는 것을 말한다.

　애프터서비스(afterservice)는 판매 후에 여러 가지 서비스를 제공하는 것이다. 주요 애프터서비스로는 품질보증기간을 두거나, 반품을 접수하기도 하고, 배달이나 설치를 해주는 것 등이 있다. 또한 고객의 사정이나 질문을 받는 서비스센터를 마련하는 것도 애프터서비스에 속한다.
　소비자는 상품을 사용해 보기 전까지 정말 좋은 상품인지 아닌지에 대해서 알 수 없는 불안감을 지닌 채 구입한다. 소비자는 불안감이 커지면 구입을 포기하게 되는데, 이때 불안감을 없애주면서 구입과 연결시키는 것이 애프터서비스이다.

"사용해 보고 마음에 들지 않으면 반품할 수 있다"는 조건이 붙으면 사고자 하는 마음이 든다. 또한 서비스센터 등의 소비자 창구가 마련되어 있으면 더욱 안심하고 구입할 수 있게 된다.

개별적인 상품에 대한 애프터서비스만 하는 것이 아니라 생산자 또는 소매점 전체에서 애프터서비스를 충실하게 하면, 소비자는 생산자나 소매점 자체에 안심하거나 신뢰감을 지니게 된다. 소비자에게 안심과 신뢰감을 심어주는 생산자나 소매점이라면 고객은 늘어날 수밖에 없는 것이다.

트레이딩 스탬프

> 구입 금액의 일정 비율을 할인 또는 적립해주는 서비스를 말하며, 고객의 고정화를 목적으로 한다.

트레이딩 스탬프(trading stamp)는 구입 금액에 따라서 고객에게 스탬프를 찍어주고, 스탬프가 일정한 점수에 도달하면 경품 등과 교환해주는 서비스이다. 서비스권 또는 쿠폰권이라고 불리기도 한다.

보통 1회의 구입 금액으로 경품과 교환할 수 있을 정도의 스탬프를 찍어주는 것은 아니다. 경품을 타기 위해서는 여러 차례 같은 상점에서 물건을 구입하지 않으면 안 되기 때문에 고객의 고정화와도 연결된다.

판매촉진활동의 유형별 특징

	고객의 고정화	가격면에서의 유도	신고객의 확보
경품		○	○
샘플링			○
실연판매	○		○
시식판매	○		○
트레이딩 스탬프	○	○	
회원카드	○	○	

회원카드

> 구입 금액의 일정 비율을 할인 또는 적립해주는 서비스를 말하며, 고객의 고정화를 목적으로 한다.

 회원카드는 소매점이 카드를 발행하여, 구입 금액의 일정 비율을 할인 또는 적립해주는 서비스를 말한다.
 여기에는 구입 금액의 일정한 비율이 다음번의 구입 금액에서 할인되는 방법과 몇 번 정도 물건을 구입하여 구입 금액이 적립되면 할인해주는 방법 등이 있다.
 예를 들어 10만원의 상품을 구입했다면 다음번에 상품을 구입할 때는 지난번에 구입한 10만원의 일정한 비율을 할인해 준다. 고객은 반복하여 그 상점에서 구입하지 않으면 할인 서비스를 받을 수 없기 때문에 고정적으로 거래하게 된다. 회원카드 역시 고객의 고정화로 이어지는 판매촉진법이다.

회원카드를 발행하고 있는 소매점은 최근 급속하게 늘어나고 있다.

PART 5
유통의 국제화와 정보화의 흐름을 파악한다

CHAPTER 1

유통의 국제화는 어떻게 진행되고 있는가
외국 브랜드와 다국적 유통업체의 국내 진출 확대

매입의 국제화

> 브랜드 제품을 해외로부터 수입하거나, 가전제품을 해외에서 만들어서 매입하는 사례가 늘고 있다.

　국내에서 구입할 수 있는 상품들 중 상당수는 순수 국내 생산품이 아니다. 해외에서 들여온 농산물이나 고기, 생선, 유명 디자이너의 브랜드 제품 등은 물론 수입품이고, 우리나라 회사가 설계나 사양을 결정하여 해외 공장에서 만들어진 제품을 수입하는 경우도 적지 않다.
　소매점으로서는 저렴한 상품, 품질 좋은 상품, 소비자의 욕구에 맞는 상품을 들여오는 것이며, 상품의 매입처는 국내가 아니어도 상관이 없다.

라이센스 생산

> 브랜드 업체의 허가를 받아서 그 브랜드 제품을 생산하는 것을 말한다.

해외 브랜드 업체에게 라이센스료(허가료와 같은 것)를 지불하고 브랜드의 허가를 얻어서 사양서를 토대로 국내나 동남아시아 등지에서 제품을 만들어 내기도 한다. 이와 같은 계약으로 브랜드 제품을 만든 것을 라이센스 생산이라고 한다.

개발 수입

> 국내에서 기획서와 사양서를 만들어서, 해외 공장에 생산을 의뢰하고, 그것을 수입하는 것을 개발 수입이라고 한다.

개발 수입(develop and import scheme)은 공장(생산 거점)을 해외에 설립하여 제품을 수입하는 역수입과는 차이가 있다. 국내의 공장에서 만들어도 좋지만, 국내에서 만드는 것보다 오히려 동남아시아의 공장에서 만들어서 배로 점포가 가까운 항구까지 직접 운반하는 비용이 저렴하고 대량으로 매입할 수 있기 때문에 개발 수입이 선호된다.

예를 들어, 동남아시아는 의류를 만드는 원료(면이나 양모)의 생산지이고, 인건비도 국내에 비해서 매우 싸기 때문에 국내 생산보다 더 유리하다. 그외에도 슈퍼마켓이 해외의 농가와 계약을 하고, 내국인 소비용의 야채 재배를 의뢰하기도 한다.

개발수입

유통의 해외 진출

> 백화점이나 슈퍼마켓이 해외에 분점을 내는 것을 말한다.

경제가 계속해서 성장하고 있는 중국이나 베트남 등에서는 가전제품이나 의류관련 상품 등을 중심으로 소비자의 욕구가 증가하고 있다. 이것을 겨냥하여 1990년대 후반에 중국 상하이에 신세계백화점과 이마트가 진출하여 현재까지 영업하고 있다.

일본의 백화점이나 슈퍼마켓은 보다 일찍 유럽과 아메리카로 진출하였다. 하지만 유럽과 아메리카의 일본 백화점이 팔고 있는 상품은 대부분 여행자를 위한 고급품으로, 백화점이라기보다는 고급전문점이라는 느낌이 강하다.

아시아에서는 조금 사정이 다르다. 유통되는 상품은 생활용품이 많고, 현지에 살고 있는 사람들을 타겟으로 하고 있다. 다만, 이런 나라와 일본과는 기후나 라이프 스타일에 차이가 있고 유통 시스템도 다르다. 일본과는 달리 도매업자가 존재하지 않는 나라도 있고, 지금까지 일본에서 행해 온 제품 구색이나 생산자와 도매업자의 관계 노하우가 도움이 되지 않기 때문에 경영이 어려운 점포도 많다.

해외 유통의 한국 진출

> 유럽과 아메리카의 유명 브랜드, 대형 할인매장의 국내 진출이 추진되고 있다.

해외의 유통업자가 우리나라로 진출하는 패턴은 다음과 같다.

새로운 소매점이나 서비스업의 진출

햄버거로 유명한 맥도날드와 버거킹의 진출, 미키마우스 등 디즈니 캐릭터 상품을 취급하는 디즈니 스토어의 진출 등이 있다.

유명 브랜드의 진출

프랑스의 유명한 가방 생산업체인 루이비통을 비롯하여 미국, 영국, 이탈리아 등 각국의 유명 브랜드가 분점을 냈다. 경제력이 있는 국내의 고소득 소비자를 타겟으로 한 것이라고 볼 수 있다.

대형 할인점과 편의점의 진출

다국적 할인점업체인 영국계 테스코가 국내에 진출해 있으며, 편의점업계에서도 세븐일레븐, 미니스톱 등 미국이나 일본계 편의점들이 현재 사업 확장을 꾀하고 있다.

CHAPTER 2

POS 시스템에서 유통은 어떻게 변화하는가
업무의 효율화가 추진되어 머천다이징 등에도 널리 활용

POS 시스템

> 슈퍼마켓이나 편의점의 금전출납계에 설치되어 있는, 상품의 판매 결과를 기록하는 시스템을 말한다.

　소매점의 금전출납 스캐너에 상품의 바코드를 읽히면, 금전출납에 상품가격이 표시된다. 이때 사용되고 있는 것이 POS 시스템이다.
　POS란 Point of Sales의 약자로, 판매한 시점에서 그 상품의 판매에 관한 데이터를 컴퓨터로 처리하는 시스템이다. 통상, 판매시점 정보관리 시스템이라고 번역되고 있다.
　금전출납의 스캐너로 읽힌 상품의 정보는 즉시 스토어 컨트롤러로 보내진다. 스토어 컨트롤러에는 각 상품의 가격이 입력되고, 스캐너로 읽힌 상품의 가격은 순식간에 금전출납으로 옮겨진다.
　이처럼 점원이 가격을 두드리는 수고가 없어졌기 때문에 금전출납 작업이 매우 신속하게 이루어지며, 두드리는 사이의 실수에 의한 회계상의 문제도 걱정할 필요가 없다.
　이와 동시에, 어느 상품이 어느 정도 팔렸다는 단품마다의 매출 정

📡 POS 시스템의 구조

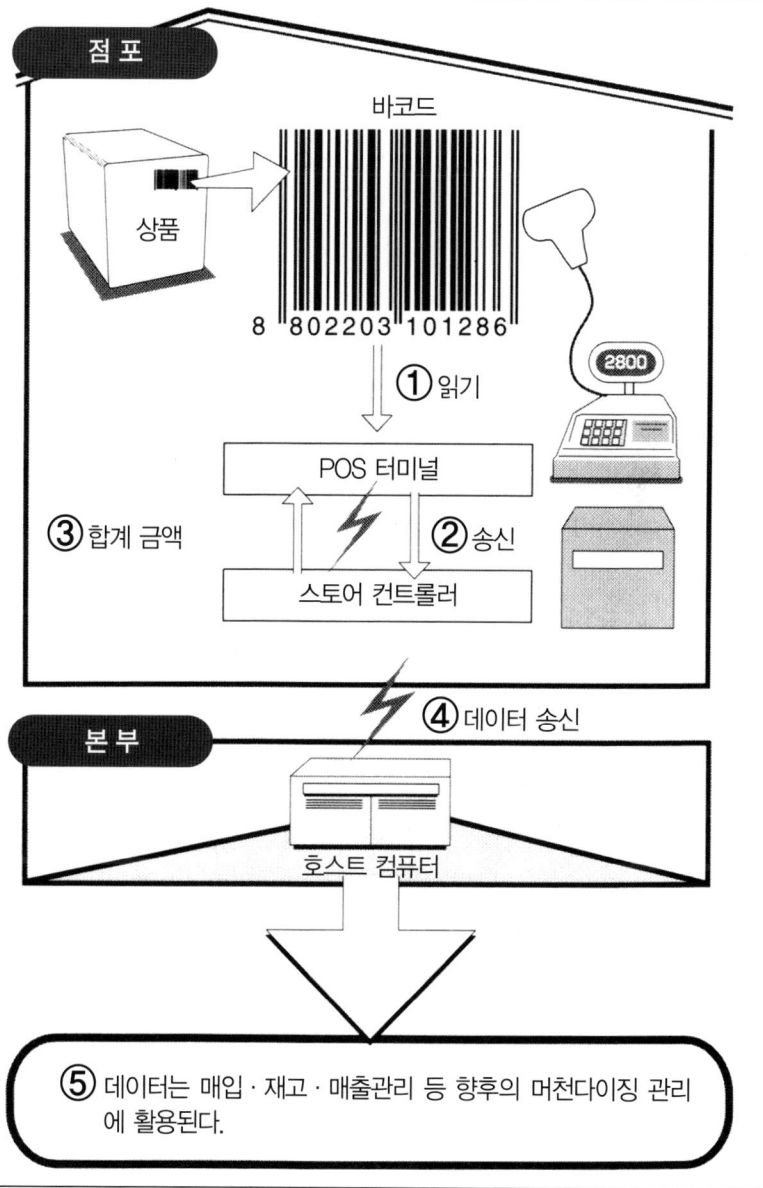

보가 스토어 컨트롤러에서 호스트 컴퓨터로 보내져서 기록된다. 여기서 '단품마다'라는 것이 포인트이다.

고객이 롯데 쥬시후레쉬껌 한 통을 구입한 경우, 이제까지는 '껌'이라는 부문별 정보밖에 모을 수가 없었다. 하지만 POS 시스템에서는 롯데 쥬시후레쉬라는 단품별 상세 정보까지 기록된다.

따라서 지금 판매하고 있는 제품에 대해서 명확하게 알 수 있고, 점포 프런트에 어느 상품을 진열하면 좋을지에 대한 판매 전략도 세우기 쉬워졌다. 또 어느 상품이 언제 어느 정도 팔렸는지도 파악할 수 있기 때문에 재고관리에 도움이 된다.

일본의 경우, POS 시스템은 세븐일레븐이 1983년에 전국 규모로 도입한 것을 시작으로, 편의점이나 슈퍼마켓에 차례대로 도입되었다. 현재는 다른 소매점에까지 널리 분포된 필수 불가결한 정보 시스템이 되었다.

KAN 코드

> 국내 공통 바코드이며, 13자 타입과 8자 타입이 있다.

POS 시스템에서는 바코드를 읽는 것에 의해서 상품의 매출 정보가 컴퓨터에 입력된다. 그런데 만약 바코드가 기업이나 상품에 따라서 제각기 천차만별이라면 읽을 수가 없다. 오히려 POS 시스템도 도움이 되지 않을 것이다.

그래서 POS 시스템에 의한 상품관리가 원활하게 처리되도록 우리나라의 상품 공통 바코드로서 KAN 코드(Korean Article Number Code)가 정해져 있다.

KAN 코드

KAN 코드에는 13자리의 표준형과 8자리의 단축형이 있다. 표준형은 다음과 같다.

- 1~3자리 : 국가식별 코드(한국의 국가 코드는 880)
- 4~7자리 : 제조업체 코드(제조업체의 등록번호)
- 8~12자리 : 상품품목 코드(제조업체가 설정한 상품번호)
- 13자리 : 체크 디지트(기계가 잘못 읽는 것을 방지하기 위한 번호)

ITF 코드

> 물류 단계에서 이용되는 바코드로, 14자리 표준형과 128자리 확장형이 있다.

　매장에서뿐만 아니라 물류 과정에서도 바코드에 의한 상품관리가 실시되고 있다. 물류도 기계에 의한 자동처리를 하는 곳이 많아졌지만, 상자 속에 상품이 몇 개 들어 있는지에 대한 내용까지는 KAN 코드로는 알 수 없다. 그래서 물류 단계에서는 ITF 코드(Interleaved Two of Five)가 사용되고 있다.
　ITF 코드에는 14자리의 표준형과 128자리의 확장형이 있고, 두 가지 타입 모두 KAN 코드를 기준으로 해서 만들어지고 있다. 예를 들면, 14자리 표준형은 다음과 같이 구성된다.

- 첫 번째 자리 : 물류식별 코드
- 2~13자리 : KAN 코드 12자리(체크 디지트를 제외한 것)
- 14자리 : 체크 디지트

CHAPTER **3**

SCM, ECR이란 무엇인가
정보 시스템의 활용에 따른 유통총공급망관리

SCM

> 컴퓨터 정보기술을 활용하여 원재료 공급업체, 제조업체, 유통업체, 물류업체가 서로 협력하여 상품의 흐름을 통합적으로 관리하는 시스템이다.

 SCM은 Supply Chain Management의 약자로, 유통총공급망관리 혹은 공급사슬관리라 불린다. SCM은 소비자의 요구에 부합하는 상품을 적시에 저렴하게 공급하기 위하여 신제품 개발, 판매촉진, 상품구색, 그리고 상품 보충 등의 부문에서 원재료 공급업체, 제조업체, 유통업체, 물류업체 등이 서로 정보를 공유하며 협력하는 유통공급망관리 시스템이다.
 SCM을 실현하는 주요 응용 기술로는 EOS, CAO, CRP, 크로스 도킹, 카테고리 관리, ECR, QR 등이 있다. 그런데 이러한 기술을 추진하기 위해서는 POS, 바코드, EDI 등이 기본적으로 갖추어져 있어야 한다.
 SCM의 기원은 1980년대 중반에 미국의 의류제품 부문에서 일던 QR(Quick Response)에서 찾을 수 있다. QR의 도입으로 미국 의류업계와 소매점들은 매출증대와 재고감소를 이루었다. 이후 1993년에는 가공식품 산업에서 이전까지 관행처럼 되어왔던 과다재고 감소, 반

SCM이란

(자료제공 : 한국유통정보센터, 1999)

품 감소 등을 통한 생산성 증대와 유통산업의 경쟁력 제고를 위해서 ECR(Efficient Consumer Response, 효율적인 소비자 대응)이라는 이름으로 유통공급망 내에 존재하는 비효율을 제거하고자 하였다.

유럽 국가들은 1994년에 ECR 유럽이사회(ECR Europe Executive Board)를 구성하여 ECR을 추진하고 있다. 최근 홍콩, 싱가포르, 필리핀, 브라질, 아르헨티나 등 아태지역과 남미지역에서도 SCM 위원회를 구성하여 프로젝트를 추진하기 시작하였으며, 1998년 10월에는 아시아 ECR/SCM 위원회가 구성되었다.

우리나라도 1999년 3월 한국SCM 민간합동위원회가 구성되었으며, 한국유통정보센터가 중심이 되어 SCM의 기반 구축과 표준화 사업, 그리고 홍보와 교육 등 다각적으로 노력하고 있다.

한편 SCM은 적용되는 산업별로 그 표현을 달리하고 있다. 의류 부문에서는 QR(Quick Response), 식품 부문에서는 ECR(Efficient Consumer Response), 의약품 부문에서는 EHCR(Efficient Healthcare Consumer Response), 신선식품 부문에서는 EFR(Efficient Foodservice Response) 등으로 불리고 있다.

세계적으로 선도적 위치에 있는 제조업체, 도매배송업체, 유통업체들은 이와 같은 목적을 달성하기 위하여 자신들의 거래선들과 협력함으로써 비용 절감과 이익을 추구하고 있다. SCM을 추진하였거나 추진중에 있는 대표적인 업체로는 P&G, 월마트, 유니레버, 켈로그, 코카콜라, J. C. Penney 등이 있다.

EOS · CAO

> 독자적인 컴퓨터 네트워크를 사용한 상품주문 시스템이다.

EOS는 Electronic Ordering System의 약자이며, 전자발주 시스템이라고 번역된다. 종래에는 소매점과 도매업자, 도매업자와 생산자 사이의 수주와 발주 작업에 전화나 팩스를 사용했다. 여기에 컴퓨터를 도입한 것이 EOS이다.

EOS가 도입되면 발주하는 측이 컴퓨터에 발주 데이터를 입력하고, 수주하는 측의 컴퓨터에 데이터를 전송한다. 수주한 측은 전송된 데이터로부터 납품전표와 출하전표를 갖추고 납품을 하는 것이다.

EOS에서는 수주와 발주 데이터가 모두 컴퓨터로 관리되기 때문에, 데이터가 정확하고 신속하게 발주자 측에서 수주자 측으로 전달될 수 있고, 발주나 수주시의 실수를 최소한으로 억제할 수 있다. 또

자동발주 시스템 (자료제공 : 한국유통정보센터, 1999)

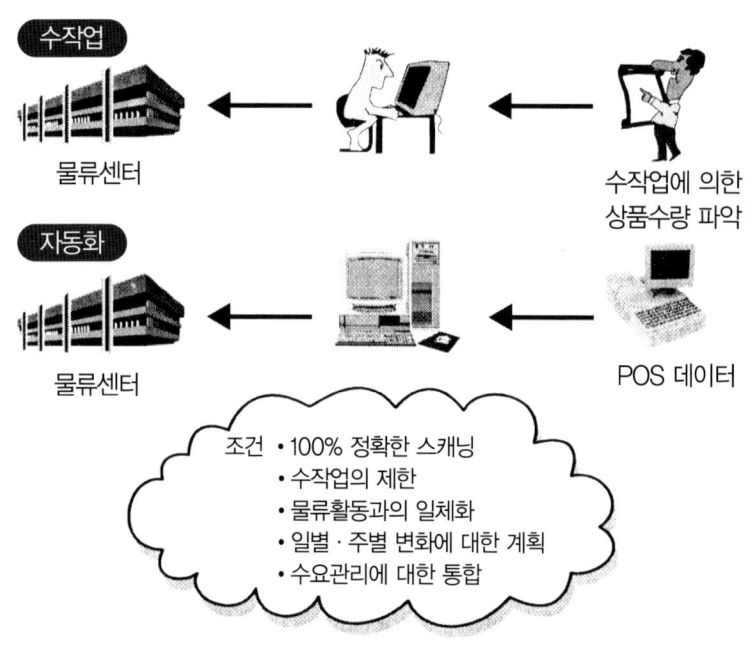

데이터를 재입력하는 수고를 덜 수 있다. 따라서 발주에서 납품까지의 시간(리드 타임)이 단축되는 것이다.

최근에는 EOS와 POS 시스템을 조합한 것에 의해서, 단품별 매출과 재고 데이터를 토대로 컴퓨터가 자동 발주하는 시스템도 개발되고 있다. 이를 CAO(Computer Assisted Ordering)라 하며, 자동발주 시스템으로 번역된다.

CRP(지속적인 상품보충)

> 실제 판매된 판매 데이터와 예측된 수요를 근거로 하여 상품을 보충시키는 것이다.

CRP는 유통공급망 내에 있는 업체들간에 상호 협력함으로써 기존의 전통적인 관행인 경제적인 주문량에 근거하여 유통업체에서 공급업체로 주문하던 방식에서 실제 판매 데이터와 예측된 수요를 근거로 하여 상품을 보충시키는 방법이다.

CRP는 적기에 필요로 하는 소매점의 재고를 보충하기 때문에 운

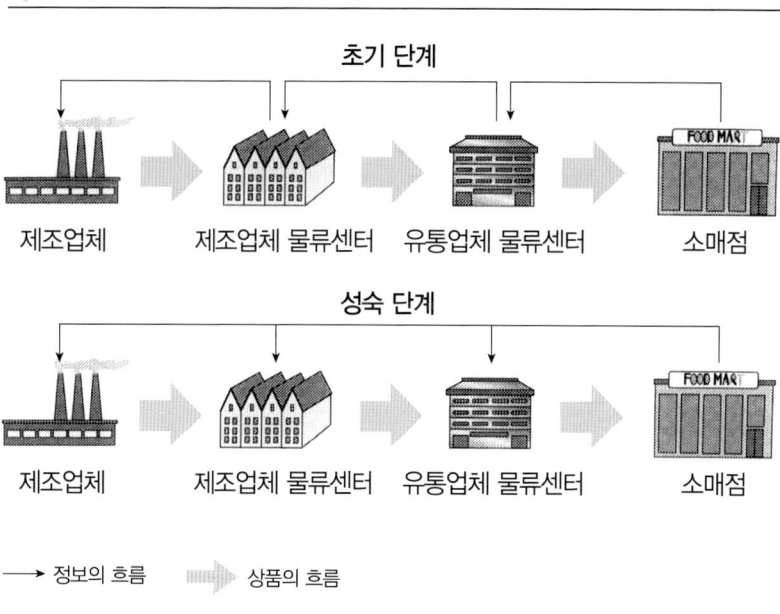

지속적인 상품보충 (자료제공 : 한국유통정보센터, 1999)

영 비용과 재고 비용을 줄인다. 한편 CRP에서는 POS 데이터와 이를 근거로 한 판매예측 데이터를 기초로 하여 창고의 재고보충주문과 선적을 용이하게 한다.

CRP의 근간은 바로 전자문서교환 시스템(EDI)이다. EDI는 소매업체가 제조업체에게 상품의 출고요청을 전송할 수 있도록 한다. 비록 초기 단계에서는 소매업체 창고의 출고 데이터를 기초로 EDI 문서를 전송하지만, POS 데이터의 통합관리 능력이 증대됨에 따라 점포에서 실제 판매된 판매량에 근거한 EDI 문서전송이 가능해진다. 이를 통해 각각의 단품별 판매에 따른 제조업체의 단품별 보충이 가능하게 된다.

판촉활동이 없다고 가정한다면, POS 데이터에 근거한 상품보충은 제조업체로부터 소매점까지 원활하게 흘러갈 수 있게 되며, 심지어 상품 흐름에 대한 예측도 가능해질 수가 있다.

크로스 도킹

> 창고나 물류센터로 입고되는 상품을 보관 단계 없이 곧바로 소매점에 배송하는 물류 시스템이다.

크로스 도킹(Cross Docking)은 창고나 물류센터로 입고되는 상품이 있을 때, 그 상품을 보관하는 것이 아니라 바로 소매점에 배송하는 물류 시스템을 뜻한다. 이를 통해 보관 및 피킹 작업 등을 제거함으로써 물류 비용을 절감할 수 있다. 크로스 도킹은 입고 및 출고를 위한 모든 작업의 긴밀한 연계를 필요로 한다.

크로스 도킹은 다음의 세 가지 수준에서 구현될 수 있다.

케이스 크로스 도킹 (자료제공 : 한국유통정보센터, 1999)

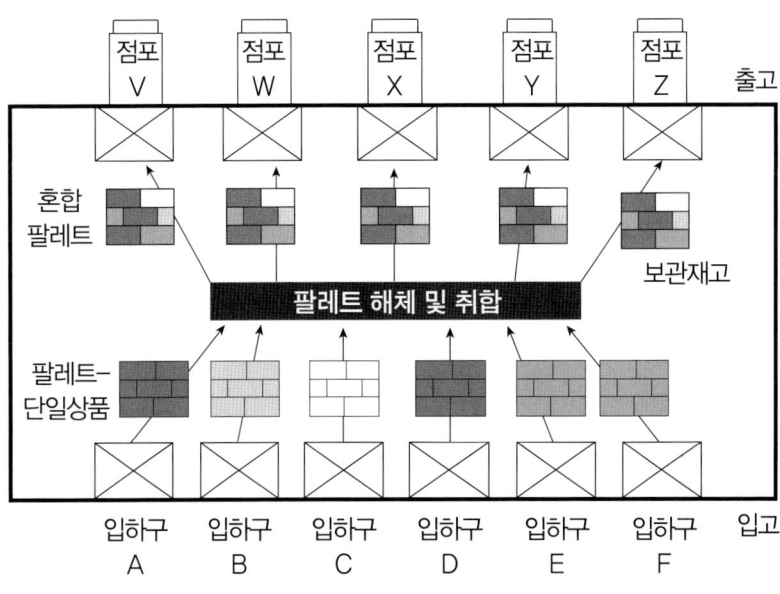

- 팔레트 크로스 도킹 : 한 종류의 상품으로 적재된 팔레트별로 입고되어 소매점으로 직접 배송되는 형태로, 가장 단순한 형태의 크로스 도킹이다. 양이 아주 많은 상품에 적합하다.
- 케이스 크로스 도킹 : 보다 보편화된 크로스 도킹의 형태로, 한 종류의 상품으로 적재된 팔레트 단위로 소매업체의 물류센터로 입고된다. 이렇게 팔레트 단위로 입고된 상품은 각각의 소매점별로 주문 수량에 따라 피킹되고, 남은 팔레트 상품은 다음날 납품을 위해 잠시 보관하게 된다.
- 사전 분류된 팔레트 크로스 도킹 : 드물게 사용되는 것으로, 사전에 제조업체가 상품을 피킹 및 분류하여 납품할 각각의 점포

별로 팔레트에 적재하여 배송하게 된다. 이 경우에는 제조업체가 각 점포별 주문사항에 대한 정보를 사전에 알고 있어야 한다. 따라서 제조업체에게 종종 추가적인 비용을 발생시킨다.

카테고리 관리

> 유통업체와 공급업체간의 협력을 통하여 상품 카테고리별로 소비자 구매 패턴과 상품 및 시장동향 등을 파악하여 체계적인 마케팅 관리를 함으로써 업무를 개선시키고자 하는 활동이다.

카테고리 관리(Category Management)는 매입과 마케팅을 하나로 통합한 것이라고 할 수 있을 것이다. 이전에는 '매입과 물류', '마케팅과 점포운영' 식으로 단면이 강조된 시대도 있었지만, 카테고리 관리는 이러한 소매상 경영의 기본적인 생각을 변화시켰다.

이런 변화의 의미를 한마디로 표현하면, 문자 그대로 '바이어는 사라졌다'는 것이다. 바이어와 교체되어 새로 등장한 것이 카테고리 매니저이다. 카테고리 매니저는 담당 상품의 카테고리의 매입과 마케팅을 모두 책임진다.

새롭게 등장한 카테고리 매니저는 그 카테고리의 경영자라고 할 수 있다. 생산업체의 브랜드 매니저가 브랜드 경영자로서의 지위를 부여받는 것과 마찬가지이다.

일의 내용을 보면 종래의 바이어와 흡사하지만 똑같지는 않다. 매일 모니터를 주시하면서 분석·기획하고 카테고리 파트너인 생산 책임자와 협의를 하거나 점포 책임자에게 지시를 내린다.

카테고리 매니저에게 필요한 것은 분석 능력과 기획 능력이기 때문에 채용 기준도 종래와는 전혀 다르다. 또한 카테고리 매니저의 책임 수행에 보답하기 위해서는 평가·승진·보수 등 내부 시스템도 변경할 필요가 있다. 실제로 카테고리 매니저는 요직으로서, 보고 라인은 사장 등 최고경영층인 경우가 대부분이다.

결과적으로 소매점장과 카테고리 매니저의 역할분담도 보다 명확해지고 권한 균형도 변화하여 카테고리 매니저가 무거운 책임을 지게 된다. 즉, 카테고리 관리는 소매상 경영의 근간을 바꾸는 것이라고 할 수 있기 때문에 기대하는 바도 크다. 경영 자체를 변화시킨다고 하는 ECR의 사고방식이 카테고리 관리에 포함되어 있다.

1988년 P&G와 월마트의 SCM/CRP 제휴작업에 앞서 샘 월튼은 당시 P&G의 판매담당 부사장인 밀리건에게, "P&G 상품의 80%는 진열대에서 팔리기 때문에 바이어는 이제 필요하지 않다. P&G도 그런 상품에 영업사원이 필요하지 않을 것이다"라고 하였다. 이제 그의 예언대로 소매상에서 바이어가 사라지고, 생산업체에서도 세일즈맨이 사라져갈 것이다.

ECR·QR

> 컴퓨터 시스템의 도입에 의해서 상품의 발주·납품이 재고에 맞춰서 자동적으로 처리되는 구조를 말한다.

생산자와 도매업자, 소매점이 협력하여 유통을 효율적으로 체계화하는 것을 ECR(efficient consumer response, 효율적인 소비자 대응)이라고 한다. 섬유업계 등에서는 같은 의미로 QR(quick response, 납기 단축)이라고 말한다.

미국의 할인점인 월마트와 가정용품 업체인 P&G는 1980년대 후반

ECR · QR의 구조

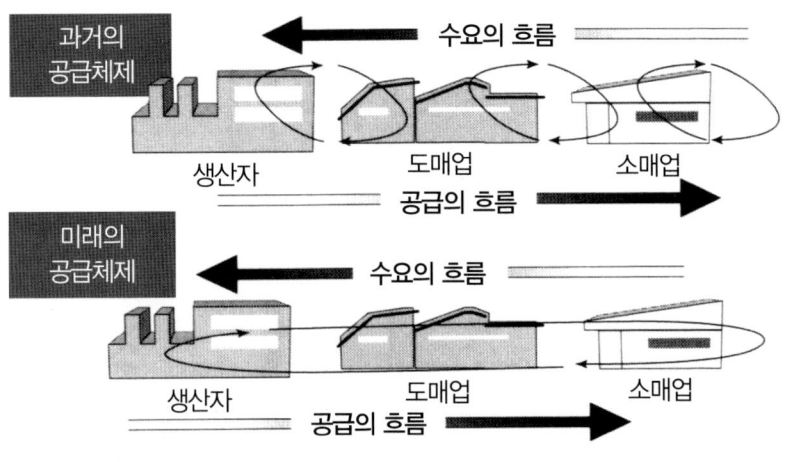

각 기업이 상품의 수주·발주나 재고량 등의 정보를 온라인 네트워크에서 상호 주고받는 것에 의해서 여러 가지 장점이 생긴다.

부터 POS의 데이터를 공유하고 있고, 월마트의 상점내 상품의 판매 정보는 즉시 P&G의 컴퓨터로 송신된다. 두 회사 사이에는 재고량의 최저선이 결정되어 있고, 월마트의 재고가 최저선에서 떨어지려고 하면 P&G가 자동적으로 납품하는 구조로 되어 있다. 그러므로 수주와 발주의 수고가 필요없다.

또 P&G는 자사 제품이 어느 정도 팔리고 있는지를 실시간으로 확인할 수 있다. 따라서 어느 제품에 얼마만큼 수요가 있는지를 정확하게 파악할 수 있고, 계획 생산이 가능해짐으로써 재고를 여유 있게 비치해 둘 필요가 없어졌다. 이와 같이 ECR 도입에는 작업의 간소화에 따른 납기의 단축, 재고 감소에 의한 비용 절감이라는 이득이 있다.

CHAPTER **4**

EDI에서 상품거래는 어떻게 변화하는가

상거래의 전산화로 인한 페이퍼리스의 촉진

EDI

> 수주와 발주뿐만 아니라 견적서 · 계약서 등 여러 가지 정보를 컴퓨터에 의해 전산화한다.

　수주와 발주 작업을 컴퓨터로 처리하는 시스템인 EOS 시스템을 더욱 발전시킨 것이 EDI(electronic data interchange, 전자 데이터 교환) 이다.
　EDI에서는 소매점과 도매업자, 그리고 생산자가 수주와 발주 작업을 컴퓨터로 실시할 뿐만 아니라, 공동 컴퓨터 시스템을 도입함으로써 서로 정보를 공유한다.
　보통 소매점과 도매업자, 그리고 생산자간의 거래에서는 주문서나 납품서, 견적서나 계약서 등 많은 문서가 교환된다. 이것만으로도 많은 노동과 시간이 소요되며, 문서의 기록이나 입력에 있어서도 실수가 일어날 가능성이 있다.
　EDI에서는 소매점과 도매업자, 그리고 생산자가 정보 시스템을 서로 공유하면서, 수주와 발주 업무뿐만 아니라 견적에서부터 계약 · 결제까지 주고받는 모든 거래를 컴퓨터상에서 처리할 수 있다.

EDI의 구조

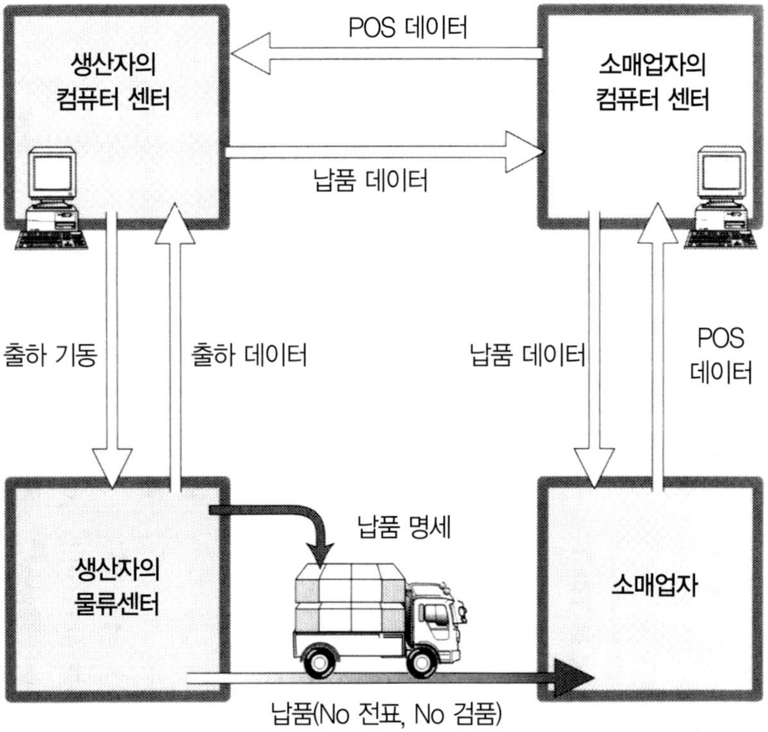
POS 데이터
생산자의
컴퓨터 센터
소매업자의
컴퓨터 센터
납품 데이터
출하 기동
출하 데이터
납품 데이터
POS
데이터
납품 명세
생산자의
물류센터
소매업자
납품(No 전표, No 검품)

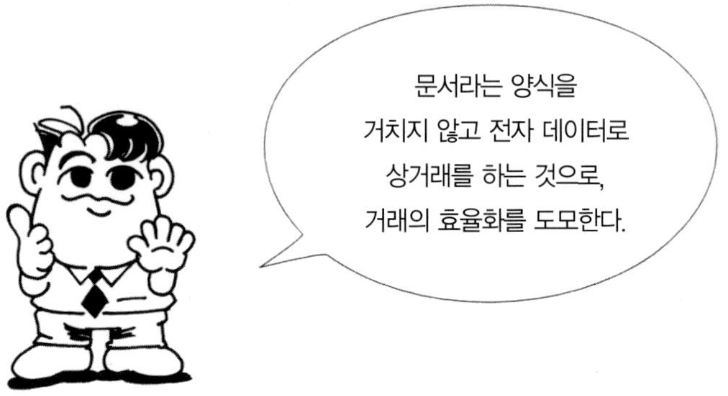
문서라는 양식을
거치지 않고 전자 데이터로
상거래를 하는 것으로,
거래의 효율화를 도모한다.

전표를 발행할 필요가 없기 때문에 절차가 간소화되어 납품까지의 시간(리드 타임)도 단축된다. 또 소매점이 발주 리스트를 전송하는 경우, 그것이 그대로 도매업자와 도매업자의 창고 컴퓨터에 도착하기 때문에 실수가 생기지 않는다.

표준화

> 기업간의 정보교환을 원활하게 하기 위해서 컴퓨터나 소프트웨어 등의 규격을 통일하는 것을 말한다.

아무리 기업끼리 정보교환을 하려고 해도 사용하고 있는 컴퓨터가 다르거나 송신 방법에 차이가 있으면 소통이 원활하지 않았다.

그래서 EDI 등을 도입할 때에는 우선 기업끼리 공통 컴퓨터 시스템을 도입하고, 사용하는 소프트웨어를 통일하거나, 데이터의 송신과 수신을 위해서 절차나 규제를 통일한다. 그러나 거래처가 한 개 회사만 있다면 좋겠지만, 거래하는 상대가 두 개, 세 개가 되면 각각에 대응하는 컴퓨터 시스템을 설치하는 것은 쉽지 않다.

그래서 정보 시스템과 운용 방법의 통일을 개별 기업들간뿐만 아니라, 업계 전체 특히 국가 수준 나아가 세계 수준으로 추진하는 움직임이 일고 있다. 이것이 표준화이다.

EDI 도입을 위한 네 가지의 규약 표준화

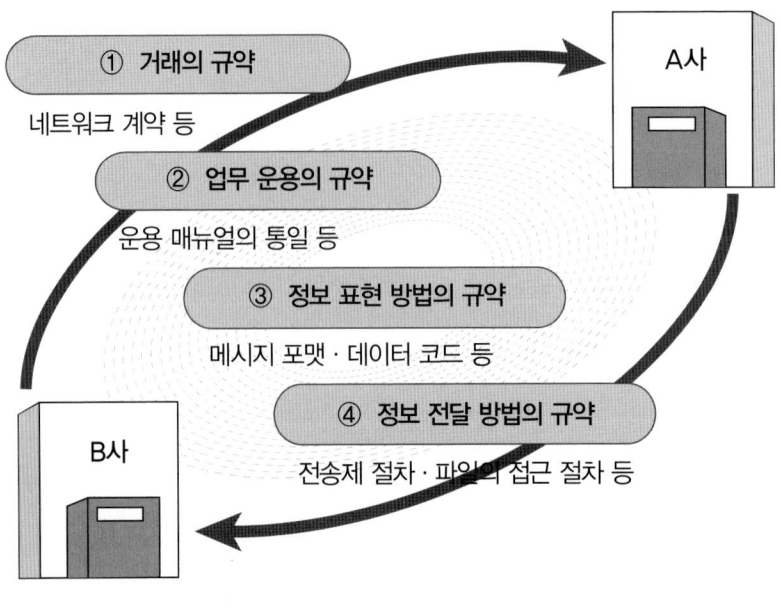

FAX-OCR

> 팩스로 보낸 주문 정보를 컴퓨터로 읽는 시스템이다. 전용 컴퓨터의 도입이 어려운 중소기업 등에서 이용되고 있다.

EDI를 도입하기 위해서는 전용 컴퓨터나 소프트웨어를 준비해야 하는데, 중소 영세기업에게는 그 비용이 매우 부담이 된다. 그래서 일부 기업에서는 FAX-OCR(facsimileoptical character reader)이 사용되고 있다. FAX-OCR이란 발주하는 측이 팩스로 주문을 보내면, 받은 팩스를 수주하는 측이 OCR이라는 장치로 읽는 시스템을 말한다.

OCR은 광학적 문자판독장치로, 인쇄문자 또는 수기문자를 복사기와 같이 읽어서 거기에 쓰여진 정보를 컴퓨터에 직접 올리는 것이 가능하다.

수주하는 측이 사전에 일정한 양식의 발주서를 만들어 발주처에 건네주면, 발주처는 발주서에 주문 내용을 써서 팩스로 보내는 것만으로 발주 작업이 완료된다.

FAX-OCR의 경우, 발주처가 준비할 기계는 팩스만 있으면 되기 때문에 비용은 그만큼 덜 들어간다. 또 수주처에서도 확실하게 주문을 받을 수 있고, 전화처럼 항상 사람이 대기해 있을 필요가 없으므로 효율적이다.

CHAPTER **5**

마케팅의 정보 시스템화란 무엇인가
POS 시스템에 의한 데이터베이스 마케팅의 도입

데이터베이스

> 국내 및 국외에 있는 정보를 컴퓨터 안에 비축해 두었다가, 원하는 정보를 간단하게 검색할 수 있는 구조를 말한다.

 도서관에서 책을 찾으려고 할 때, 도서목록이 없으면 서가의 한쪽 끝에서부터 일일이 찾지 않으면 안 된다. 컴퓨터에 입력되어 있는 정보도 이와 마찬가지이며, 많은 정보가 들어 있을수록 하나의 정보를 발췌하는 것은 매우 힘들어진다. 그래서 계속 늘어나는 많은 정보를 컴퓨터를 사용하여 정리하고 간단하게 검색할 수 있도록 만들어진 것이 데이터베이스이다.
 방대한 양의 데이터는 자기테이프나 광디스크 대용량 서버 등의 형태로 컴퓨터에 기록되어 데이터 파일로 저장된다. 이렇게 해두면 필요한 데이터를 컴퓨터의 검색 기능과 선택 기능들을 사용하여 재빨리 불러낼 수 있다.
 데이터베이스는 1950년대 미국 국방부가 전세계에 산재해 있는 병원, 병기, 보급품 등을 관리하기 위해서 정보기지(베이스)를 만들고 데이터를 한곳에 모은 것에서 시작되었다. 그래서 데이터베이스, 즉

정보의 기지라고 부르는 것이다.

유통업에서는 고객 데이터베이스나 상품 데이터베이스가 널리 이용되고 있다.

데이터베이스 마케팅

> 데이터베이스를 이용하여 고객과 타사의 상품 정보 등을 수집하고 마케팅에 도입하는 것을 말한다.

수험생이 시험공부를 할 때, 지망 학교의 과거 몇 년간의 시험문제는 그곳의 시험 경향이나 문제 패턴을 아는 데 좋은 단서가 된다.

수험생이 기출문제를 참고하듯이, 마케팅을 할 때에도 지금까지의 상품 판매 현황이나 타사의 제품정보 등이 매우 도움이 된다. 데이터베이스는 기업이 마케팅을 하는 데 있어서 좋은 힌트가 되는 것이다. 이와 같이 데이터베이스를 이용하여 마케팅을 실시하는 것을 데이터베이스 마케팅이라고 한다.

예를 들면, POS 시스템에서 얻을 수 있는 데이터는 기본적으로는 일일 상품관리, 재고관리, 수주와 발주 업무의 합리화 등에 도움이 되고 있다. 이들 데이터는 매일 집계되기 때문에 어느 정도 시간이 흐르면 방대한 정보를 가진 데이터베이스가 완성되는 것이다.

데이터베이스를 통해서 소비자의 판매 동향과 소비 패턴을 알 수 있기 때문에, 미래의 판매 상품을 예측하는 것도 가능하다. 그래서 기업은 데이터베이스를 토대로 제품 개발이나 판매 전략을 연구한다. 생산자라면 판매 방향을 정확하게 파악하여 신상품의 개발에 착수하여야 하는 것이다.

고객 데이터베이스

> 주소나 이름, 연령, 매출 기록 등 고객의 정보를 비축한 데이터베이스를 가리킨다.

 고객의 데이터베이스는 고객에 관한 주소나 이름, 연령, 매출 기록, 기호 등의 정보를 수집한 것이다. 고객 데이터베이스를 만들기 위해서는 고객이 어떤 상품을 구입했는지를 조사하거나, 상품 판매 시에 간단히 설문조사를 하여 고객의 정보를 수집할 필요가 있다.
 이렇게 고객 한 사람 한 사람의 자세한 정보를 파악하고 데이터베이스를 만들면 다음번 판매 전략에 많은 도움이 된다. 신상품을 전시할 경우에는 데이터베이스에서 그 상품에 흥미를 가진 고객을 검색하고, 그 사람을 대상으로 다이렉트 메일을 발송하는 것이다.

CHAPTER **6**

캐시리스는 어디까지 진행되었는가
신용카드, 선불카드, 사인리스 카드 등의 도입

신용카드

> 은행이나 카드회사가 발행하는 카드이다. 은행에서 대체 절차가 간단하며, 주머니에 현금이 없어도 쇼핑할 수 있다.

　신용카드(credit card)는 은행이나 카드회사가 발행하는 카드이며, 현금을 직접 주고받지 않고 대금결제를 할 수 있고(신용판매 기능), 결제시에 본인만 확인할 수 있는 ID 기능 등의 특징이 있다.
　신용카드는 발행하는 회사의 종류에 따라서 VISA 등의 은행 부류 외에도, 생산업 부류, 유통 부류, 석유 부류, 중소 소매단체 부류 등으로 분류된다. 카드 발행원인 자사만 통용하는 것(자사카드, 회원카드라고 한다)도 있다.
　소비자는 돈을 가지고 다니지 않고도 상품을 구입할 수 있고, 분할로 지불하는 등 지불 방법을 선택할 수 있기 때문에 고액 상품도 구입하기 쉬워졌다. 또 소매점 역시 업무처리가 간소화되고, 대금의 회수가 확실하다는 등의 장점이 있다.

선불카드

> 대금의 결제를 대신할 수 있는 카드이며, 사전에 대금을 선불로 지불하는 것을 말한다.

신용카드가 대금을 후불로 결제하는 카드인 것에 비해서, 선불카드(prepaid card)는 대금을 선불로 지불하는 카드를 말한다.

선불카드는 우선 일정한 금액을 지불하고, 사용할 때마다 카드에 잔액이 표시되는 구조로 되어 있다.

선불카드의 경우 상품 구입 이전에 대금결제가 끝나기 때문에 기업 입장에서 매우 유리하다. 한편, 지불된 금액을 되돌려주거나 재발행하는 것이 불가능하므로 소비자는 분실하는 등의 위험성을 갖게 되지만, 잔돈이 필요 없고 정산이 빠르며 할인이 있다는 것이 장점이다.

일반적으로는 전화카드나 버스·지하철 승차권 등으로 이용되고 있고, 유통업체 중에서는 롯데백화점이 샤롯데카드라는 선불카드를 이용하고 있다.

사인리스 카드

> 사인이 필요 없는 신용카드이며, 슈퍼마켓이나 편의점 등에서 도입될 여지가 있다.

사인리스 카드(signless card)란 이용할 때 사인을 하지 않아도 되는 신용카드이다.

보통은 신용카드로 쇼핑을 하면 우선 소매점이 카드회사에 조회를 하고, 소비자는 카드회사로부터 보내진 명세서에 사인을 하지 않으면 안 된다. 따라서 슈퍼마켓이나 편의점과 같이, 구입 금액이 적어서 금전 출납을 재빨리 처리하고자 하는 상점에서는 적합하지 않다.

향후 슈퍼마켓이나 편의점들에서 사인리스 카드를 도입할 여지가 있다. 사인할 필요가 없기 때문에 금전출납이 효율적으로 운용될 수 있기 때문이다.

또 소비자가 가볍게 카드를 사용할 수 있기 때문에 카드회사는 소비자의 구매 동향을 파악할 수 있고, 고객 데이터베이스를 보다 충실하게 만들 수 있다.

휴대폰 소액 지불

> 휴대폰 소액 지불(또는 핸드폰 소액 결제)은 이 지불방식을 제공하는 사이트나 기기에서 휴대폰 번호와 주민등록번호를 입력한 후 휴대폰 인증번호의 발송을 통해 본인 인증과 함께 결제가 이루어지며 차후 휴대폰 요금에서 비용이 납부되는 지불방식이다.

휴대폰 소액 지불의 장점은 특정 상품을 후불방식으로 결제할 수 있다는 것이다. 언제 어디서나 이용할 수 있어 간편하고 개인 금융정보가 노출되지 않는 안정성이 장점이다.

하지만 휴대폰 결제는 대부분 소액으로만 이루어진다는 한계가 있고, 휴대폰으로 결제하기에 앞서 본인 확인에 대한 보안성이 완벽하지 않다. 예를 들어 미성년자가 부모의 정보를 이용하여 휴대폰으로 결제를 하는 문제가 발생할 수 있다.

또한 최근 스마트폰의 대중화로 휴대폰 App를 사용하면서 App 사용하기 위한 개인정보 입력인 줄 알고 본인이 지각하지 못하고 인증번호를 입력하여 결제되는 문제가 종종 발생한다. 즉, 휴대폰 소액지불의 가장 큰 단점으로는 '다중의 본인 확인절차가 없고, 결제수단을 선택할 필요가 없을 정도로 결제방식이 간소하다'는 것이다.

CHAPTER **7**

정보 네트워크 시대의 유통은 어떻게 되는가

인터넷 등 통신 네트워크를 사용한 전자상거래의 약진

멀티미디어

> 문자·영상·음성정보를 쌍방향으로 취급할 수 있는 미디어로, 다채로운 정보를 서로 주고받을 수 있다.

문자, 도형, 그래프, 영상, 음성 등의 정보를 종합하여 취급하는 미디어를 멀티미디어(multimedia)라고 한다.

이제까지 문자나 음성, 영상은 개별 미디어로 취급되어 왔지만(문자는 신문, 음성은 라디오, 영상은 텔레비전), 컴퓨터가 고성능화함에 따라서 문자·음성·영상 등의 정보를 컴퓨터상에서 동시에 취급하게 되었다. 이에 따라 멀티미디어가 실용화된 것이다.

멀티미디어의 최대 특징은 음성·문자·영상 등의 다채로운 정보를 서로 주고받을 수 있다는 점이다. 텔레비전은 음성과 영상을 동시에 상대에게 제공하는 것이 가능하지만, 상대로부터 반응을 얻을 수는 없었다. 반면에 멀티미디어에서는 컴퓨터를 개입시켜서 서로 정보를 교환할 수가 있다.

그러므로 멀티미디어가 보급되면 집에 앉아서 회사의 회의에 참석하거나 학교 수업을 받을 수 있게 된다. 또 일부러 쇼핑을 하러 나가지 않아도 자세한 상품 정보를 얻을 수 있다.

최근에는 컴퓨터의 화면상에서 쇼핑할 수 있는 시스템(온라인 쇼핑→311페이지 참조)도 점차 활성화되고 있다.

인터넷

> 전세계에 분포되어 있는 통신 네트워크를 연결한 국제적인 통신 네트워크를 가리킨다.

인터넷(internet)은 1969년 미국 국방부가 미국 전역의 연구기관을 연결하기 위해서 만든 연구자용 통신 네트워크이다. 학술 목적으로 시작된 이 네트워크는 차츰 그 영역을 넓혀서 지금은 세계 최대의 네트워크로 성장하였다. 지금은 세계 어디에서나 자신이 편안한 시간에 검색할 수 있다.

1990년대에 들어와 기업이나 개인 컴퓨터를 인터넷에 접속하는 '프로바이더'라는 업종이 생겨서, 기업이나 개인도 인터넷을 간단하게 이용할 수 있게 됨에 따라 이용자는 더욱 급증하였다.

이용자가 확대되면 기업도 비즈니스 도구의 하나로서 인터넷을 이용하게 된다. 인터넷에 홈페이지를 개설하여 소비자에게 기업정보나 상품정보를 제공할 뿐만 아니라, 인터넷상에서 점포를 구성하여 상품을 판매하는 기업도 증가하고 있다.

은행 POS

> 은행에서 예금을 인출하는 직불카드로 물건을 구입할 수 있는 시스템을 말한다.

신용카드가 아닌 은행의 직불카드로 물건을 구입할 수 있는 시스템도 보급되고 있다. 바로 이것이 은행 POS이다.

은행 POS에서는 소매점의 POS와 은행의 컴퓨터를 통신회선으로 연결한다. 이렇게 하면 소매점의 판매 상황이 실시간으로 은행의 컴퓨터에 전송되고, 소매점의 출납에서 직불카드로 물품을 구입한 대금이 소비자의 예금 계좌에서 소매점의 계좌로 인출되는 것이다.

온라인 쇼핑

> 컴퓨터 통신과 인터넷을 이용하여 소비자가 집에서 쇼핑하는 것을 말한다. 통신화면과 통신판매를 이용하여 상품을 주문하거나 구입한다.

각 기업이 인터넷상에 홈페이지를 개설하여 소비자에게 자사의 상품정보를 제공하고, 소비자는 홈페이지를 보고 필요로 하는 상품을 구입하는 시스템을 온라인 쇼핑(on-line shopping)이라고 한다.

온라인 쇼핑은 홈쇼핑의 일종이며, 가정에서 컴퓨터의 화면상으로 상품을 비교·검토하여 살 수 있다. 더구나 국내뿐만 아니라 세계 각국의 기업 상품정보를 원하는 시간에 볼 수도 있다.

이제까지의 홈쇼핑은 카탈로그를 보고 필요한 상품을 전화나 팩스로 신청하여 구입하는 시스템이었지만, 온라인 쇼핑의 경우는 홈페이지의 상품정보를 보고 그 자리에서 전자메일로 주문할 수 있기 때문에 신청하는 절차에 그다지 수고와 시간을 들일 필요도 없고, 가볍게 쇼핑을 즐길 수 있다.

오픈마켓

> 오픈마켓(Open market)은 기존의 온라인 쇼핑몰과 다르게 개인 판매자들이 인터넷에 직접 상품을 올려 매매하는 곳이다. 온라인 쇼핑몰에서의 중간 유통 이윤을 생략하고 판매자와 구매자를 직접 연결시켜줌으로써 기존보다 저렴한 가격으로 판매가 가능하다.

오픈마켓은 온라인 시장에 모여서 상품을 판매하는 것으로 온라인 마켓플레이스라고 부르기도 하며, 오픈마켓을 운영하는 옥션, G마켓, 11번가와 같이 회사에서 직접 상품은 판매하지 않고 온라인상에서 장소만 제공해주는 역할을 한다.

오픈마켓은 쇼핑몰 제작에 대한 전문지식 없이도 간단히 온라인 판매를 할 수 있다는 장점이 있다. 그리고 무엇보다 오픈마켓의 가장 큰 장점은 판매자의 해당 상품이 수많은 소비자들에게 노출된다는 점이다.

옥션과 G마켓, 11번가와 같은 선두 오픈마켓의 경우 온라인 마케팅 비용만으로도 엄청난 금액을 소요하고 있다. 이로 인해 전체 사이트의 Top 10에 들만큼 많은 수의 페이지 뷰(방문자 수)를 자랑하고 있다.

그러나 판매자들이 경쟁하여 소비자들에게 조금 더 좋은 제품을 저렴한 가격으로 제공하는 것이 오픈마켓의 최대 장점이기에 판매자 입장에서는 지나친 가격경쟁을 피할 수 없고, 오픈마켓에 지불하는 수수료 역시 만만치 않기에 매출은 많아도 순이익은 크지 않다는 단점이 있다. 그리고 오픈마켓이라는 제한되고 일률적인 시스템 하에서 경쟁을 하기에 다른 판매자들과 차별화가 어렵다는 단점도 있다.

이러한 한계로 인해 초보 판매자의 경우, 오픈마켓은 온라인 판매에 대한 경험을 쌓을 수 있는 장소로 활용될 뿐, 오픈마켓의 판매가 온라인 창업의 궁극적인 목표의 수단이 되기에는 부족함이 있다. 즉, 온라인 판매에 큰 비중을 두지 않고 기존 오프라인 판매의 보조 수단이자 하나의 판매 창구 역할로 오픈마켓을 생각한다면 좋은 선택일 수 있다.

전자상거래

> 컴퓨터 통신이나 인터넷 등 통신 네트워크를 사용한 판매활동을 가리킨다.

전자상거래(electronic commerce)란 컴퓨터 통신이나 인터넷 등의 통신을 이용하여 행해지는 상거래를 말한다.

컴퓨터를 매개로 기업이 다른 기업으로 부품을 주문하거나, 인터넷의 홈페이지를 보고 소비자가 가정에서 상품을 구입하는 것 등은 모두 전자상거래이다.

전자상거래의 구조

통신형 전자화폐를 사용한 온라인 쇼핑의 예

```
┌─────────────┐   ⑥ 잔고 확인   ┌─────────────┐
│   은행 A    │ ←────────────→ │   은행 B    │
│  C의 계좌   │      결제       │  D의 계좌   │
└─────────────┘                 └─────────────┘
```

② 온라인에서 거래은행으로 금액을 전달

③ 전자화폐를 송금

⑤ 전자화폐를 거래은행으로 송금

④ 컴퓨터 통신에서 전자화폐를 송금

⑦ 상품 발송

소비자 C

상품 취급 기업 D

① 컴퓨터 화면상에서 구입할 상품을 결정

전자상거래란

비즈니스상의 거래에서 온라인 쇼핑까지 여러 가지 상거래를 통신 네트워크상에서 행하는 것이다.

참고문헌

- 왕영(2012). 〈사이트 유형과 결제금액이 소비자 온라인 결제방식 선택에 미치는 영향〉. 고려대학교 대학원 석사학위 논문.
- 오세조·박충환(2001). 《고객중심과 시너지 극대화를 위한 마케팅》. 서울 : 박영사.
- 오세조(1998). 《할인점경영(상·하)》. 서울 : 박영사.
- 오세조(2001). 《시장지향적 유통관리》. 서울 : 박영사.
- 박충환·오세조(1995). 《시장지향적 마케팅 관리》. 서울 : 박영사.
- 한국SCM 민·관 합동추진위원회·한국유통정보센터(1999). 《SCM과 핵심기술》. 4월 27일.
- 한국유통학회(2000). 《전자상거래시대의 재래시장 생존전략》. 9월 29일.
- 《手にとるように流通のことがわかる本》. かんき出版.
- 《ベーシック 流通入門》. 日本經濟新聞社.
- 《ビジュアル 流通の基本》. 日本經濟新聞社.
- 《流通經濟の手引97》. 日本經濟新聞社.
- 《流通用語辭典》. 日本經濟新聞社.
- 《ウィークエソドに讀む 流通 TODAY》. 日本經濟新聞社.
- 《Q&A 流通 100の常識》. 日本經濟新聞社.
- 《流通·販促用語辭典》. 日刊工業新聞社.
- 《現代流通論入門〔新版〕》. 有斐閣ブックス.
- 《現代流通》. 有斐閣アルマ.
- 《轉換期の流通經濟3 マーケティング》. 大有書店.
- 《流通がわかる事典》. 日本實業出版社.
- 《流通業界用語辭典》. 日本實業出版社.
- 《圖解 ひと目でわかる流通のしくみ》. ばる出版.
- 《平成6年版 東京都中小企業經營白書(小賣業編)》. 東京商工指導所.

- 《物流がわかる事典》,日本實業出版社.
- 《マーチャンダイジングがわかる事典》,日本實業出版社.
- 《ベーシック マーケティング入門》,日本經濟新聞社.
- 《Q&A マーケティング100の常識》,日本經濟新聞社.
- 《マーケティングがわかる事典》,日本實業出版社.
- 《マーケティングの基本知識》,PHP研究所.
- 《マーケティング・ベーシックス》,同文館.
- 《マーケティング戰略》,有斐閣アルマ.
- 《マーケティング用語辭典》,東洋經濟新報社.
- 《廣報100事典》,電通.
- 《圖解 電子マネー》,東京經濟新報社.
- 《デジタル・キャッシユ》,ダイヤモンド社.
- 《日本國勢圖會》,國勢社.
- 《imidas 1997》,集英社.
- 《現代用語の基本知識 1997》,自由國民社.

찾아보기

ㄱ

가격 결정 223
가격 정책 231
가격경쟁 230
가격담합 225
가격파괴 38
개발 수입 279
개발업자 128
개방적 유통 24
거래처 원조 162
경매 154
경품부착 판매 271
계열 VAN 181
고객 데이터베이스 304
고객만족 190
공급곡선 224
공동배송 169, 174
공정거래위원회 36
관습가격 정책 233
광고 115, 242
광고매체 246
교외형 백화점 60
균일가격 정책 235
글로벌 머천다이징 207
기업형 체인 93
기회손실 172, 204, 210

ㄴ

내셔널 브랜드(전국 상표) 31, 217
냉장창고업 22
노브랜드 220
농수산물 도매시장 153
농안법 154

ㄷ

다단계 유통경로 40
다단계 판매 111
다이렉트 마케팅(직접 마케팅) 199
다이렉트 메일 255
다이어그램 배송 177
단계가격 정책 234
단수가격 정책 232
대면판매 71
더블 촙 221
데이터베이스 마케팅 303
도매가격 226
도매상 143
도매상 무용론 38, 138
도매시장 153
도매업자(홀세일러) 20, 143
도미넌트 전략 97
도시 백화점 60
드럭 스토어 70, 105

ㄹ

라이센스 생산 279
라이프 사이클 188
랙 자버 147
레귤러 체인(직영 체인점) 35, 88
로드사이드 점포 120
로열티(경영지도료) 85
로지스틱스 22, 167
로코스트 오퍼레이션 73, 96
리베이트 26, 43
리스 130

ㅁ

마케팅 184
마크업 239
맘앤팝 스토어 119
매매 16
매매기준 가격제도 237
매입 47
매입 정책 204
머천다이징(상품화 계획) 201
멀티미디어 309
메세나(문화예술 지원활동) 263
명성가격 정책 232
모달 시프트 175
몰 125
무점포 판매 108
물류 19
물류센터 22, 31, 170
물류의 시스템화 169
미끼상품(특가상품) 236

미디어 믹스 247, 251

ㅂ

바잉파워 90
바터 상품 98
바터 점포 98
반품제도 42
방문판매 110
배송센터 170
백화점 52, 57
버라이어티 스토어 107
벌크 카고 166
벌크 판매방식 75
병행수입 98
보관 16
볼런터리 체인(임의연쇄점) 35, 90
불황담합 226
브랜드(상표) 39, 217
브로커 146
비교 광고 254
비인적 판매 244
비주얼 머천다이징 256

ㅅ

사보 261
사인리스 카드 306
산업재 도매업자 140
상가 만들기 49
상거래(상류) 19
상사의 유통지배 31
상사회사 29, 149

상품 구색 205
상품분할 46
상품화 계획 201
상품회전율 211
상황 발주법 216
샘플링(견본 배포) 272
생산자 가격 226
생산자(매뉴팩처러, 메이커) 20
생산자의 유통지배 29
선불카드 306
선택적 유통 24
셀프서비스 방식 71
소매가격 226
소매업자(리테일러) 20, 46
소매업자의 유통지배 28
소매점 지원활동 137, 160
소비자(컨슈머) 20
소비재 도매업자 140
쇼핑센터 125
수당 43
수요곡선 224
수직적 마케팅 시스템 191
슈퍼마켓 52, 69
슈퍼바이저 85
스토어 브랜드 219
시식판매 273
시장도매인 158
시장세분화 194
신용카드 305
실연판매 272

ㅇ

아울렛 스토어 102
아웃사이드 세일즈맨(외판원) 269
아이드마의 법칙 266
애프터서비스 273
양판점 70
업계 VAN 182
업종 52
업종발상 54
업태 52
업태개발 55
업태발상 54
영업시간 48
오퍼레이팅 리스(렌탈) 132
오프프라이스 스토어 102
오픈가격 238, 239
오픈마켓 312
오픈하우스 262
온라인 쇼핑 310, 311
운송 16
운송업자 21
원스톱 쇼핑 58
원투원 마케팅 200
웨어하우스 스토어 100
위탁매입(위탁판매) 63
유니트 로드 시스템 176
유통 14
유통경로 23
유통계열화 26, 146
유통기구(유통 시스템) 24
유통센터 170

유통업자 20
유통지배 26
유통채널 전략 24
유통혁명 37
은행 POS 311
인사이드 세일즈맨 269
인스토어 머천다이징 257
인적 판매 244
인터넷 200, 310
인포머셜 115
입지 48

자동판매기 112
장기 거래 41
재고관리 209
전국 도매업자 142
전기능 도매업자 141
전략적 마케팅 187
전문 도매업자 141
전문 상사회사 150
전문점 121
전속적 유통 25
전송매체 253
전자상거래 313
전통시장 122
점포 판매 108
정기 발주법 216
정량 발주법 214
정보전달 16
제조판매동맹 31

제품 계획 203
종합 도매업자 141
종합 상사회사 150
종합슈퍼마켓 69
중간거래 빼기 현상 137, 151
중매인(중간 도매업자) 155, 156
중앙 도매시장 154
지명구입 249
지방 도매시장 154
지방 도매업자 142
지속구매자 266
지역 도매업자 142
직매입 63
직영점 82, 89
진열·배치 161

창고업 21
철도 수송 164
체인 오퍼레이션 34
체인 전개 71
체인화(연쇄화 사업) 35
촉진 242
촉진 믹스 244
최고재고 212
최저재고 212

ㅋ

카탈로그 판매 114
카테고리 관리 294
카테고리 킬러 104

캡번 방식 173
컨셉 숍 56
컨테이너리제이션 177
컴퓨터 통신 200
코스트 플러스법(원가가산법) 227
쿨링 오프 110, 116
크로스 도킹 292
크로스 머천다이징 206
키테넌트 126

ㅌ

타겟 마케팅(표적 마케팅) 197
터미널 백화점 60
테넌트 126
통신판매 55, 109, 116
투매손실 210
트럭 수송 163
트레이딩 스탬프 274
특가 정책 236
특약점 144
팀 머천다이징 207

ㅍ

파견사원제도 65
파워센터 128
파이낸셜 리스 131
판매가 마이너스법 228
판매가격 226, 238
판매대리점 144
판매분 매입 65
판매원 판매(인적 판매) 243, 265

판매촉진 243
판매회사 145
팔레티제이션 177
퍼블리시티(제품홍보) 243, 259
퍼블릭 릴레이션즈 260
편의점 52, 79
평생고객 266
표준소매가격 39
표준재고 212
표준화 299
풀 시스템(풀 전략) 247
프라이빗 브랜드(유통업자 브랜드) 31, 218
프랜차이저 84
프랜차이즈 체인 35, 82
프랜차이지 86
프로바이더 309
피기백 시스템 165, 176
피스톤 배송 177
필랜스로피(사회봉사활동) 263

ㅎ

하우스 올갠 261
하이퍼마켓 102
한정기능 도매업자 141
할부 백화점(크레디트 백화점) 59
할인점 27, 38, 95
해운 수송 165
홀세일 클럽 101
홈센터 106
홈쇼핑 116
회원카드 275

휴대폰 소액 지불 307
희망소매가격 39, 237

100엔 숍 107
4P 186
50백화점 66
CAO 289
CRP(지속적인 상품보충) 291
DIY 상품 106
ECR 295
EDI(전자문서교환 시스템) 292, 297
EDLP 96
EOS 289
FAX-OCR 300
GMS(종합슈퍼마켓, 양판점) 76
GRP 245
ITE 코드 286
JIT 시스템(적시배송 시스템) 172
KAN 코드 284
POP 광고(구매시점 광고) 246, 256
POS 시스템 79, 138, 282
PR지 261
QR 295
SCM 287
VAN(부가가치 통신망) 180

경제경영 & 자기계발 베스트셀러

월급쟁이 부자되는 재테크 첫걸음
[개정증보판]

최현진 지음

전자책 구매 가능

통장 관리부터 내 집 마련 방법까지 현직 은행원이 알려주는 재테크 비법!

매출 100배 올리는 유통 마케팅 비법

유노연 지음

전자책 구매 가능

유통 전문가가 유통 초보자를 위해 소개한 온라인·오프라인 유통 마케팅!

어떻게 말해야 설득할 수 있을까? : 공감설득의 비밀

문충태 지음

기분 좋게 설득하고 스스로 변하게 하는 공감소통법의 모든 것!

공감하면 사람은 90%가 바뀐다

문충태 지음

전자책 구매 가능

대한민국 최고 리크루팅 전문가 문충태 박사가 알려주는 공감설득 기법!

제대로 배우는 비트코인과 블록체인

페드로 프랑코 지음 | 염후권 감수 | 김동은·어경훈 옮김

투자자, 금융인, 비즈니스맨, 암호화폐 개발자, 대학생, 직장인 필독서!

성공하는 사람들의 시간관리 습관
[개정증보판]

유성은·유미현 지음

시간관리의 원리와 기술을 체계적으로 다룬 최고의 시간관리 지침서!

중앙경제평론사 Joongang Economy Publishing Co.
중앙생활사 | 중앙에듀북스 Joongang Life Publishing Co./Joongang Edubooks Publishing Co.

중앙경제평론사는 오늘보다 나은 내일을 창조한다는 신념 아래 설립된 경제·경영서 전문 출판사로서
성공을 꿈꾸는 직장인, 경영인에게 전문지식과 자기계발의 지혜를 주는 책을 발간하고 있습니다.

그림으로 쉽게 배우는 유통 마케팅 기본상식

초판 1쇄 발행 | 2014년 8월 28일
초판 3쇄 발행 | 2019년 8월 15일

편저자 | 오세조(SeJo Oh) · 박진용(JinYong Park)
원저자 | かんき出版編集部
펴낸이 | 최점옥(JeomOg Choi)
펴낸곳 | 중앙경제평론사(Joongang Economy Publishing Co.)

대　　표 | 김용주
편　　집 | 한옥수 · 유라미
디자인 | 박근영
마케팅 | 김희석
인터넷 | 김회승

출력 | 삼신문화　종이 | 한솔PNS　인쇄 | 삼신문화　제본 | 은정제책사

잘못된 책은 구입한 서점에서 교환해드립니다.
가격은 표지 뒷면에 있습니다.

ISBN 978-89-6054-116-0(13320)

등록 | 1991년 4월 10일 제2-1153호
주소 | ㉾04590 서울시 중구 다산로20길 5 (신당4동 340-128) 중앙빌딩
전화 | (02)2253-4463(代)　팩스 | (02)2253-7988
홈페이지 | www.japub.co.kr　블로그 | http://blog.naver.com/japub
페이스북 | https://www.facebook.com/japub.co.kr　이메일 | japub@naver.com
♣ 중앙경제평론사는 중앙생활사 · 중앙에듀북스와 자매회사입니다.

이 책은 중앙경제평론사가 저작권자와의 계약에 따라 발행한 것이므로 본사의 서면 허락 없이는
어떠한 형태나 수단으로도 이 책의 내용을 이용하지 못합니다.
※ 이 책은 《손에 잡히는 유통 마케팅》을 독자들의 요구에 맞춰 새롭게 출간하였습니다.

※ 이 도서의 국립중앙도서관 출판시도서목록(CIP)은 서지정보유통지원시스템 홈페이지(http://seoji.nl.go.kr)와
국가자료공동목록시스템(http://www.nl.go.kr/kolisnet)에서 이용하실 수 있습니다.(CIP제어번호: CIP2014022633)

중앙경제평론사에서는 여러분의 소중한 원고를 기다리고 있습니다. 원고 투고는 이메일을 이용해주세요. 최선을
다해 독자들에게 사랑받는 양서로 만들어 드리겠습니다. 이메일 | japub@naver.com